数据要素的产权分析与治理机制

Property Rights Analysis and Governance Mechanism of Data Elements

王凯军 著

经济管理出版社
ECONOMY & MANAGEMENT PUBLISHING HOUSE

图书在版编目（CIP）数据

数据要素的产权分析与治理机制／王凯军著. —北京：经济管理出版社，2022. 11
ISBN 978-7-5096-8811-3

Ⅰ . ①数… Ⅱ . ①王… Ⅲ . ①数据管理—知识产权—研究—中国 Ⅳ . ①D923. 404

中国版本图书馆 CIP 数据核字（2022）第 215054 号

组稿编辑：吴 倩
责任编辑：吴 倩 丁光尧
责任印制：许 艳
责任校对：蔡晓臻

出版发行：经济管理出版社
（北京市海淀区北蜂窝 8 号中雅大厦 A 座 11 层 100038）
网 址：www. E-mp. com. cn
电 话：(010) 51915602
印 刷：唐山昊达印刷有限公司
经 销：新华书店
开 本：710mm×1000mm /16
印 张：16. 75
字 数：310 千字
版 次：2022 年 12 月第 1 版 2022 年 12 月第 1 次印刷
书 号：ISBN 978-7-5096-8811-3
定 价：88. 00 元

言 导 PREAMBLE

随着第四次工业革命的到来，数字经济在各国综合国力竞争中地位凸显，数据作为数字经济的关键要素，其资源性、战略性意义重大，构成了数字生产关系的重要纽带。基于我国数字经济发展的现实与对运行规律的准确把握，2019年10月党的十九届四中全会审议通过了《中共中央关于坚持和完善中国特色社会主义制度、推进国家治理体系和治理能力现代化若干重大问题的决定》（以下简称《决定》），首次明确提出数据可作为生产要素按贡献参与分配，这在生产方式语境下具有革命性意义。随后在2020年4月出台的《中共中央 国务院关于构建更加完善的要素市场化配置体制机制的意见》中进一步提出"研究根据数据性质完善产权性质"，这实际上就提出了"数据要素产权"的研究命题。与此同时，当前关于数据要素产权问题的研究还存在较多空白，视角、内容和分析范式等方面有待补充与系统化。现实发展与理论研究都聚焦于数据要素，亟待破题，这构成了本书研究的旨归。

在研究思路上，本书从产权视角切入，通过构建"产权—治理"的分析框架，实现对数据要素的政治经济学分析。其中，产权分析重点关注其所包含的财产关系、法权关系和数字经济的现实指向，而治理分析则是在产权分析的基础上进一步归纳出数据要素发展存在的不平衡与不充分的问题，形成治理思路。在完成理论分析框架的建构后，进一步将其中涉及的重点、难点问题进行展开，形成了数据产权与价值、数据产权与经济增长、数据产权与信用、数据产权与数据霸权以及数据要素市场治理等研究主题，在行文中逐步将理论分析与实践探索相结合，尝试在前人研究的基础上进行拓展。

本书具体的行文内容安排如下：第一章的绪论与第二章的相关概念和理论基础主要是为本书的分析做铺垫。前者主要明确本书研究的意义、主要的切入点和写作思路；后者主要对本书研究涉及的主要概念进行界定，廓清这些基础概念之间的逻辑关系，为后续研究分析提供基础，同时根据本书研究涉及的主题，归纳梳理所需的相关理论（或工具）。第三章主要考察了数据成为财产、作为生产要素的问题。首先，分析了它作为财产的依据，经济学方面的依据侧重于使用价值与占有关系的生成，而法学方面的依据在于使用价值与人类的可支配性。其次，基于马克思主义唯物史观的基本观点，阐明了数据成为要素的历史、理论与现实逻辑，并在我国非劳动要素参与分配的制度演进中看待数据要素参与收入分配的必要性。与此同时，也指明了数据要素发展过程中涉及的利益关系、劳资关系、法律关系等社会关系，由此为产权分析奠定基础。第四章主要考察"产权—治理"的一般逻辑在数据要素发展问题中的应用。根据马克思主义的理论观点，产权起源于生产力，其本质内容是生产关系，而生产关系的总和构成社会的经济基础，决定着社会上层建筑，上层建筑又反作用于经济基础，而数据治理恰恰是上层建筑在数据要素发展问题上的反映。因此，数据产权制度决定着数据治理的发展变化，而数据治理的发展变化要适应数据产权制度发展变化的要求。基于上述认识，产权分析立足于三个方面，分别是数据产权的财产关系、法权关系和对数字经济的现实指向。在治理分析中，着重分析了数据要素发展不平衡与不充分的代表性问题，即数据垄断与数据要素市场发展不充分的问题，以此形成本书的理论框架，为后文具体论题的展开提供参照。第五章主要是对"数据价值论"的辨析。本书分析指出，数据成为要素虽有历史必然性，但在价值创造的问题上，不具现实性或者理论根据。相反在协助价值创造或者转移旧价值上是有理论依据的，即劳动的二重性。当前出现的所谓"数据价值创造闭环"和一些数据价值链的观点，虽冠之以数据创造价值的名义，但实际上是揭示了数据生产力的发挥机制和数据对价值创造的协同作用，并未真正涉及价值论来源问题的探讨。第六章主要关注数据要素产权与经济增长的问题。产权的功能性发挥构成了产权与经济增长的内在逻辑。数据要素产权融合了经济、制度与技术，反映出数字经济条件下数字生产关系与数据生产力之间的相互作用关系。在经济增长的路径上，主要通过提升全要素生产率提供助力。然而不能忽视的是，企业数据产权在经济增长中处于重要地位，企业所拥有的适用性（通用性与专用性）数据资产对经济增长意义重大。第七章考察了数据垄断与数据霸权的问题。主要探讨了信用数据垄断所带来的"公权私有化"问题和美国的数据霸权问题。对于前一问题，在数据产权与数据信用的互动关系下，基于信用数据的垄断和算法助力，一些征信和评级机构实现了"公权的私有化"，掌握了一定的社会性权力，给经济社会的发展带来了一定的风险，在治理之策方面，"制度—技术"的闭环性治理提供了有益思路。

对于后一问题，通过揭示美国数据霸权的内在逻辑，引出我国发展的省思：应在整体上（物理层、系统层、平台层和内容层）形成系统性的数据治理之策，彰显我国的制度优势，以应对数据霸权，其治理的旨归在于不能走西方"涓流经济学"的路子。第八章聚焦于数据要素市场的治理。首先，明确了治理机制的内涵，即治理是使相互冲突或不同利益得以调和并且采取联合行动的持续过程，内在地包含了建设（培育）、发展与问题的矫正（监管）。市场治理作为数据市场健康发展的重要保障，其重要性不容忽视。其次，在具体的治理机制方面，主要从数据市场的培育机制、治理机制、监管机制以及数据立法等方面对数据市场的建设、发展与矫正进行了比较全面的分析与研判，并进一步明确在市场治理中仍应注重"制度—技术"治理的闭环性。与此同时，也指出了国外在数据权利立法保护和数据交易流通方面的治理经验值得我国借鉴参考。第九章主要是系统总结全书关于数据要素产权问题分析的相关结论，说明本书研究的现实性与理论性、必要性与重要性并指出对研究的后续展望。

目 录
CONTENTS

第一章 绪 论

第一节 研究背景与意义

一、研究背景

数字经济作为继农业经济、工业经济的第三种形态，既是学术研究的热点，也是我国经济未来发展的重点，具有理论与实践两个方面的意义。中国信息通信研究院的数据显示，2019 年我国数字经济增加值规模达到 35.8 万亿元，占 GDP 比重达到 36.2%，占比同比提升 1.4 个百分点，按照可比口径计算，2019 年我国数字经济名义增长 15.6%，高于同期 GDP 名义增速约 7.85 个百分点，数字经济在国民经济中的地位进一步凸显。[①] 党的十九届四中全会审议通过的《中共中央关于坚持和完善中国特色社会主义制度、推进国家治理体系和治理能力现代化若干重大问题的决定》首次增列数据作为生产要素，这在生产方式语境下具有革命性意义。在《中共中央 国务院关于构建更加完善的要素市场化配置体制机制的意见》中进一步提出研究根据数据性质完善产权性质，这实际上就提出了"数据要素产权"的研究命题。当前关于数字经济的研究方兴未艾，对数据的产权问题也有所涉及，具体可见于后文的文献梳理。数字经济不同于以往的经济形态，它是指以使用数字化的知识和信息作为关键生产要素、以现代信息网络作为重要载体、以信息通信技术的有效使用作为效率提升和经济结构优化的重要推动力的一系列经济活动[②]，具有创新性、跨界性、虚拟性和平台性等特征。[③] 在数字经济时代，人的行为方式以及企业的经营模式发生

---

① 参见 2020 年 7 月中国信息通信研究院发布的《中国数字经济发展白皮书（2020 年）》。
② 参见 2016 年 9 月 G20 杭州峰会发布的《二十国集团数字经济发展与合作倡议》。
③ 杜庆昊. 中国数字经济协同治理研究 [D]. 北京：中共中央党校，2019.

了巨大变化，作为数字经济关键生产要素的数据与其他的生产要素相比也存在本质的区别（伴生性、独立性）①，从而相应的产权表现形式与运作方式也正在发生改变。数据成为连接数字经济与产权理论的关键纽带。关于产权问题的研究，总体脉络可概括为产权起源—潜产权—产权的缔约—（类）产权—超产权。在数字经济语境下所形塑的数据产权，关注的是围绕数据要素所形成的产权关系，数据要素产权是其核心内容。其基本的文献定位应归于上述"（类）产权"部分，相关内容也将在后面的文献梳理中具体阐述，此处略之。总之，基于实践与理论双重维度的综合分析与考察，提出数据要素产权问题，并对其进行分析研究。

二、研究意义

问题从实践中来，其得到的解答还需应用到实践中去。对于数据要素产权问题的研究及其采取的治理之策最终要复归其本来提出的理论与实践双重维度，形成相应的学术价值与应用价值。

1. 学术价值

本书综合运用产权理论、制度变迁理论、治理理论、博弈理论等多学科方法和研究成果，拓宽对数据产权研究的理论视野，构筑起一个对数据要素产权分析的总的框架，从产权的视角通过数据要素透视整个数字经济的生产关系，以取得一定的理论创新成果，或者形成一系列新的理论认识，丰富和发展数据作为要素的理论与政策。

2. 应用价值

当前数字经济发展方兴未艾，本书的研究将尝试为其提供一个政治经济学的理论架构，具有一定的价值性和前瞻性。拟通过对数据要素产权发展涉及的不平衡与不充分问题、数据产权制度建设与数据要素市场建设问题、数据霸权问题及数字生产关系的治理问题的研究，同时结合党的十九届四中全会制度与治理两大主题，在数据要素产权的研究探索中彰显中国的制度优势与制度之治。对上述问题提出相关的政策主张、观点方法，构建一系列应对数据要素产权发展问题的行之有效的政策机制，以助力我国的数字经济建设。

---

① 魏鲁彬. 数据资源的产权分析 [D]. 济南：山东大学，2018.

第二节 文献回顾与评述

围绕所研究的主题，通过将其解构为数据产权、产权理论（制度）、数字治理这三个主要方面，追溯现有文献的研究进展，以期实现对所研究主题的全面把握。

一、数据产权的研究进路

数据产权是产权概念的延伸，具有时代性与革命性。它是对数据的权利，是指由数据的归属权、占有权、支配权和使用权等构成的权利束，其中数据主体之间的经济权利关系构成数据产权的本质内容。然而，由于现有研究对数据本身的"定位"不同——有的是作为一种"资源"，有的是作为一种"产品（商品）"，有的是作为一种"生产要素"，或者是上述三者间的内在"联合"——从而对数据产权的内涵表述存在差异，因而在展开梳理前需明确这一点，观点提炼时需保持原文原义，进而更好地追踪现有研究文献。关于数据产权的研究主要有以下几个方面：

（1）关于数据产权主体、客体的研究。此类研究主要是回答数据产权的基本问题，即数据归谁所有、数据谁可以使用以及数据收益归谁这三个方面。一般认为数据产权的主体主要包括个人、企业和政府，其客体对应为个人数据、企业数据和政府数据（包含公众数据），进而形成个人数据产权、企业数据产权和政府数据产权。在归属（界定）问题上，魏鲁彬认为，产权的初始界定应满足"兼顾效率与公平，且公平优先"的要求，在初始安排上，不应依据占有原则，而应依据生成或伴生原则。① 在具体的界定方式上，朱宝丽认为，应按照物权法原理来界定：公共数据产权应归属国家；自然人或企业自身参与市场活动产生的显名数据产权归属于数据产生者，互联网平台双边或多边交易产生的数据产权依照约定或法律规定归属一方或多方共有；清洗脱敏、匿名的增值数据产权归付出劳动者即添附者。② 然而，从当前我国数据产权界定的现状来看，绝大多数数据默认为互联网平台所有，已确权数据的规模呈现井喷式增长，

---

① 魏鲁彬. 数据资源的产权分析 [D]. 济南：山东大学，2018.
② 朱宝丽. 数据产权界定：多维视角与体系建构 [J]. 法学论坛，2019，34（5）：78-86.

确权主体多元化且为非政府机构，以及区块链等技术正被积极应用于大数据确权。① 进而在数据的使用上，主要是企业与政府在对数据进行大规模使用，并且在收益分配上，无论是法院判决、司法态度还是从效率层面考察，都偏向将数据收益分配给二次开发利用数据的收集者、创造者、实际控制者——企业。② 因此，在实际的数据产权实践中，真正从数据中获益的是企业而非个人与政府。

（2）关于数据商品、数据要素与相应市场体系的研究。数据确权的目的是能够实现交易、获得收益，市场交易的本质不是产品和服务本身的交换，而是依附于产品和服务的产权转移，是经济主体之间对客体产权的让与和取得。③ 因此，数据市场是数据产权的实现场所。由于对数据本身的定位不同，从而相关研究又可以分为对数据产品（商品）市场和数据要素市场的研究，基本的研究思路是将数字技术与政治经济学理论相结合。

前者的研究主要考察了数据商品的价值是如何产生、如何实现的，数据商品市场研究上侧重于研究数据商品交易（或称之为"大数据交易"，它构成了数据商品交易的主要内容）存在的风险问题。例如，缺乏交易规则和定价标准，数据交易双方交易成本很高，直接制约了数据的流动。为了应对上述问题，第三方数据交易平台应运而生，根据《2016年中国大数据交易产业白皮书》公布的内容，我国国内现有的数据交易平台主要有三种类型：一是以贵阳大数据交易所为代表的交易所平台，包括湖北长江大数据交易所、陕西西咸新区大数据交易所等；二是产业联盟性质的交易平台，以中关村数海大数据交易平台为主；三是专注于互联网综合数据交易和服务的平台，如数据堂等。但由于国内的大数据交易行业还处于初级阶段，因而尚未形成完整的交易规范体系。国外关于此类数据市场的构建，如欧洲针对非个人数据探索一种新型数据产权，旨在维护数据市场繁荣发展的同时，明确权责，规范市场行为。通过赋予主体非专有性财产权利，鼓励投资和创新，从而提高数据流动性并实现效益最大化。④

后者的研究立足于数据的要素性，进行相应的产权分析与要素市场体系构建研究，这也是本书重点关注的。关于数据要素的分析，主要从两个层面展开：一是在市场商品层面研究数据作为要素产品，在市场中进行交易，如贵阳大数据交易所等数据交易中心从事的活动。这类问题本质上与个人数据的交易一样，属于等价交换问题。二是在企业（资本）层面研究数据作为要素本身，在企业

---

① 成卓. 明晰数据产权促进数字经济健康发展 [N]. 社会科学报，2018-07-26（002）.
② 陈永伟. 数据产权应划归平台企业还是消费者？[J]. 财经问题研究，2018（2）：7-10.
③ [美] 康芒斯. 制度经济学（上册）[M]. 北京：商务印书馆，1997.
④ 曹建峰，祝林华. 欧洲数据产权初探 [J]. 信息安全与通信保密，2018（7）：30-38.

中作为投入品的产权问题，这不是等价交换问题，涉及的是剩余价值的创造与分配。后一个问题是关键性的，这直接涉及数据要素市场化体制机制配置问题。① 当前关于数据要素及其市场化的研究主要有以下几个方面：一是数据作为生产要素的概念及内涵揭示。数据要素具有知识、信息、技术等多重内涵。② 二是数据要素参与收入分配的方式。数据的生产创造和加工传播是一种劳动过程，与之相关的分配属于按劳分配的范围；而数据作为一种生产要素服务于生产过程并因此获得的回报则属于按要素参与分配的范围。在剩余价值（M）的分配上，数据要素通过数据所有权获得对剩余价值的分配权。③ 三是培育数据要素市场，推进市场化配置。试点打造数据要素市场样板，加强顶层设计与统筹推进数据要素配置，创新交易机制与健全数据要素市场体系，完善监管治理以构建数据要素治理体系。④ 四是利用好数据要素，助力数字经济促成经济增长。⑤ 这些初步探索积极回应了《中共中央 国务院关于构建更加完善的要素市场化配置体制机制的意见》中关于"加快培育数据要素市场"的实践要求。此外，由于对数据要素的不平等占有，可能形成"数据霸权"，霸权享有者可能获得数字社会的独裁权力⑥，进而引发一系列的经济风险，目前诸如 Google、Facebook、百度、腾讯等这类大数据公司占有了社会大量的数据，引致了新一轮"圈地运动"，对于"数字化原始积累"的问题也应纳入研究范围。

（3）关于促成数据产权制度及创新的研究。此类研究是基于数字经济带来的产权表现形式与运作方式的变革，探讨相应的产权制度的变革与创新路径。易宪容等认为，数据资源的产权属性遍布排列在"公共品—私人品"这一光谱上，并且数据资源的开放共享（非排他性，使用权为中心）逐渐成为数据产权的主要表现形式；数字经济中财产所有权正在全面弱化——数据产品低成本可复制性促成无限供给的特征，用户更多关注的是消费功能的实现，而不是产品的归属；数据产权的运作呈现"优步化"——交易者之间的"点对点"，基本不需要中介，可以有效实现交易成本的节约。⑦ 基于产权的表现形式与运作方

① 姜奇平.完善数据要素的产权性质 [J].互联网周刊，2020（10）：70-71.
② 庄子银.数据的经济价值及其合理参与分配的建议 [J].国家治理，2020（16）：41-45.
③ 李政，周希禛.数据作为生产要素参与分配的政治经济学分析 [J].学习与探索，2020（1）：109-115.
④ 张亮亮，陈志.培育数据要素市场需加快健全数据产权制度体系 [J].科技中国，2020（5）：15-18.
⑤ 杨汝岱.大数据与经济增长 [J].财经问题研究，2018（2）：10-13.
⑥ [以]尤瓦尔·赫拉利.今日简史：人类命运大议题 [M].北京：中信出版社，2018.
⑦ 易宪容，陈颖颖，位玉双.数字经济中的几个重大理论问题研究——基于现代经济学的一般性分析 [J].经济学家，2019（7）：23-31.

式在数字经济内外的巨大差异，相应的产权制度变革及创新成为必要。上述
（1）（2）两个方面文献研究所提出的相关对策建议为数据产权制度及创新提供
了些许思路，如明确数据要素与一般物质生产要素的异质性，产权界定范式的
革新等，意在表明数据产权制度的建立对形成有效的数据市场交易秩序、激励
和约束市场主体、保护和尊重隐私、加速数据的流通和应用等方面具有重要意
义。① 进一步明确产权制度变革与创新离不开相应法律的支撑，国际上从 1995
年欧盟颁布《个人数据保护指令》（2018 年 5 月又出台了《通用数据保护条
例》），到世界知识产权组织的《数据库知识产权条约草案》，再到加拿大的
《个人信息保护和电子文档法案》、美国的《隐私权法案》等，这些国家和国际
组织一直关注数据、个人数据、数据库等问题的立法，而我国作为一个数据大
国，关于数据方面的正式法律尚未形成体系，仅散见于众多法律法规中，如
《中华人民共和国网络安全法》《中华人民共和国合同法》《中华人民共和国反
不正当竞争法》，因此，对数据产权相关的立法研究也是今后重点关注的内容。

（4）关于广义数据产权问题的研究——数字产权。数字产权涵盖了数字经
济条件下的众多产权关系，数据产权是其基本形式。现有文献对数字产权也有
所提及，但基本是围绕数据产权进行论述，从而也引起了歧义，故此处进行补
充说明以对两者进行区分。此内容也将作为后续研究的一个小节，以廓清这些
基础概念之间的逻辑关系。上述三部分仅聚焦考察了数据产权的相关研究，然
而在数字经济条件下还存有其他的产权关系，对数据产权具有重要影响，其中
数字劳工（劳动）与数字资本各自以及相互间的产权关系问题备受关注。相关
的研究主要有：第一，在数字劳工（劳动）问题的研究上，数字劳动的概念肇
创于 Tiziana Terranova 的 *Free Labor：Producing Culture for the Digital Economy* 一
文②，系统化研究见 Christian Fuchs 的 *Digital Labour and Karl Marx* 一书。③ 国内
关于数字劳工（劳动）的研究主要是把马克思关于工作与劳动的概念与数字经
济所形塑的数字劳动进行比较，挖掘数字劳动的新特点。相关研究如燕连福和
谢芳芳考察了福克斯语境下数字劳动的内涵④，韩文龙和刘璐研究了数字劳动
过程的四种类型等⑤，通过劳动过程反向揭示数字劳工的生存状态。第二，在
数字资本的研究上，现有研究主要依据马克思关于资本的相关理论探讨数字资

---

① 杜振华，茶洪旺. 数据产权制度的现实考量 [J]. 重庆社会科学，2016（8）：19-25.
② Terranova T. Free Labor：Producing Culture for the Digital Economy [J]. Social Text，2000，18（2）：33-58.
③ Fuchs C. Digital Labour and Karl Marx [M]. New York：Routledge，2014.
④ 燕连福，谢芳芳. 福克斯数字劳动概念探析 [J]. 马克思主义与现实，2017（2）：113-120.
⑤ 韩文龙，刘璐. 数字劳动过程及其四种表现形式 [J]. 财经科学，2020（1）：67-79.

本主义的相关问题。国外的研究如丹·席勒的《数字资本主义》①、维克托·迈尔-舍恩伯格的《数据资本时代》② 等。国内的研究如乔晓楠和郗艳萍研究了数字经济背景下资本主义生产方式的重塑问题③，白刚④与杨松和安维复⑤论证了数字资本主义本质上依然是资本主义，其私有制和价值规律没有变。第三，在数字劳工与数字资本的相互关系的研究上，突出的几组关键词是"价值与积累""剥削与异化"。现有研究运用马克思的范畴和理论研究数字劳工和数字资本的关系问题。⑥ 在数字经济时代，数据作为一种生产要素，将成为数字劳工与数字资本（家）之间新的利益纽带，且在不同所有制条件下，劳资双方在数据占有上的非对称关系也将引发新的问题，而现有文献著述在这方面尚未有系统化的比较研究，可作为一个研究切入点。

二、产权问题的研究进路

关于产权理论，现存两大体系：一是马克思的产权理论，它源于对所有制关系的研究，其标志性概念是所有制（或者所有权）；二是现代西方产权理论，它源于对外部性的关注，其标志性概念是产权。此处不执拗于两大产权理论的比较，而是从产权研究的一般性脉络进行梳理与把握，以找到本书研究主题的理论定位。

（1）关于产权起源的研究。第一，马克思主义政治经济学的产权起源观。该观点将原始公有产权的起源归于"自然形成"，私有产权的产生和发展与原始社会的家庭及其演变密切相关，马克思与恩格斯认为人类社会的第一种产权关系是公有产权，私有产权是在其基础上发展起来的。⑦ 第二，诺斯的产权起源模型——"人口增长—资源稀缺模型"。该模型认为人口增长导致资源稀缺，加剧资源利用竞争，从而要求建立产权，产权的建立即激励机制的形成或变迁

① ［美］丹·席勒. 数字资本主义［M］. 南昌：江西人民出版社，2001.

② ［奥］维克托·迈尔-舍恩伯格. 数据资本时代［M］. 北京：中信出版社，2018.

③ 乔晓楠，郗艳萍. 数字经济与资本主义生产方式的重塑——一个政治经济学的视角［J］. 当代经济研究，2019（5）：5-15+113.

④ 白刚. 数字资本主义"证伪"了《资本论》？［J］. 上海大学学报（社会科学版），2018（4）：53-60.

⑤ 杨松，安维复. "数字资本主义"依然是资本主义［J］. 思想战线，2007（2）：24-35.

⑥ 周延云，闫秀荣. 数字劳动和卡尔·马克思——数字化时代国外马克思劳动价值论研究［M］. 北京：中国社会科学出版社，2016.

⑦ 黄少安. 产权经济学导论［M］. 北京：经济科学出版社，2004.

促进经济增长。① 第三，德姆塞茨的产权起源模型——"商业活动增加—资源稀缺模型"。该模型认为要实现资源长期优化使用必须建立排他性产权。② 第四，考特和尤伦的产权起源模型。该模型从合作能够创造剩余价值而给合作各方都带来利益这一角度，以一种"思想实验"的方式探讨了产权的起源。③

（2）关于产权演进的研究。第一，关于产权（制度）演进的动力、方向以及评价标准的研究。由于现有理论中明确存在马克思产权理论与西方产权经济学两类产权理论体系，各自对产权的演进问题又有截然不同的观点，对两者的比较性研究详见吴易风等④、吴宣恭⑤、黄少安⑥等的研究论著。马克思产权理论关于上述问题的观点可归结为：产权演进的动力——生产力一元论，演进的方向——公有制，遵循的标准——生产力标准；西方产权经济学的观点可归结为：演进动力——多元动力论（外在因素），演进的方向——私有制，遵循的标准——交易费用。第二，关于演进过程中涉及的问题研究。在关于产权内涵的演进方面，由于当前学界对其进行了"法律产权"与"经济产权"的"二分法"⑦，从而产权具有"桥梁式"的特征，兼具法学与经济学的内涵。主要代表有：科斯的"无定义的定义"、阿尔钦的"权威性定义"、德姆塞茨的"功能性定义"、菲吕博腾与配杰威齐的"总结性界定"等。目前所达成的"基本共识"是：产权不仅仅是对物的归属和占有关系，更主要的是它反映了人与人之间的一种关系，一种对物的占有关系所形成的人与人之间的物质利益关系或经济关系。⑧ 在对产权演进过程中"伴随问题"的研究方面，涉及外部性、租值耗散、共同财产等问题。外部性研究方面——马歇尔的"外部经济"理论、庇古的"庇古税"理论和科斯的"科斯定理"；租值耗散研究方面——戈登对海洋渔场的过度捕捞问题、哈丁对"公地悲剧"问题以及张五常对价格管制的研究；共同财产研究方面——巴泽尔的产权"公共领域"思想。此外，诸如主体产权

---

① ［美］道格拉斯·诺斯，罗伯斯·托马斯. 西方世界的兴起［M］. 北京：华夏出版社，2017.

② Demsetz H. Toward a Theory of Property Rights［J］. American Economic Review，1967，57（2）：347.

③ ［美］罗伯特·考特，托马斯·尤伦. 法和经济学（第5版）［M］. 上海：上海人民出版社，2010.

④ 吴易风，关雪凌，等. 产权理论与实践［M］. 北京：中国人民大学出版社，2010.

⑤ 吴宣恭. 产权理论比较——马克思主义与西方现代产权经济学派［M］. 北京：经济科学出版社，2000.

⑥ 黄少安. 产权经济学导论［M］. 北京：经济科学出版社，2004.

⑦ 约拉姆·巴泽尔. 产权的经济分析（第二版）［M］. 上海：格致出版社，2017.

⑧ ［南］斯韦托扎尔·配杰威齐. 产权经济学——一种关于比较体制的理论［M］. 北京：经济科学出版社，1999.

论①、企业产权问题②、农地产权问题③、"人力资本产权"问题④、劳动力产权问题⑤等，也都在产权演进过程中所要研究的问题之列。第三，关于产权起源到产权的"过渡带"的研究。主要代表有：黄少安和王怀震研究了"潜产权"到产权的转化问题⑥，加里·D. 利贝卡普研究了产权的缔约问题⑦。第四，关于产权理论的运用、实践的研究。产权演进与产权实践两者相辅相成，相关论著有很多，按研究的主题可总结为以下四个方面：马克思产权理论与中国的产权改革、西方产权理论与发达国家私有化、西方产权理论与发展中国家私有化、西方产权理论与转轨国家私有化。

（3）关于产权（理论、制度）未来发展的趋势研究。除了上述演进方向的研究，还包括：第一，内容形式方面"脱实入虚"。主要体现在数字经济背景下的产权问题，如无形产权问题⑧——知识、信息等无形资产的产权制度；虚拟产权问题⑨——网络财产权。相应地，产权关系也越来越复杂化。第二，企业的"超产权"。变动产权不会给企业造成"生与死"的抉择，只会改变企业的激励机制。在考虑竞争因素后，企业的治理机制与产权归属在长期的竞争均衡中是可以分离的。⑩ 第三，产权发展"泛化"。如广义产权论的"虚实并举"⑪、联合产权论的"劳资联合"⑫。

总之，通过本节三个方面的归纳梳理，可以将产权的发展脉络总结为"产权起源—潜产权—产权的缔约—（类）产权—超产权"。由此可以看出，在数字经济语境下所形塑的数据产权，其基本的文献定位应归于上述"（类）产权"部分，从而为后续进行数据要素产权问题研究找准理论定位。

----

① 刘诗白. 主体产权论 [M]. 北京：经济科学出版社，1998.

② 杨瑞龙. 现代企业产权制度 [M]. 北京：中国人民大学出版社，1996；费方域. 企业的产权分析 [M]. 上海：格致出版社，2009.

③ 贺雪峰. 地权的逻辑——中国农村土地制度向何处去 [M]. 北京：中国政法大学出版社，2010；刘守英. 土地制度与中国发展 [M]. 北京：中国人民大学出版社，2018.

④ 周其仁. 市场里的企业：一个人力资本与非人力资本的特别合约 [J]. 经济研究，1996（6）：71-80.

⑤ 迟福林. 劳动力产权论——实现共享发展的理论探索 [M]. 北京：中国工人出版社，2018.

⑥ 黄少安，王怀震. 从潜产权到产权：一种产权起源假说 [J]. 经济理论与经济管理，2003（8）：13-16.

⑦ [美] 加里·D. 利贝卡普. 产权的缔约分析 [M]. 北京：中国社会科学出版社，2001.

⑧ 吴汉东. 无形财产权基本问题研究（第3版）[M]. 北京：中国人民大学出版社，2013.

⑨ 林旭霞. 虚拟产权研究 [M]. 北京：法律出版社，2010.

⑩ 刘芍佳，李骥. 超产权论与企业绩效 [J]. 经济研究，1998（8）：3-12.

⑪ 常修泽. 广义产权论——中国广领域多权能产权制度研究 [M]. 北京：中国经济出版社，2009.

⑫ 刘长庚. 联合产权论——产权制度与经济增长 [M]. 北京：人民出版社，2003.

三、数字治理的研究进路

数字经济作为继农业经济、工业经济的第三种经济形态，与前两者相比，存在发展不平衡与不充分的问题，从前述两大部分所回顾的文献研究中可以看出，数据产权（尤其作为要素产权）作为新生事物，其发展过程同样存在这样的问题。不平衡关注的是体系结构问题，如比例关系不合理、包容性不足、可持续性不够等方面；不充分关注的是总量与水平的问题，涉及市场竞争、效率发挥、潜力释放以及制度创新等方面。对应到前文的数据产权相关研究上，即数据确权、数据要素参与分配、数据占有不平衡以及数据市场构建等问题，因此，研究相应的治理机制成为必要。治理是使相互冲突或不同利益得以调和并且采取联合行动的持续过程，内在地包含了建设、发展与问题的矫正。

关于治理，其历史在我国源远流长。早见于春秋战国时期诸子百家的"治国理政"的哲思中，试举例示之：儒家强调治理应"仁政""德礼教化"，如《孟子》有言，"君施教以治理之"，其认为"德礼教化"是基本的治理方式。道家强调以"无为而治""道法自然"作为治理的准则，《老子注·五章》中曾论到，"天地任自然，无为无造，万物自相治理"才是最好的治理状态，人为的干预反而有碍于治理。法家的治理原则以法律化路径为显，宣言"依法治国""废私立公"。这在《韩非子·制分》中可见一斑——"夫治法之至明者，任数不任人。是以有术之国，不用誉则毋适，境内必治，任数也"。

现代意义上的"治理"则源于西方，20世纪90年代在全球范围逐渐兴起，基本含义主要是指政府、市场、社会互动的过程。理论脉络主要有两条：一是世界银行针对发展中国家的援建项目无法发挥应有的效益而提出"治理危机"的概念，并于1992年对治理做了政治学层面的解释，指运用权力对国家经济和社会资源进行管理的一种方式，其权力主体不仅有各种政府组织，还包括各种非政府组织以及私人企业和社会公众等各种利益相关者。[①] 以现代经济学为理论基础、在治理理论上发展起来的新公共管理理论（New Public Management）主张运用市场化机制提供公共产品和服务，核心理念是以市场为取向，重塑政府与公众的关系，在公共部门广泛采用私营部门成功的管理方法和竞争机制，并由重视效率转而重视服务质量和顾客满意度，从上而下地控制转向，争取成员的认同，以及争取对组织使命和工作绩效的认同。[②] 二是战后随着公共问题

---

① 沈荣华，金海龙. 地方政府治理［M］. 北京：社会科学文献出版社，2006.
② ［美］尼古拉斯·亨利. 公共行政与公共事务（第7版）［M］. 北京：华夏出版社，2002.

的复杂化，西方发达国家开始了一场从"统治"到"治理"的广泛变革，强调私营机构、非营利组织和各类公民组织的作用。与政府统治相比，治理的内涵更加丰富，它既包括政府机制，同时也包括非正式的、非政府的机制。相关理论与实践也经历了从"多中心治理"到"整体性治理"的转变。为紧贴研究主题，结合数字经济的时代特点与治理理论的新发展，本节将围绕数字治理研究方面的文献进行梳理，并进一步对数字治理问题进行"拆解"，从数字治理理论与数字治理实践两大方面展开相关研究文献的回顾。

（1）关于数字治理理论的相关研究。数字治理理论是治理理论与互联网数字技术结合催生的新的公共管理理论准范式（学科定位），其产生于新公共管理运动的衰微与数字时代治理的兴起之际，主要强调信息技术和信息系统对公共管理的影响作用。广义上是指在电子技术（与数字技术同义）的支持下，整个社会运行和组织的形式，这包括对经济和社会资源的综合治理；狭义上是指在政府与市民社会、政府与以企业为代表的经济社会的互动和在政府内部的运行中应用电子技术易化政府行政及简化事务的处理程序并提高其民主化程度。[①]数字治理理论发轫于国外，以英国学者 Patrick Dunleavy 为主要代表，比较全面及系统地概括了公共管理在信息时代的各种变化以及数字治理理论的优势。[②]国内学者对数字治理理论的研究主要以竺乾威为代表，他专注于翻译与介绍以 Patrick Dunleavy 为代表的相关学者的文献，重在介绍数字治理理论的主要内容。[③]关于该理论的研究综述，国内学者韩兆柱和马文娟对 1990 年至 2016 年 1月的所有与之高度相关的文献进行了梳理与评述[④]，此处就不再赘述，而近期的相关研究文献进路也基本包含在这几位学者的总结脉络中，因而此处侧重阐述数字治理理论的，主要包括三部分，分别是重新整合、以需求为基础的整体主义和数字化变革。通过权力结构的重塑与实现形式的设计两个方面并举，实现治理效能。

（2）关于数字治理实践的相关研究。这主要体现在治理模式方面，中国信息通信研究院发布的《数字经济治理白皮书（2019）》里涉及了四种治理模式，分别是算法治理、数字市场竞争治理、网络生态治理和数字经济治理（协同治理），各种治理模式对应不同的情况。关于算法治理，针对的是智能化带来的治理问题，美国与欧盟为实现算法公平、增强算法的依赖性，已积极采取行

---

① 徐晓林，周立新. 数字治理在城市政府善治中的体系构建［J］. 管理世界，2004（11）：140-141.

② Dunleavy P. Digital Era Governance：IT Corporations, the State, and E-Government［M］. Oxford：Oxford University Press，2006.

③ 竺乾威. 公共行政理论［M］. 上海：复旦大学出版社，2015.

④ 韩兆柱，马文娟. 数字治理理论及其应用的探索［J］. 公共管理评论，2016（1）：92-109.

动，算法治理的基本治理取向是提高算法的透明度与可解释性；关于数字市场竞争治理，关注的是数字平台垄断问题，基本的治理取向是完善数字市场反垄断规则，加强对数字平台反垄断的监督力度；关于网络生态治理，治理的对象是虚假、暴力、恐怖等有害的网络信息，治理方式由自治走向法治，肯定数字平台在治理中的积极作用，促成多元共治的局面；关于数字经济治理，治理对象就是数字经济发展过程中出现的风险与挑战，治理取向是在适应数字经济发展水平的基础上促成协同治理。此外，相关研究文献还有以"互联网治理"为主题的研究，但基本的治理思路与上述四种治理模式存在诸多趋同，故不再展开梳理。此外，关于数字治理与数据治理的辨析将于下一章展开，此处暂且略之。

四、研究评述

通过现有文献的检索梳理，目前研究数据的论文中，90%以上都是在研究个人数据，而研究企业数据的不到10%，其中研究企业数据产权的，更为稀少，且从主题词可以看出，现有研究数据的重点不在要素上，而在商品上。在2017年12月中央政治局就"实施国家大数据战略"进行集体学习时，习近平总书记指出，数据是新的生产要素，是基础性资源和战略性资源，也是重要生产力；要构建以数据为关键要素的数字经济。通过上述三个主要方面的文献回顾，明确了本书所研究主题的理论（文献）定位与实践定位，意在揭示此项研究的现实性与理论性、必要性与重要性。具体来说：

第一，关于数据产权的研究在数据的定位上侧重的是数据的资源性、商品性，而对数据作为要素的分析缺少系统性，并且现有关于数据要素的分析，是在既定数据是要素的前提下展开的对其参与分配方式的经济学研究，而对数据如何成为要素这一问题的内在逻辑尚未有明确揭示。数据成为要素在生产方式语境下具有革命性的意义，经济学必须对此进行跟进、研究与解释。第二，数据产权研究的内容上侧重于对个人数据产权的研究，而缺乏对企业数据产权的研究，数据要素助力数字经济的关键是靠企业来推进，只有作为企业生产的投入品，数据的要素性才能真正体现出来。现有研究在数据确权上成果颇丰，但在通过数据要素研究整个数字经济生产关系（围绕数据的生产、分配、交换、消费等方面的关系）方面，尚未形成系统性研究。同时，从产权视角研究数据要素却偏于一隅地研究产权关系（财产关系）或者法权关系，而没有明确法权关系必须建立在产权关系的基础上这一事实（先"产"后"权"），因而，产权视角的研究不完整。第三，还应看到数据要素与数字经济的关系，其结合点可从数据要素商品、数据产业和数据要素市场中找寻，前述文献梳理中提到数据要素占有的不平衡问题，在数据要素的资本主义应用下，"数字化的原始积累""数据霸权"等问题随之而来，当前我国的数据占有及利益分配的现状不容乐观，再结合当前国外的数字经济的发展经验（以美国为代表）——通过"社会量化部门的繁荣"促成数据基础设施的建成和以市场垄断、物联网及监视为手段建立起稳固的数据来源——这对我国数字经济发展过程中为应对由数据占有不平衡导致的经济风险具有重要的启示意义。现有的关于该问题的研究散见于西方传播政治经济学的研究著述中，关注的是资本主义条件下的境况，而在我国社会主义初级阶段语境下该类问题的研究尚存空缺。第四，不平衡是一方面，不充分是另一方面。后者涉及数据要素市场竞争、效率发挥以及制度创新等方面，涵盖了数据产权制度、要素市场体系和相应的法律法规，三者统一于"产权、法与政策的一致性"这一框架下。现有研究不乏对该框架的应用，但在数据要素的产权分析方面有待补充。党的十九届四中全会决议提出了一个"制度—治理"的社会分析框架，且与上述框架具有内在的同一性，因而可以作为研究参考。总之，当前关于数据要素的产权分析，在视角、内容和分析范式上有待补充与系统化，亟待从政治经济学的视角进行研究与阐释，上述诸方面构成了本书写作的立足点。

第三节　研究思路与方法

一、研究思路

本书总的研究思路是从产权视角切入，通过构建"产权—治理"的分析框架，实现对数据要素的政治经济学分析。具体来说主要包括：一方面，系统研究数据产权何以可能（财产关系的形成）、数据与数字经济的关系、数据何以成为要素以及相应的法权关系如何这四个主要问题，形成对数据要素产权问题的总体认识，以通过数据要素透视数字经济的整个生产关系，尝试建立起关于数据要素的全景式研究。另一方面，数字经济是我国未来发展的重点，发展过程中势必存在一些问题，数据作为数字经济的关键生产要素，其发展的不平衡与不充分问题构成了数字经济发展面临的主要问题域，由此关于数据要素的研究最终要运用到数字经济发展的实践中，形成相应的治理机制，从而进一步丰富我国数字经济治理的相关理论依据，以助力数字经济扮演好我国经济社会高质量发展新动能的角色。

二、全书架构

基于前文的文献回顾、评述以及研究思路，本书将所研究的内容分为九章，对应具体的章节内容及逻辑安排如下：

第一章　绪论。阐明本书的研究背景与研究意义。详细梳理国内外关于数据（要素）产权问题研究的进展，进而找到研究的切入点及内容。同时，具体介绍本书研究的基本思路和主要内容，说明本书使用的研究方法，指出可能的创新点和不足。

第二章　相关概念和理论基础。对本书研究涉及的主要概念——数据与信息、数据商品与数据要素、数字产权与数据产权、数字治理进行界定，廓清这些基础概念之间的逻辑关系，为后续研究分析提供基础。同时，也明确了构成本书分析基础的相关理论（或工具），包括马克思主义社会基本矛盾理论、马克思劳动价值论、马克思产权与制度变迁理论、西方产权经济学与治理理论等，拟通过运用这些理论构建起一个"产权—治理"的分析框架（产权、法与政策的一致性），并在这一框架下对数据（要素）产权问题进行研究。

第三章　数据要素产权的一般性分析。本章将对数据要素涉及的有关内容进行分析，以起到承上启下的作用，既是对第二章的补充说明，又是为第四章构建针对数据要素产权问题的分析框架提供铺垫。主要的研究内容包括三个方面：一是关于数据本身的产生、发展、类型以及性质，进而指明数据对应的产权兼具财产权与人格权的双重属性，其财产权的确立有其经济学依据和法学依据；二是在数字经济条件下，数据成为生产要素的必然性和参与分配的必要性（置于生产要素的时代演进与生产要素参与分配的制度演进过程中进行考察），以及数据成为要素的内在转化过程；三是对数据要素涉及的经济关系、利益关系以及法律关系的现实表征进行揭示，为后续的产权分析厘清思路。

第四章　数据要素产权问题的分析框架："产权—治理"。党的十九届四中全会决议提出了一个"制度—治理"的社会分析框架，对本书数据要素的产权分析具有重要的指导意义。本章首先运用马克思主义社会基本矛盾理论中"生产力—生产关系（经济基础）—上层建筑"辩证关系原理阐释"制度—治理"的内在逻辑，在明确产权具有制度底色的基础上，从"产权—治理"的角度展开分析。产权分析即从产权视角切入，形成对数据这一生产要素的政治经济学分析——对包括数据的生产、分配、交换和消费在内的数字生产关系所涵盖的产权关系与法权关系进行分析，既有对微观的权能结构的分析，又有对宏观的数据产权制度创新、制度变迁的研究，同时，明确数据要素在数字经济中的七个重要指向；治理机制或政策选择则是在数据要素产权问题分析的基础上针对所涉及的不平衡、不充分等问题找寻纾困之策，从而引出相关的政策含义，形成系统的数据治理框架，为后续相关的实际问题（案例）研究提供指导。

第五章 数据要素产权实现的价值运动分析。上一章围绕数据要素、产权关系、法权关系和数字生产关系给出了全书的分析架构，本章则集中回答两个问题：一是数据作为一种生产要素，是否创造价值？这是进行政治经济学研究绕不开的问题，必须予以解答。既是对第四章的理论补充，也是对现代经济学中的要素价值论进行政治经济学批判，以此回应现有文献中"数据创造价值"的疑论。二是研究数据要素在价值运动中所扮演的角色，即从价值运动的总过程反观数据要素在数字生产方式中所呈现的一些特点，比前一个问题更进一步，也是对第四章分析的深化。

第六章 数据要素产权与经济增长。本章围绕"产权与增长"的研究进路，探讨数据要素产权对经济增长的作用机制。首先，对产权与增长的一般作用机理进行分析，指出其关键在于产权制度的功能性发挥，并结合数据产权的发展现实，阐明其对经济的增长效应在于全要素生产率的提升；其次，对数据资产的适用性进行分析，基于马克思主义唯物辩证法的基本观点，明确了数据资产通用性与专用性的辩证逻辑，进一步说明其对全要素生产率提升的重要意义；最后，立足我国发展实际，从企业数据产权的界定与保护和维护国家数据主权内外两个角度，阐明数据产权制度助力我国经济增长的路径。

第七章 数据要素产权发展失衡探析。本章及第八章是对第四章治理问题的具体展开。当前 Google、Facebook、百度、腾讯等数字巨头占有了社会大量的数据，引发新一轮的"圈地运动"。在此情形下，数据垄断和数据霸权等问题逐渐显露。数据占有的不平衡所引发的数据利益失衡，进一步加剧了社会分化与国际贫富差距。本章在厘清产权失衡的一般性基础上，结合数据要素产权的相关实践，着重探讨"产权与信用""产权与霸权"两个问题，以此形成我国应对数据产权发展失衡的政策启示。

第八章 数据要素市场的治理机制。在当前数字经济占我国 GDP 总量的比重已接近或超过一些西方发达国家的背景下，我国若要实现抢占数字经济发展的制高点，数据要素市场建设问题需纳入考虑范围。同时，培育数据要素市场也是促进数据价值有效利用的必然选择。本章的研究旨在回应《中共中央 国务院关于构建更加完善的要素市场化配置体制机制的意见》中提出的要"加快培育数据要素市场"的实践要求：围绕产权与市场的主题，在厘清产权与市场一般关系的基础上，从治理的视角分析与归纳数据要素市场的培育机制、市场治理机制、市场监管机制以及数据立法等内容。通过结合当前国内外的发展实践，在丰富治理内涵的同时明确我国数据要素市场发展的着力点。

第九章　结论与展望。系统总结全书关于数据要素产权问题分析的相关结论，说明本书研究的现实性与理论性、必要性与重要性。同时，进一步指出今后仍需深入研究的一些问题。

本书的总架构见图1-1。

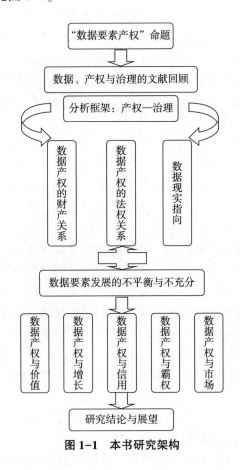

图1-1　本书研究架构

三、研究方法

本书在研究方法上坚持马克思主义政治经济学的立场、观点、方法，辅之以现代经济学的分析工具。结合本书研究的内容，主要包括：

1. 规范分析法

在数据要素产权的历史性分析中，采用了历史唯物主义的方法，以辩证唯物主义的观点去分析、理解数据的产生发展、成为财产以及作为生产要素这一演进过程，坚持历史与逻辑相统一原则，以达到对该问题的科学认识。在对数据要素的产权价值运动的分析中，通过一定的理论抽象，探索数据产权涉及的价值论来源问题和交易过程中的价值运动，并复归于现实。在对数据产权制度建设与数据要素市场建设的对策研究上，基于当前（及未来预期）的发展态势，提出相应的对策思路。

2. 实证分析法

由于数据的可得性，以案例研究为主，辅之以描述性统计分析。在考察数据占有失衡、数据产权对数字经济的增长效应问题上，主要立足于行业研报所汇总的数据形成发展趋势的全景图，通过国内外比较分析的方式，阐明我国自身发展的特征与不足，以助力本书的机制分析。在数据霸权的问题上，以美国的数据霸权为例，考察其形成机制，引出我国应对可能（或正在）出现的数据霸权问题的对策思路。在数据要素市场的构建与发展问题上（数据跨境流动），更是以美欧各国实际的立法实践作为分析的依据，以形成我国发展数据市场的政策启示。

3. 制度分析法

上述两种方法兼而有之，主要体现在本书的分析框架的构建与运用上。如前文分析所示，数据（要素）产权问题具有浓厚的制度底色，因而对它的分析离不开制度分析法。作为唯物史观的重要内容，马克思的制度理论认为，制度源于社会物质生产条件，它在本质上反映的是人与人之间的社会关系，即社会关系的结构化和规范化。完整的社会制度（宏观制度结构）由经济基础和上层建筑这两个相互联系的层次构成，两者之间既存在原生与派生关系，又存在互动关系。同时，微观制度结构要受到宏观制度结构的制约。一旦明确了这种制约关系，在分析制度时，应首先从宏观制度结构着手，只有认清前者，才能理解"受制约下"的后者。

第四节　可能的创新与不足

本书研究可能的创新主要有：

（1）理论创新方面：一是拓展了数据产权研究的"问题域"，将数据产权的研究定位于数据要素，并致力于揭示其内在逻辑，同时指明数据产权研究的重心在于企业数据产权。二是在研究维度上，从产权视角对数据要素展开政治经济学分析，从而透视我国现阶段数字经济的整个生产关系，尝试形成一种全景式、系统化的研究。三是将"产权—治理"的分析框架应用于数据要素产权问题的分析中，同时，把经济管理学科研究方法与社会科学研究方法相结合，丰富与拓展了现有数据产权的研究方法。

（2）实践创新方面：数字经济作为我国未来发展的重点，是实践创新驱动、发展新经济的重要抓手，本书在明确数据要素产权发展面临的不平衡与不充分的总问题基础上，分别以数据产权与价值、数据产权与经济增长、数据产权与数据信用、数据产权与数据霸权和数据市场治理为关键议题，展开对具体问题的分析。在总结国内外相关实践经验的基础上，提出相应的政策主张、发展思路，以期为我国数字经济的发展提供参考。

本书研究的不足之处主要表现在：

（1）在内容方面，虽论及诸多主题，但是每一个主题内部所关注的具体问题较少，受制于笔者关注的领域，从而在内容上稍显单薄；在案例研究上，对国外数据立法、数据市场发展等经验的搜集、整理和总结还不够，因为各个国家的国情现状、发展轨迹不尽相同，文中的政策梳理限于一般性的平铺直叙，各自背后的政策意图、实现途径仍需要深入研究，从而进行正反经验的比较研究才更有说服力。

（2）在实证分析方面，由于掌握的统计数据资源有限以及能力的约束，在正文的探讨中，尤其是对于数据产权与经济增长主题的研究侧重于理论机理的分析和统计层面的描述，缺少计量模型在程度上的精准刻画。从目前来看，将数据产权量化处理仍然是一个研究难点，亟待突破。对于该问题的解决有待于今后的继续研究与弥补。

当然，上述研究不足也为进一步研究提供了契机。在后续研究中，笔者将从更广、更深的视角去研究数据要素问题，以完善本书的研究议题，充实该领域的研究，为我国数字经济的高效发展提供更多有价值的对策建议。

第二章　相关概念和理论基础

概念是逻辑的起点，它贯穿于理论体系的始终。本书的研究对象明确，即数据要素及相应的产权关系，因此，本章的主要工作是对研究内容涉及的相关概念进行廓清，归纳总结与本书研究相关的理论，以形成相应的理论分析基础或方法论工具来源，为后文展开分析奠定基础。

第一节　数据产权的相关概念

一、数据与信息

研究数据要素首要的着眼点就是数据本身，其要素性质源于数据本身所处的特定的社会关系所赋予的特质。关于该性质的研究将在下一章展开，此处将聚焦于概念的比较。关于数据（Data）与信息（Information）的关系问题，当前学界存在"等同论"与"包含论"两类观点，前者侧重于研究的便捷性，不加区分而赋予一个统一的称谓，显见于信息产品①与数据商品②的研究中，在这研究不加区分的背后其实也存在着现实发展的局限，即在法律上存在着数据保护与信息保护两者混同的情形。由于当前我国法律体系中尚未出台专门的《数据财产保护法》等法律，条文多是关于"信息"的规定，从而在很大程度上将"信息保护"这一传统法律的保护模式用到"数据保护"上面③，这样的现实局

---

① 刘皓琰．信息产品与平台经济中的非雇佣剥削［J］．马克思主义研究，2019（3）：67-75+160.

② 陆茸．数据商品的价值与剥削——对克里斯蒂安·福克斯用户"数字劳动"理论的批判性分析［J］．经济纵横，2019（5）：11-17.

③ 传统相关法律如《中华人民共和国消费者权益保护法》《中华人民共和国网络安全法》《中华人民共和国民法典》《中华人民共和国行政法》《中华人民共和国刑法》等法律以及相关的司法解释更多侧重于对个人信息的保护，尤其是新修订的《中华人民共和国民法典》（2021年1月1日起施行），有关数据的法条仅在"第一百二十七条　数据、网络虚拟财产的保护"中提及，而其余的法条沿用的是"个人信息的保护"。

限有时便成为学术研究的立论基础。后者强调了数据与信息两者的区别，反映了数据与信息之间"形式"与"内容"的关系。数据是反映客观事物属性的记录，是信息的表现形式，是信息的载体，它是存在于计算机及网络上流通的在二进制的基础上由 0 和 1 组合的比特形式。① 而信息②是数据所表达出的内容③，是通过技术手段从数据中提取的。两者并不等同，从信息论的角度看，描述信源的数据是信息和数据冗余之和，即数据＝信息＋数据冗余。④ 可以看出，数据是通过采集获得的，信息是通过对所采集的数据进行技术性、目的性提取而获得的"有用"信息，从而在量的关系上，数据量与信息量也是非对称的。总之，信息是数据的内涵，数据是信息的载体。

当然，必须承认的是，当前关于数据的研究，基本立足于"大数据"的视角，数据"效能"的发挥离不开各种数据汇集的"合力"。目前学术界将大数据的特征归为"4V"，分别是 Volume（大量）、Variety（多样）、Value（价值）和 Velocity（高速）。⑤ 本书的研究并未忽视这一现实，而是要将对数据的一般性分析结论融入大数据发展的具体实践，即从数据产权的分析到数据要素产权的分析中，大数据的特点是不能忽视的。不难理解，正是因为大数据所具有的前述特征，数据生产力的发挥才成为可能，作为要素的数据才有现实基础。对于该问题的研究，后文将循序展开，此处先指出这一问题，为后续讨论作引。

二、数据商品与数据要素

数据商品（Data Commodity）与数据要素（Data Elements）两者的限定词都是数据，但各自的偏重不同，一个反映数据的商品性，一个反映数据的要素性。第一章的文献梳理回顾了当前学界关于数据商品、数据要素与相应市场体系的研究，立足的是对总体研究动态的把握，此处的分析将回归到基本概念层面，从马克思主义政治经济学的视角展开辨析，以明确本书的研究定位。按照马克

---

① 程啸. 论大数据时代的个人数据权利 [J]. 中国社会科学，2018（3）：102-122+207-208.

② 关于信息的概念有广义与狭义之分，广义的信息是指一切消息，即世界上一切事物的运动、状态和特征的反映。狭义的信息是指有使用价值的情报，即通过文字、数据、图像或信号等形式表现出来的，可以传递、处理、储存的对象（转引自《现代经济词典》，2005 年版）。本书此处的比较研究侧重于狭义层面。同时还需明确，知识不是数据与信息的简单积累，它是指可用于指导实践的信息。此外，通过 DIKW 模型可以直观地凸显数据与信息之间的梯次关系。

③ 李爱君. 数据权利属性与法律特征 [J]. 东方法学，2018（3）：64-74.

④ 数据与信息 [EB/OL]. [2020-10-08]. https://baike.so.com/doc/25030520-25997318.html；等式中的数据冗余是指数据之间的重复，包括空间冗余、时间冗余、视觉冗余、统计冗余等。

⑤ 徐晋. 大数据经济学 [M]. 上海：上海交通大学出版社，2014.

思的观点，商品是指用来交换的劳动产品，商品必须是劳动产品且要满足人们的使用和需要。从发展逻辑上看，数字经济的发展首先催生的是数据产品而非数据商品，因此，这里有必要对数据产品与数据商品作区分。前者虽是劳动产品，但未形成交换需要，因而不能转化为商品，后者既是劳动产品，又有市场交换需要。现今，数据商品已被大众所熟知，相关的交易平台也相继建立，如贵阳大数据交易所，数据成为商品、成为市场交换的客体，与数字经济的发展有着重要联系，数据资源本身蕴含的价值因数字技术的高速发展而逐步被发掘、利用，其背后是生产力的大发展。现有关于数据商品的研究是将其置于数字劳动与数字资本的关系中进行的，考察其价值与剥削的议题，国内外学者对于该议题有诸多论著，下文将对此予以揭示，此处略之。在数据商品的定义上目前存在一定的混乱①，例如，Christian Fuchs（克里斯蒂安·福克斯）在对数据商品价值创造的研究中，对"受众商品"和"数据商品"并未做出明确区分。②由于上述两者的内涵与外延根本不同——受众商品是指社会网络上的用户（受众）就是商品，因为他们被贩售给了广告商③，而数据商品指的是携带用户信息的数据成为一种商品。福克斯在进行相关论述的过程中存在把这两个概念在同一意义上使用的情况，因此其自身的理论逻辑是存在问题的。国内关于数据商品内涵是基于数据资源的价值化和数据产品的商品化角度进行界定的④，明确数据商品中凝结着一般人类劳动，是能够满足数字经济（大数据发展）条件下人们使用与交换的数据产品，并且这种转化离不开现代数字技术的开发、分析与应用。⑤ 因此，由数字经济的发展所催生的数据商品是符合马克思关于商品的一般性定义的，是马克思商品理论（劳动价值论）的数字化体现。

　　如果说数据商品关注的是商品流通与价值实现问题，那么，数据要素关注的则是商品生产与价值创造问题。数据要素构成了数字经济的生产方式的重要一环，党的十九届四中全会审议通过的《中共中央关于坚持和完善中国特色社会主义制度、推进国家治理体系和治理能力现代化若干重大问题的决定》首次

---

　　① 值得注意的是，现有对数据商品和数字商品的研究也存在一定程度的混同，而没有注意到各自的"范围"不同，接下来对数据产权与数字产权的辨析其实也是对这一问题的回答。

　　② Fuchs C. Digital Labour and Karl Marx［M］. New York：Routledge, 2014.

　　③ ［瑞典］克里斯蒂安·福克斯，［加］文森特·莫斯可. 马克思归来（上）［M］. 上海：华东师范大学出版社，2017.

　　④ 黄再胜. 数据的资本化与当代资本主义价值运动新特点［J］. 马克思主义研究，2020（6）：124-135.

　　⑤ 吴欢，卢黎歌. 数字劳动、数字商品价值及其价格形成机制——大数据社会条件下马克思劳动价值论的再解释［J］. 东北大学学报（社会科学版），2018，20（3）：310-316.

增列数据作为生产要素，这在生产方式语境下具有革命性意义。生产要素是人类进行物质资料生产所必需的各种经济资源和条件，亦是指构成生产力的各种要素，包括物的因素和人的因素，即生产资料和劳动力。① 关于数据的要素表征，它究竟表现为原料、劳动资料还是产品，完全取决于它在劳动过程中所起的特定作用，取决于它在劳动过程中所处的地位，随着地位的改变，它的规定也会改变。② 首先，应明确，作为要素的数据在参与生产过程之前，起初表现为一种劳动产品或商品，随后才表现为一种生产要素。③ 其次，在数据参与生产的方式上，当前也存在认识分歧：一种观点认为，当数字经济的发展从数字化逐步过渡到智慧化时，数据直接参与生产，为海量数据的分析提供更多的价值增量。④ 另一种观点认为，数据并不直接参与生产，而是要转化为有价值的生产信息。⑤ 企业通过利用这些有价值的信息作出相应的生产决策，从而实现"零库存"和对消费者个人的"定制化生产"。两种观点都有其合理性，由于企业的生产方式非同质，数据参与生产的方式也就存在差别，所以不能一概而论。最后，数据要素在价值创造过程中所起的作用主要是协助劳动更好地创造价值⑥，而不改变劳动是创造价值的唯一源泉这一本质规定。在马克思劳动价值论的语境下，数据要素参与分配（对生产的贡献）由市场评价贡献、按贡献决定报酬的机制不是指对所生产出的商品的价值的贡献，而是指对产出的物质财富的贡献。它是劳动创造价值不可或缺的条件，因为在现代经济发展过程中，生产活动更多地表现出多要素协作生产的特征，若没有要素间的协作，价值创造就不可能实现。按要素分配的依据不是要素价值论，而是在劳动价值论基础上对市场经济运行规律的遵循。⑦ 作为本书研究焦点的数据要素，上述的基本认识为接下来对应的产权分析奠定了坚实的基础。

三、数据产权与数字产权

从数据到数据要素再到数据产权，数据本身的外延在不断扩大，然而从产权视角反观数据问题，当前也存在认识分歧，即把数据产权（Data Property

---

①② 马克思. 资本论（第1卷）[M]. 北京：人民出版社，2004.

③ 李政，周希禛. 数据作为生产要素参与分配的政治经济学分析 [J]. 学习与探索，2020（1）：109-115.

④ 焦勇. 数字经济赋能制造业转型：从价值重塑到价值创造 [J]. 经济学家，2020（6）：87-94.

⑤ 田杰棠，刘露瑶. 交易模式、权利界定与数据要素市场培育 [J]. 改革，2020（7）：17-26.

⑥ 谢康，夏正豪，肖静华. 大数据成为现实生产要素的企业实现机制：产品创新视角 [J]. 中国工业经济，2020（5）：42-60.

⑦ 刘灿，李萍，等. 中国收入分配体制改革 [M]. 北京：经济科学出版社，2019.

Rights）与数字产权（Digital Property Rights）混同使用。实际上，两者所包含的范围不同，各自含义也不同。数据产权是对数据的权利，是指由数据的归属权、占有权、支配权和使用权等构成的权利束，其中数据主体之间的经济权利关系构成数据产权的本质内容。一般认为，数据产权的主体主要包括个人、企业和政府，其客体对应为个人数据、企业数据和政府数据（包含公众数据），进而形成个人数据产权、企业数据产权和政府数据产权。本书所重点关注的数据要素产权归于数据产权之列，围绕数据要素产权的界定、交易与保护制度的构建也是应有之义（详见第四章的分析）。对于数字产权，既有研究也有实践①，从覆盖面上来说，与数据产权相比，数字产权涵盖了数字经济条件下的众多产权关系，数据产权是其基本形式。有的研究虽冠以"数字产权"之名，但却行研究数据产权之实。前文的文献回顾也只是选取了其中具有代表性的数字劳工（劳动）与数字资本各自以及相互间的产权关系问题的研究进行了归纳梳理。此外，传统的产权关系在数字经济背景下虽未消亡，但亦发生相应的变革。从数字产权的实践上看，更多地侧重于数字产权交易平台的构建，如"e交易"平台的建立。

为了减少认识误区，更好地廓清概念，这里有必要区分清楚数据化与数字化各自的内涵。维克托·迈尔-舍恩伯格和肯尼斯·库克耶在《大数据时代——生活、工作与思维的大变革》一书中对两者进行了区分：数据化是把现象转变为可制表分析的量化形式的过程。而数字化则是把模拟数据转换成 0 和 1 表示的二进制码。② 两者根本不是一回事，前者主要的目的在于能够对数据进行量化、分析和重组，后者的目的是便于计算机处理数据。关于这两者关系最突出的现实案例就是 Google 数字化书籍项目——通过将纸质书籍"扫描—数字化"形成数字化文本，进行存档。但是由于这些数字化文本没有数据化，只是书页图片，用户在查阅特定内容时，不能通过搜索词进行查询，而必须在浩瀚的图片格式的书页内容中寻找，从而在提取有用信息方面遭受阻碍。因此 Google 使用了能识别数字图像的光学字符识别软件来识别文本的字、词、句和段落，从而实现将书页的数字化图像转化为数据化文本。相比于数字化，数据化可以进行量化分析，提取有用信息；可以实现快速定位与搜索；能够复次开发与利用、价值重现与叠加。③ 这些特点也是使数据成为生产要素的重要推手。

---

① 张寒．"数字蝶变"开启数字产权建设新时代［J］．产权导刊，2019（12）：40-41．
② ［奥］维克托·迈尔-舍恩伯格，［英］肯尼斯·库克耶．大数据时代——生活、工作与思维的大变革［M］．杭州：浙江人民出版社，2013．
③ 杨绪宾，刘洋．大数据真相——谁动了我的数据？［M］．广州：华南理工大学出版社，2018．

四、治理、数字治理与数据治理

治理（Governance）是使相互冲突或不同利益得以调和并采取联合行动的持续过程。基本含义是指在一个既定的范围内运用权威维持秩序，满足公众的需要。① 它是 20 世纪 90 年代以来，西方的政治学家与管理学家为解释（应对）社会资源配置过程中存在的"市场失灵"与"政府失灵"现象而提出的概念②，受到社会学、政治学、行政学和管理学等领域的广泛关注。与"统治"（Government）、"管理"（Management）不同，联合国全球治理委员会（Commission on Global Governance，CGG）对治理的特征总结表明：治理不是一整套规则，也不是一种活动，而是一个过程；治理过程的基础不是控制，而是协调；治理既涉及公共部门，也包括私人部门；治理不是一种正式的制度，而是持续的互动。③ 数字治理（Digital Governance）广义上是指在电子技术的支持下，整个社会运行和组织的形式，这包括对经济和社会资源的综合治理；狭义上是指在政府与市民社会、政府与以企业为代表的经济社会的互动和在政府内部的运行中应用电子技术易化政府行政及简化事务的处理程序并提高其民主化程度。④ 比较两者的内涵，不难看出，两者目标导向趋同，存在脉承关系，且后者体现了技术赋能于治理的特点，具有时代性。数字经济作为继农业经济和工业经济的第三种业态，其发展过程中涉及的治理问题将更多地与数字经济发展本身相关，同时，数字技术也在为治理赋能，中国信息通信研究院发布的《数字经济治理白皮书（2019）》里涉及了四种治理模式，分别是算法治理、数字市场竞争治理、网络生态治理和数字经济治理（协同治理）⑤，各种模式虽应对不同问题，但都体现了数字技术的助力作用。

进一步地，有必要对数据治理（Data Governance）的内涵进行阐述。它与数字治理之间是"包含于"的关系，数据治理是数字治理的重要内容之一，也是本书的关切点。在实际情况中，数据治理较多地置于企业治理的内容之中，从其概念上可见一斑：数据治理意指建立在数据存储、访问、验证、保护和使用之上的一系列程序、角色、标准和指标，以期通过持续的评估、指导和监督，

---

① 陆雄文. 管理学大辞典 [Z]. 上海：上海辞书出版社，2013.
② 俞可平. 治理和善治引论 [J]. 马克思主义与现实，1999（5）：3-5.
③ 俞可平. 全球治理引论 [J]. 马克思主义与现实，2002（1）：20-32.
④ 徐晓林，周立新. 数字治理在城市政府善治中的体系构建 [J]. 管理世界，2004（11）：140-141.
⑤ 参见 2019 年 12 月中国信息通信研究院发布的《数字经济治理白皮书（2019）》。

确保富有成效且高效的数据利用，以实现企业价值。① 我国首提"数据治理"是在 2016 年 4 月于悉尼召开的 ISO/IEC JTC1/SC40（IT 服务管理和 IT 治理分技术委员会）第一次全会上，一经提出便引发国际同行的兴趣与持续的研讨。此后该概念及其实践显见于历次的《数据治理白皮书》和《数据治理发展情况调研分析报告》等文件中②，相关的内容也实现了进一步的拓展。这体现在：一是在数据治理的目的上，不再限于提高数据利用效率与实现企业价值的层面，明确它也是提升政府公共管理能力与国家治理能力的重要途径之一；二是在数据治理的主体上，开展数据治理不能仅限于企业，政府与个人更是数据治理的重要主体；三是在数据治理的框架上，仅依靠模型与技术支撑（如区块链③）是不够的，仍需法律、行政、教育以及道德伦理等方法与手段。④ 同时，需要进一步指出的是，前述的数据治理无论是在内涵上还是在实践上，其实是把数据当作治理的对象来看待，本书认为，数据除了作为治理的对象，也可以作为治理的手段（或资源），即数据治理是具有二重性的。关于该问题的研究将置于第四章的分析框架中予以阐述，此处暂且不论。总之，本书研究数据要素相关的治理问题既要考虑治理的原初内涵，也要考虑治理的当代内涵，以便更好地贴近现实，提出切实可行之策。

第二节　相关理论基础与分析工具

根据本书研究的主题，确定研究过程中需要用到的相关理论及方法论工具，本节不执拗于简单的理论文本的回顾，而是结合所要研究的问题，进行观点、方法的梳理以指导本书的研究。

一、马克思主义社会基本矛盾理论

社会基本矛盾是指存在于一切社会形态之中，贯穿于每一社会形态发展的始终，决定一定社会的本质和发展方向的矛盾。它包括生产力和生产关系的矛

---

① CIGI：全球数据治理挑战 [EB/OL].（2019-06-21）[2021-09-19]. https：//www. weiyangx. com/332886. html.

② 参见 2020 年 9 月中国电子技术标准化研究院发布的《数据治理发展情况调研分析报告》。

③ 区块链技术凭借不可篡改、可追溯等特性，可以解决数据共享开放与交易交换中的若干关键问题。

④ 张莉. 数据治理与数据安全 [M]. 北京：人民邮电出版社，2019.

盾、经济基础和上层建筑的矛盾。① 这两对矛盾是推动社会发展的根本动力。其基本性体现在：一是如上所述，这两对矛盾具有普遍存在性和推动社会形态转变的动力性质；二是所涉及的内容方面，生产力、生产关系（经济基础）和上层建筑涵盖了社会生活的基本领域，构成了一个社会的基本结构，并决定着（体现着）每一社会形态的性质和面貌；三是与其他社会矛盾相比，这两对矛盾是根源性的，其他社会矛盾的存在、发展受其规定和制约；四是"生产力—生产关系（经济基础）—上层建筑"的矛盾运动揭示了社会发展过程中最普遍、最基本的规律性，即生产力决定生产关系、生产关系要适应生产力发展的规律和经济基础决定上层建筑、上层建筑要适应经济基础发展的规律。此外，在明确这种基本性的同时，还应看到这两对矛盾之间的关系，即两对矛盾是相互联系、相互制约的，在地位与作用方面也是非对称的，其中"生产力—生产关系"这一对矛盾处于决定性地位，而"经济基础—上层建筑"这一对矛盾处于从属（受制约）地位。以上所述已由其创立者们（马克思和恩格斯）以及后续发展——如马克思主义中国化历程中的继承者们（毛泽东、邓小平、习近平）在其著述、实践中进行了科学的说明。② 从本书的研究角度，"生产力—生产关系（经济基础）—上层建筑"的矛盾运动不仅阐明了社会形态的转变规律，同时也解释了经济形态的转变原因，对数字经济的研究离不开对这两对基本矛盾的把握。在数字经济背景下，数据作为要素，构成生产力的关键一环，引发生产方式、生产关系的变革，相应的上层建筑（如法律）也将进行调整，以适应生产关系（经济基础）的变革。党的十九届四中全会提出了"制度—治理"的社会分析框架，同时也是本书分析框架的构建起点，其本身蕴含的两对矛盾的辩证关系原理是本书能够准确把握研究主题的重要支撑。

二、马克思劳动价值论

劳动价值论是马克思主义政治经济学的基石，它是关于商品价值由无差别的一般人类劳动，即抽象劳动所创造的理论。③ 价值由劳动决定的基本思想最初由英、法两国资产阶级古典政治经济学创始人威廉·配第（William Petty）和布阿吉尔贝尔（P Pierre Le Pesant, sieur de Boisguillebert）等首先提出，后经亚

---

① 刘佩弦. 马克思主义与当代辞典 [Z]. 北京：中国人民大学出版社，1988.
② 田鹏颖，崔菁颖. 社会基本矛盾学说的创新发展与时代启示 [J]. 学习论坛，2020（8）：70-79.
③ 洪银兴. 现代经济学大典（上）[Z]. 北京：经济科学出版社，2016.

当·斯密（Adam Smith）和大卫·李嘉图（David Ricardo）加以系统论证。① 由于古典政治经济学家在价值形式、价值的本质、价值的源泉和价值量的决定等重大理论问题的认识上出现了混乱和错误，同时也由于当时政治经济条件的制约和自身的局限，他们只停留于对资本主义表面现象的观察，不能彻底揭示资本主义生产方式内在的矛盾。② 马克思批判地继承了前人的观点，吸收了其合理的内核，科学而全面地发展了劳动价值论，使之成为他经济学说的重要理论内容。③ 关于内容，马克思在《资本论》（第 1 卷）进行了集中阐述：一是商品二因素的构成，即使用价值与价值共同构成商品实体，使用价值指代商品的有用性，反映商品的自然属性，价值是凝结在商品中无差别的一般人类劳动，反映商品的社会属性，使用价值是价值的物质承担者；二是劳动二重性决定商品的二因素，即具体劳动生产使用价值，抽象劳动创造价值；三是商品的价值由生产该商品的社会必要劳动时间决定，在此基础上进行商品的等价交换；四是价格是价值的外在表现形式，价格围绕价值上下波动；五是劳动力创造价值与剩余价值，剩余价值理论以劳动价值论为基础。④ 马克思关于劳动价值论的科学论述给要素价值论以沉重打击，显见于马克思在《资本论》（第 3 卷）对"三位一体公式"（劳动—工资、资本—利润、土地—地租）以及作为其来源的"斯密教条"⑤ 进行的批判，阐明其混淆了价值创造与价值分配，目的是否认资本家对工人的剥削。反观国内在坚持与发展马克思劳动价值论方面，也出现了"泛劳动价值论"的论争。⑥ 究其根源，在价值创造这一问题上，偏离了劳动价值论发展的本意，即要研究创造价值的活劳动在形态上有哪些变化，它的范围是否扩大，其组成有何变动；而不能在活劳动以外去发现新的决定价值的因素，尤其不能将物化劳动塞进创造价值的劳动之中，搞乱创造价值的劳动的内涵，从而使劳动创造价值的命题失去原有的科学意义。⑦

　　回归到本书研究的数据要素的问题上，马克思的劳动价值论对本书研究并回答数据要素是否创造价值以及参与分配的依据等问题提供了科学的参照。当前数字经济与大数据相互促进、叠加，数据的"价值变现"已为众人所知，在

　　① 苑茜，周冰，沈士仓，等. 现代劳动关系辞典［Z］. 北京：中国劳动社会保障出版社，2000.
　　② 洪银兴. 现代经济学大典（上）［Z］. 北京：经济科学出版社，2016.
　　③ 关于马克思对劳动价值论的探索过程详见《神圣家族》《哲学的贫困》等论著.
　　④ 逢锦聚，等. 马克思劳动价值论的继承与发展［M］. 北京：经济科学出版社，2005.
　　⑤ "斯密教条"是指社会总产品的价值只分解为工资、利润和地租三种收入，即分解为可变资本 V+剩余价值 M，而不包括生产资料（不变资本 C）的价值.
　　⑥ 蒋南平，崔祥龙. 不能脱离马克思的理论框架来发展劳动价值论［J］. 经济纵横，2013（10）：9-12+51.
　　⑦ 吴宣恭. 产权、价值与分配的关系［J］. 当代经济研究，2002（2）：17-22+73.

众多文献著述、网络新闻以及博文视频中都能看到"数据具有（潜在）商业价值""数据创造价值"的字眼，然而，本书在这里要明确一下，数据具有商业价值是指数据能够带来商业利润，马克思在《资本论》中阐明了"资本即作为自行增殖的价值"①，上述说法其实是把数据视为一种资本来看待。然而，资本或者价值是"关系概念"，是"非物"，而不是"实体概念"②，正如马克思在《资本论》中所述，只有当生产资料和生活资料的占有者在市场上找到出卖自己劳动力的自由工人的时候，资本才产生。③但资本不是物，而是一定的、社会的、属于一定历史社会形态的生产关系，后者体现在一个物上，并赋予这个物以独特的社会性质。④数据作为新的生产要素，与劳动、资本、技术、管理等要素并列而存，各要素之间是并列关系，因此不能将数据单纯地看作资本，更不能将数据看作劳动。创造价值的一定是（活）劳动，马克思在论述土地生产小麦的例子时指出：土地是当作生产要素来发生作用的。但它和小麦价值的生产无关。⑤因此，数据只是协助价值创造，这在前文概念辨析中已有所提及，具体展开将置于后文论述。

三、马克思产权与制度变迁理论

产权分析离不开产权理论的指导，产权制度的构建也离不开相应制度的变迁的动力导向。关于产权的定义⑥，当前基本上是存在一致性的，即认为产权不是指人与物之间的关系，而是指由物的存在及关于它们的使用所引起的人们之间相互认可的行为关系。⑦产权的这一定义是与罗马法、普通法、卡尔·马克思的著作和新制度（产权）经济学相一致的。⑧回顾《德意志意识形态》《哲学的贫困》《资本论》中蕴含的马克思的产权思想，揭示了"人寓物中""物掩盖人"的（资本主义）产权关系，即在阶级人（或称"社会人"）的假设下，既有关于"产权一般"的论述，又有关于"产权特殊"——资本产权、劳动产权和土地产权——的论述。⑨其中蕴含的两个基本内容或逻辑主线表现

---

① ③　马克思. 资本论（第1卷）[M]. 北京：人民出版社，2004.

②　赵磊. "劳动决定价值"是劳动异化的结果 [J]. 学术月刊，2019（12）：51-59.

④ ⑤　马克思. 资本论（第3卷）[M]. 北京：人民出版社，2004.

⑥　关于产权的定义，在前文的文献回顾已提及，此处从产权的基本共识出发，阐明相关内容.

⑦　[美] E.G. 菲吕博腾，[南] S. 配杰威齐. 产权与经济理论：近期文献的一个综述 [M] // [美] 罗纳德·H. 科斯，等. 财产权利与制度变迁——产权学派与新制度学派译文集. 上海：格致出版社，2014.

⑧　[南] 斯韦托扎尔·配杰威齐. 产权经济学——一种关于比较体制的理论 [M]. 北京：经济科学出版社，1999.

⑨　武建奇. 马克思的产权思想 [M]. 北京：中国社会科学出版社，2008.

在：一是经济与法律的关系，二是效率与公平的关系。① 产权的本质是"生产关系的法律用语"②，其中产权自身所体现的"经济关系"是内容，"法律关系"是形式，马克思在产权问题的研究上重点关注的是经济关系（生产关系），而不是法律层面（上层建筑）的产权关系。阐明了生产关系的核心是生产资料所有制，所有权是所有制的法律表现，产权是所有权的法律表征。③ 马克思认为，对财产关系的总和，不是从它们的法律表现上即作为意志关系来把握，而是从它们的现实形态上即作为生产关系来把握。④ 即产权如果没有经济体现，而仅仅停留在法律归属层面，那是毫无意义的。这其实是回到了马克思唯物史观中社会基本矛盾运动的辩证关系中，即经济关系对法律关系的决定作用和法律关系对经济关系的能动作用这一规律上，产权制度是产权关系的制度化，在上述这一运动规律中，内在包含了制度变迁（产权演进）的逻辑——"基本矛盾推动"。在实然性视角上，马克思阐述了产权理论蕴含的经济与法律的关系，那么，在应然性视角上也离不开对效率与公平关系的考察。在马克思的产权思想中，效率与公平同时受到重视并作了明确区分，效率对应于生产力的发展，公平对应于生产关系及其利益分配关系，在"生产力—生产关系"的矛盾运动中，效率与公平表现出内在的统一性。例如，马克思在《资本论》（第 1 卷）关于计件工资与计时工资的论述中，从反面揭示了资本主义雇佣劳动制度下效率与公平背离的内在逻辑。

当前关于马克思产权思想的研究既有理论研究也有实践研究，但大都放在与西方产权经济学相比较的语境下展开，需要明确的是，马克思的产权思想是建立在其科学的劳动价值论之上的⑤，从这点出发，反观现有的比较研究，则可将其归纳为坚持与放弃劳动价值论的产权比较，这就更加突出产权理论的科学性与劳动价值论的内在联系。回到本书研究的数据要素问题上来，如果单纯地研究数据要素产权，而不考虑其价值论来源，这其实就是回到西方产权经济学的"表层研究"的范式上了，倘若价值论的问题没有解决而再谈分配问题，必将堕入要素价值论决定的按要素分配的怪圈。本书在选择与主题

① 李萍，田世野．论马克思产权思想与我国农村产权改革的深化［J］．马克思主义研究，2020（6）：61-71+155-156.

② 马克思恩格斯选集（第 2 卷）［M］．北京：人民出版社，2012.

③ 关于产权与所有权的比较，现有研究丰硕，主要是从权利束的视角论证二者，从权利对象、权利"数目"、权利侧重和权利地位这四个方面展开，可参见武建奇．马克思的产权思想［M］．北京：中国社会科学出版社，2008.

④ 马克思恩格斯选集（第 3 卷）［M］．北京：人民出版社，2012.

⑤ 裴小革．论建立在劳动价值论基础上的产权理论——兼评放弃劳动价值论的产权理论观点［J］．求是学刊，2004（3）：53-58.

研究相关的理论基础时，把马克思劳动价值论置于前，而把马克思产权与制度变迁理论置于后，正是基于这样的认识。后文涉及的数据要素的市场化问题关系到数据产权制度的变革与创新，也需要科学的产权演进理论做向导。为避免出现"头脚倒置"，把"能动作用"视为"决定作用"，必须坚持马克思产权思想的基本观点、立场与方法，理论指向明确，相应的实践指向才更科学。

四、西方产权经济学与治理理论

首先，对于西方产权经济学的相关理论进行梳理总结，找出与本书研究的契合点。自 20 世纪 60 年代以来，西方产权经济学逐步发展完善，现已形成一个比较完整的体系，主要的代表人物有科斯（R. H. Coase）、诺斯（D. C. North）、阿尔钦（A. Alchain）、德姆塞茨（H. Demsetz）、威廉姆森（O. Williamson）、配杰威齐（S. Pejovich）、巴泽尔（Y. Barzel）和张五常（Steven N. S. Cheung）等[1]，涵盖了产权理论、交易费用理论、契约理论（合同理论）和制度变迁理论。上述诸位学者创立和奠定了西方现代产权经济学的基本研究方法、理论基础和理论核心，构建了它的基本论证框架，提出了比较详尽和深刻的产权理论。[2] 在一般理论的贡献方面主要表现在：研究产权问题的基本方法论是个体主义；基础理论工具主要是交易费用理论；"科斯定理"构成其核心内容；研究的目的是在既定的资本主义私有制条件下，通过产权安排实现资源的有效配置。对具体问题的研究应用表现在：对产权的起源与界定采用的是交易成本最小化的原则；在企业产权理论问题上，考察企业内部不同主体之间产权安排的最优化；农地制度方面主要是对土地的租赁合同问题的研究；在人力资本产权理论问题的研究上，考察的是人力资本产权的功能性、可激励性、不可分性等特点，并考察其与企业产权安排的关系；在产权演进的问题上，主要采取产权、法律与国家的研究进路，突出产权与增长的主题。[3] 国内学者对西方产权经济学的批判多参照马克思的产权思想，指明其理论谬误所在，同时也肯定了方法论工具层面的借鉴意义。这源自马克思的产权思想聚焦的是对资本主义条件下的经济制度的本质和发展趋势的考察，而在具体的产权问题上，即对产权的交易过程和产

---

① 从《财产权利与制度变迁——产权学派与新制度学派译文集》《产权的经济分析》这两本书被广为研读，对产权理论的贡献可见一斑。

② 吴宣恭. 产权理论比较——马克思主义与西方现代产权经济学派［M］. 北京：经济科学出版社，2000.

③ 刘灿. 中国的经济改革与产权制度创新研究［M］. 成都：西南财经大学出版社，2007.

权的法律过程的分析尚未形成一个系统的理论，尤其是对于现代社会主义市场经济中的产权问题，也更不可能做出具体的设想。① 这就为西方产权经济学的方法论工具的借鉴性提供了契机。回到本书研究的内容，后文在对数据要素产权实现的价值运动分析、企业数据产权与经济增长的问题以及数据要素占有与利益失衡的问题上，西方产权经济学中的交易费用理论、资源配置效率的观点都是值得借鉴的。

其次，对治理理论的有关理论观点进行归纳，旨在为本书的对策研究提供参考。前文在数字治理的文献回顾中梳理了治理理论发展的两条线路，并在概念辨析中明确了治理、数字治理和数据治理各自的特征及三者之间的脉承关系。从词源角度考察，英语中的"治理"（Governance）的词源是拉丁语和古希腊语，原意是控制、引导和操纵。② 20 世纪 90 年代以前，国内外学者在研究与国家管理事务相关的活动时，长期将治理（Governance）和统治（Government）这两个词汇交叉、混同使用。20 世纪 90 年代以后，从事经济学与政治学研究的学者赋予了"治理"新的含义，其使用的范围在学科上从政治学领域向社会经济领域拓展，在语言使用范围上，从英语世界逐步走向欧洲各主要语言世界。主要代表人物有罗西瑙（J. N. Rosenau）、罗茨（R. Rhodes）、库伊曼（J. Kooiman）和格里·斯托克（Gerry Stoker）。③ 此处不执拗于上述代表人物著述的观点梳理，而是在对其相关论点进行比较综合的基础上，找到具有权威性、一般性的治理观点。全球治理委员会（CGG）给出的治理定义具有权威性，在 1995 年的《我们的全球伙伴关系》报告中指出，治理是各种公共的或私人的个人和机构管理其共同事务的诸多方式的总和。它是使相互冲突的或不同的利益得以调和并且采取联合行动的持续的过程。这既包括有权迫使人们服从的正式制度和规则，也包括各种人们同意或以为符合其利益的非正式的制度安排。④ 然而，治理虽然是为了应对"市场失灵"与"政府失灵"而提出，但治理本身不是万能的，也存在"治理失灵"的问题。当前我国提出的推进国家治理体系与治理能力现代化的战略目标，在一定程度上也是应对"治理失灵"的纾困之策。治理的多学科性、多领域性对其脉承的数字治理也有影响，在当前数字经济大发展的背景下，数据平台垄断以及数据霸权所造成的数据产权失衡，其问题域不仅涉及经济，也涉及政治、法律；不仅是一国的问题，而且是国际性问

---

① 林岗，张宇. 产权分析的两种范式 [J]. 中国社会科学，2000 (1)：134-145+207.

② 俞可平. 治理与善治 [M]. 北京：社会科学文献出版社，2000.

③ 各自的代表性著述有罗西瑙的《没有政府统治的治理》与《21 世纪的治理》、罗茨的《新的治理》、库伊曼的《管理公共组织》和格里·斯托克的《作为理论的治理：五个论点》。

④ 俞可平. 全球治理引论 [J]. 马克思主义与现实，2002 (1)：20-32.

题。因此，治理不能局限于经济领域，限于一国之内，而要放眼多领域，立足国际。数字治理继而数据治理的兴起与发展正是应对数字经济发展带来的各种治理问题。正如前文所揭示的，治理本身内在地包含了建设、发展与问题的矫正，数据治理恰逢其时。

第三章 数据要素产权的一般性分析

在第二章的基础上，本章将聚焦于数据作为财产的依据、成为要素的历史性这两大问题展开研究，既是对第二章的补充说明，又是为第四章构建针对数据要素产权问题的分析框架提供铺垫，从而起到承上启下的作用。在本章的行文中，历史分析的重要性凸显。马克思主义历史的观点即历史分析法是指，在研究过程中运用发展、变化的观点分析客观事物和社会现象的方法。针对研究对象，追本溯源，以弄清事物在发生、发展过程中的"来龙去脉"，即从分析事物历史和现状的关系中获得认识、引致思考，从而认识现状与推测未来。①本章将从数据本身出发，逐步展开分析。

第一节 数据的性质与类型

研究数据产权问题，分析的前提是要明确数据的性质与类型，进而才能说明数据作为财产对现有产权理论的意义以及成为要素对经济学（理论上与实践上）的意义。本节将在数据性质及类型的一般意义研究的基础上，进一步考察数据要素的性质与类型，以深化现有研究。

一、数据的性质

关于数据，前文已和信息做了一些平面性的比较，指明了信息是数据的内涵，数据是信息的载体，两者之间是形式与内容的关系。回到数据本身来看，数据一般是还没有加工过的数字和事实，在传统意义上，我们所指的数据其实是日常生活中各种以纸面统计的数字资料以及文学、图像和视频等形式所表现的数据。现今的数字时代所指的数据更多的是存在于计算机及网络上流通的在

---

① 蒋大椿，陈启能. 史学理论大辞典［Z］. 合肥：安徽教育出版社，2000.

二进制的基础上由 0 和 1 组合的比特形式。[①] 它需要并且只能依附于通信设备，如移动存储设备（内存卡、硬盘）、服务器和终端这样的载体而存在，是一种电子数据。现有的关于数据性质的研究，多见于计算机基础、数据结构、数据挖掘以及数据库建设等非经济学科内容研究的前言或导论中，体现的是一种技术性特点。[②] 从经济学角度看，现有研究更多地立足于数据的资源性（经济性）考究，即通过与一般经济资源的特征比较，以凸显数据资源的特征，体现两者既有共性又有差别。魏鲁彬在其博士学位论文《数据资源的产权分析》中对数据资源的性质进行了专门的研究，通过比较数据资源和物质资源、人力资源的异同，指出数据资源具有伴生性（客观性与私密性）、独立性（记忆性）、非同质性、排他性和技术上的非竞争性，其中括号里面的性质是由主导性质所引申出来的。[③] 在前人研究的基础上，进一步明确，资源性是要素性的基础，若从生产要素的角度将数据要素与传统的生产要素（资本、土地、劳动力）进行比较，可以得出数据要素既有同于传统要素的一般特点——要素需求的引致性和生产上的协同性，又有别于传统要素的新特点，这表现在：

第一，历史性。数据成为生产要素，是数字经济大发展的时代表征，其背后是社会基本矛盾的助力，是生产力不断发展的结果。在农业时代，生产的基本要素是土地与劳动；在工业时代，历经第一次、第二次工业革命，资本、知识、技术与管理相继加入；发展至今，到数字经济时代，数据也被纳入生产要素"家族"，这也凸显了数据作为生产要素的历史必然性。

第二，数据本身所具有的社会关系性。与其他生产要素相比，数据既是要素，同时本身又映射了社会关系[④]，这是数据要素最重要的特征，也就导致了基于数据的利用而产生的外部性问题。例如，人本身的活动行为数据和人与人之间的互动数据就涉及隐私与个人信息的保护问题；再如，企业间的数据往来，涉及相互间的竞争关系与商业机密；进而，人、物（有形物、无形物）、组织（企业、机构）之间的互动所产生的数据关系也使得有关法律法规的出台与推行面临更加复杂的境况。[⑤] 在当前的学术研究与相关实践中，已经明确数据对应的产权兼具财产权与人格权的双重属性[⑥]，而这根源其实就在于数据自身所

---

① 程啸. 论大数据时代的个人数据权利 [J]. 中国社会科学, 2018 (3): 102-122+207-208.
② 吴利勇. 计算机基础 [M]. 徐州: 中国矿业大学出版社, 2017.
③ 魏鲁彬. 数据资源的产权分析 [D]. 济南: 山东大学, 2018.
④ 数据的社会关系性也意味着多场景性，其价值的场景性决定论多源于此特点。
⑤ 郭凯天. 如何解放数据生产力？[EB/OL]. 腾讯研究院, (2020-04-23)[2020-10-19]. https://tisi.org/14255.
⑥ 王融. 隐私与竞争：数字经济秩序的平衡之道 [N/OL]. 腾讯研究院, (2018-02-13)[2020-10-20]. https://tisi.org/15764.

映射的社会关系。

第三，经济技术性。该特征表明，数据要素兼具了数据自身的技术性特点和要素本身的经济性特征。具体可从"公共品—私人品"这一经济物品的特性角度展开说明：

一是从数据要素产品的公共物品的性质上看，它具有复制成本极低（几乎为零，共享性）、再生性（非消耗性—复次利用—通用资产性）、正的外部性、扩散性、边际收益递增性、特别情况下的排他性与竞争性等特征。① 具体来看，数据要素产品一旦生产出来②，其数量的增加不是靠投入，而是靠成本几近为零的复制。不难看出，这一复制成本是远低于其创造成本的，尤其是近年来随着数据存储技术的发展，该复制成本呈现越来越低的走势。数据要素产品一经投入使用，价值便转移到新产品中，这与物质产品一致，但不同点在于物质产品投入生产后，其实物形态消失，而数据要素不会，反而会因其利用的次数增加而提升自己的价值。数据要素的正外部性体现在生产与消费两个方面：从生产层面看，主要是它为企业带来更大的生产力，造福于社会；从消费层面看，近年来出现的"产消者"趋势，背后有数据要素加持，这能够让个人提升自我的创造力，为实现人的全面发展造势，从而更好地服务社会，促进社会发展。关于扩散性和边际收益递增性，理论层面上看，由于复制与传播的成本很低（几乎可忽略不计），得到数据的"消费者"（指代企业与产消者，本章下文同义）可能成为其原始生产者的潜在竞争对手，其余的"消费者"有"免费搭车"的动机，所以数据产品一经生产出来，所有者将很难控制其传播。又由于复制传播的成本几乎为零，数据产品的再生产的边际成本也就接近零，它不会因多一个"消费者"使用而造成收益减少，即不会出现边际收益递减的情况，反而会为不同的"消费者"创造价值。同时，由于其可复次利用，使得数据要素具备了通用资产的特点，使得企业生产呈现出规模报酬递增的趋势（产量增加的比例大于生产要素增加的比例）。进一步明确，这有别于新制度经济学中常讨论的"专用资产"。③ 这在一定程度上也解释了为什么数字经济发展比以往两种经济形态更为迅速。从实践角度看扩散性与边际收益递增性，当前各种数据实际上被各大数据平台所垄断，用户（个人）生活中其实是以"隐私换方便"的形式使用各种 App 软件（这势必会涉及法律问题），个人的衣、食、住、行、

---

① 括号内是相关性质的延伸或说明；部分内容来自王磊．关于健全数据要素收益分配机制的初步思考［J］．中国经贸导刊，2020（6）：30-32.

② 关于数据要素的来源问题，企业数据与政府公共数据基本上由个人数据的集合与分类组成。

③ ［美］奥利弗·E. 威廉姆森．资本主义经济制度［M］．北京：商务印书馆，2011；［美］奥利弗·E. 威廉姆森，西德尼·G. 温特．企业的性质：起源、演变与发展［M］．北京：商务印书馆，2017.

游、购、娱的数据几乎全被互联网的数据公司所掌握，通过技术手段分析提取有价值的信息，进而投入新一轮的生产中，这其中的利润空间可想而知。对于数据产品在特殊情况下的排他性与竞争性的问题，主要体现其在生产性消费上具有相对的排他性和非竞争性，理论上数据产品可以由无数的"消费者"使用，且一个使用者使用数据产品不会妨碍其他人。但是现实情况下，以数据形式保存的商业秘密、专利数据是不能对外公开的；再有是技术性壁垒的存在，缺乏平台及用户群体的使用者直接被排除在外。非竞争性体现在各大数据平台争夺用户资源，而互不妨碍，但是这并未排除在特定技术条件或者制度条件下的竞争行为。

二是从数据要素产品的私人物品的性质上看，主要体现在企业在生产性消费过程中的"消费成本"和数据要素在市场交易过程中价值评价的复杂性。一方面，前述的低复制传播成本和扩散性特点在实践中受制于技术性壁垒，并非所有的"消费者"都能把数据产品作为要素投入使用，原因在于数据的使用所涉及的（原始）数据的预处理、数据分析以及数据可视化等技术并未普及化，而是被某些"数据寡头"把持（技术门槛、专利门槛），所以从某种程度上说，当前的数据市场是一种寡头市场。所以并不是所有的"消费者"都能消费得起，即消费是有成本的。另一方面，数据要素在市场交易过程中，对于不同的使用者具有不同的价值（价值评价不一而出现定价困境①），且在交易之前价值也难以确定。因此，买卖双方在交易过程中因价值评价不一而出现的交易成本（搜索、学习、调查）就赋予了数据要素以私人物品的特性。

三是数据要素还具有其他方面的特征，包括其具有的潜在创造性和历史积累性（或继承性）。这与上述第二大特征相联系，即数据要素本身所反映的社会关系性。创造性源于人、物（有形物、无形物）、组织（企业、机构）之间的互动，对从中产生的数据提取出有价值的信息，并系统化为知识，再与劳动结合形成创造性劳动，不难看出，数据要素潜在创造力的发挥需要生产力的助力。对于数据产品的历史积累性，与其非消耗性相关，数据要素本身的内容不是此消彼长，而是原有基础上的积累，当前显见于众多著述论丛的"大数据"就是积累的结果。同时，积累与创造性两者之间也存在相互促进的机制，即创造是在积累的基础上进行创造，而新的创造又为进一步积累提供增量。

---

① Ray J，Menon S，Mookerjee V. Bargaining over Data：When Does Making the Buyer More Informed Help？［J/OL］. Information Systems Research，2020，31（1）：1-15. https：//doi. org/10. 1287/isre. 2019. 0872.

二、数据的类型

若单论数据的类型，那么基于不同的分类标准将产生不同的结果：①以现今最一般的电子化数据为起点，由于本身的构成不同（字符串），可以将其分为四类八种基本类型①，分别是：整数类型——byte（8位、有符号的以二进制补码表示的整数）、short（16位、有符号的以二进制补码表示的整数）、int（32位、有符号的以二进制补码表示的整数）、long（64位、有符号的以二进制补码表示的整数）；浮点类型——float（单精度、32位、符合IEEE754标准的浮点数②）、double（双精度、64位、符合IEEE754标准的浮点数）；布尔类型——boolean（表示一位的信息，只有两个取值：true和false）；字符类型——char（一个单一的16位Unicode字符③）。②在学科领域以统计学的统计数据为典型代表，一是根据所采用的计量尺度不同，可以将其分为分类数据、顺序数据和数值型数据④；二是根据统计数据的收集方法，可将其分为观测数据和实验数据；三是依据对客观现象观测的角度不同，又可以分为截面数据、时序数据和面板数据。⑤③此外，还有根据数据的来源可以分为自然界数据与人类社会数据；根据数据所有者的主体类型又可分为个人数据、企业数据和政府数据（公共数据）；根据数据的用途取向可分为商用数据、科研专利数据和与公共服务相关的数据等。相关分类众多，此处不一一列举。本节所考察的重点是作为数据要素前提的数据产品的类型，以促进数据分类研究的深入。

关于数据产品的分类，本书的立足点是经济特性。根据数据产品使用产生的经济结果，将其划分为生产性数据和分配性数据。⑥生产性数据是指数据的"消费者"能够在其基础上，利用一定的数字技术提取有价值的信息，进而能够创造出更多社会财富。而分配性数据则表明由其导致的财富在数据"消费者"间纯粹的财富转移。具体展开分析：生产性数据本身包含了资源利用新方

---

① 张永常.Java程序设计实用教程［M］.北京：电子工业出版社，2006.

② 为便于软件的移植，浮点数的表示形式应该有统一标准（定义）。1985年IEEE（Institute of Electrical and Electronics Engineers）提出了IEEE754标准。IEEE 754标准准确地定义了单精度和双精度浮点格式。

③ 方文.Unicode字符编码方式［J］.上海微型计算机，2000（31）：36.

④ 在数值型数据中，根据"0"是否有意义，又可再分为定距数据和定比数据。

⑤ 李庆东，战颂.统计学概论［M］.沈阳：东北财经大学出版社，2016.

⑥ 此处的分类借鉴了信息分类中关于生产性信息与分配性信息的分类方法，前文已明确了数据与信息之间形式与内容的关系，那么从信息分类角度倒推数据分类具有一定的合理性。因为数据产品本身意味着已经过对原始数据的提取，包含有价值的信息。

式（新组合、新场景），它能够有效提高对应资源或财富的使用价值，改变交易过程中交易者之间关于交易标的物的评价水平。当生产性的数据作为交易对象时，对于数据的供给方来说，应具有不披露的（公开、共享）权利。以贵阳大数据交易所的交易规则为例，它交易的不是底层数据，而是数据清洗、建模、分析的结果。① 这种数据结果是有价值的生产性信息，不予披露意味着数据供给方被承认与赋予了作为所有者的一种权利，即利用生产性数据创造财富并获利的权利。之所以选择交换，也是出于成本—收益的考量。一旦数据内在的生产性信息被披露，将导致"免费搭车"的情况出现，因为有价值的信息是经过一系列人力、物力的投入而对数据的处理所得到的，已经形成了相应的成本，但数据低成本的复制特点可以让获得该生产性数据的非所有者从中免费获利。更有甚者，对一些资源所有者来说，更可以因免费获得有价值的生产性信息，从中获利。② 这也将导致社会降低对生产性数据的投入水平，从而减少社会的总财富。对于数据的需求方来说，通过交易获取有价值的生产信息，便能够实现自身资源与数据（内含有价值的信息）的统一，以促进资源的使用价值提升，创造更多的财富，从中获利。

相比于生产性数据，分配性数据不会带来社会财富的增加，而只是导致社会财富分配在社会内部的此消彼长，这也就意味着存在攫取他人财富的机会。数据的核心价值之一就是提供信息，以疏解信息不对称。在市场经济活动的背景下，市场的参与者对有关信息熟知的程度是存在差异的，具有信息优势的人通常处于比较有利的地位，如道德风险问题（买者处于有利地位的保险市场）、逆向选择问题（卖者处于有利地位的"柠檬市场"），这就导致财富由一方转向另一方。从这两个典型问题中不难看出，分配性数据的使用既没有带来推动生产的新的投资，也没有带来新的资源利用方式，而只是单纯地利用数据进行财富攫取，即花费资源获取非排他性收入③，从而进一步浪费社会资源。

从理论上看，依据经济特性将数据划分为生产性数据与分配性数据具备操作性，使分析较为清晰。但从实际上看，现实中的数据多为混合性的，即数据同时具备了提高资源使用价值与促成财富转移两种性质。这也对应了前文内容，即数据本身映射了社会关系的特征。本书认为，作为要素的数据应归入生产性

---

① 贵阳大数据交易所. 数据交易 ［EB/OL］. ［2020-10-26］. http：//www. gbdex. com/website/view/dealRule. jsp.

② 当然不可否认的是，从获取价值信息到最终获得信息的价值变现存在一个过程，而这个过程的实现还必须有一定的生产技术基础，即相应的使用能力。如果不具备这样的能力，就算获得这样的生产性信息也无益。这也就凸显了对具备生产能力的竞争对手做好生产性数据保护的重要性。

③ ［以］约拉姆·巴泽尔. 产权的经济分析（第二版）［M］. 上海：格致出版社，2017.

部分。与此同时，无论如何分类，始终存在一个数据安全的问题，需要相应的制度安排，以规范数据市场。

第二节　数据成为财产的相关依据

学界关于数据权利性质的探讨早见于欧洲学者的著述中，1988 年就有学者提出"数据管理权"的概念，并认为用于表述数据权利更为贴切。[①] 此后，关于数据权利或数据产权的研究多见于经济学、法学以及两者的交叉即法经济学的研究中。马克思主义政治经济学认为，产权的本质是"生产关系的法律用语"[②]，产权自身所体现的"经济关系"是内容，"法律关系"是形式。产权兼具了经济学与法学的特点，因而是一种"桥梁性"的概念。此外，巴泽尔对产权的经济与法律的二分式定义研究也是看到了产权的该特点。在《产权的经济分析》一书的开篇就将产权定义为两种权利：一种是"经济权利"，另一种是"法律权利"。后者对前者具有增强作用，但它不是前者存在的充分必要条件。[③]本节将探析数据资源何以被确定为财产，进而建立产权的经济学依据与法学依据，以弥补现有研究中对于数据作为财产这一前提关注的不足。再者，既定数据产权的前提下，现有研究偏于一隅地研究财产关系（经济权利）或者法权关系（法律权利），而没有明确法权关系必须建立在财产关系的基础上这一事实（先"产"后"权"），产权视角的研究也不完整。因此，这将作为本书进行产权分析的发力点。

一、经济学依据

论及数据成为财产的经济学依据，其实是要找寻赋予数据以产权的经济合理性。产权界定的第一步就是要明确哪些资源可以被确定为财产进而建立产权。因此，首先要回答的问题是：数据是财产吗？现有的研究及实践表明，数据是一种资源，其经济性质逐渐凸显，那么，数据资源作为财产是否可能？

从经济学的视角看，财产是其重要范畴之一，就定义上看，它是一种使用

---

① 曹建峰. 数据产权的欧盟启示录［EB/OL］. 腾讯研究院，（2018 - 01 - 13）［2020 - 10 - 26］. https：//tisi. org/15766.

② 马克思恩格斯选集（第 2 卷）［M］. 北京：人民出版社，2012.

③ ［以］约拉姆. 巴泽尔. 产权的经济分析（第二版）［M］. 上海：格致出版社，2017.

价值，对应的客体是物。就财产物而言，在不同的历史阶段具有不同的法律内涵（由当时的经济形态所决定）和形式。从国外财产的历史演进来看，在古罗马的奴隶制社会，财产主要表现为具有物质实体形态的有形物，再依据其自然属性的差别又可分为动产和不动产，而且奴隶是作为动产的客体包含其中。对应当时的罗马法，提出了"有体物"和"无体物"的划分。① 到了西欧的封建社会，对物和财产的概念仍沿袭罗马法中的论述，财产主要表现为不动产以及在土地上设立的各种权利，其范围并没有实质性扩大。随着资本主义商品经济的发展，以及生产交易活动的增加与扩大，财产物的范围也逐步扩大，债券、股票以及知识产品等逐渐成为新的财产形式。作为财产客体的"无体物"，逐步被纳入相关的法律保护中。

从我国历史上的财产演进看，主要是以财富的内容变化为表征。② 我国古代社会的财富概念是建立在自然经济基础上的，财富的多寡以使用价值为标准。例如，《管子》一书中把房屋、桑麻、谷物、六畜等列为自然财富。③ 再如，西周时期，各分封的诸侯以土地数量衡量财富，普通官员以车马数量为衡量财富的标准，庶人百姓多以牲畜多寡表现自身所拥有的财富量。又如，西汉的司马迁认为，财富包括一切劳动产品和货币，社会各阶层的目的是追求物质利益。晚近以来，随着市场经济在我国的发展，财富中无形的部分得到了迅速的扩展，这表现在我国居民财产结构中财产形式的多样化。家庭资产既包括非金融资产——农业与工商业等生产经营性资产、房产与土地资产、车辆以及家庭耐用品等资产，又包括金融资产——活期存款、定期存款、股票、债券、基金、衍生品、金融理财产品等资产。④

综观国内外财产物的演进史，结合当下的现代市场经济，大部分的财产已趋于无形化，如商标、商誉、专利和版权等，任何有价值的利益都潜在地可能成为财产权的对象，也即构成财产。因此，作为使用价值的客体既可以是有体物，也可以是无体物。数据属于无体物的范畴⑤，昭示着现代财产范畴的与时俱进。

---

① 有体物是指以实体形式存在并且能够被人们以感官触及的物，如不动产与动产；无体物则是指不具有实体形式，以人们拟制的物诸如债权、地役权等权利形式存在。参见吴汉东. 无形财产权基本问题研究（第3版）[M]. 北京：中国人民大学出版社，2013.
② 谢思全，等. 转型期中国财产制度变迁研究 [M]. 北京：经济科学出版社，2003.
③ （唐）房玄龄. 管子 [M]. 上海：上海古籍出版社，2015.
④ 刘灿，等. 完善社会主义市场经济体制与公民财产权利研究 [M]. 北京：经济科学出版社，2014.
⑤ 数据属于无体物并不意味着数据的非物质性，现今的数据多是电子数据，是一种电磁记录，虽无固定形态，但在物理学意义上是存在的，即有实在性而无实体性。相关辨析参见赵磊. 马克思的价值范畴何以客观？[J]. 社会科学辑刊，2020 (3)：19-28.

上述内容从财产的内在属性与外在表现考察了财产的一般属性，在当前数字经济发展的大背景下，不论财富的社会形式如何，使用价值总是构成财富的物质的内容。① 数据资源具备了成为财产的一般属性。但是物要成为财产，关键在于占有，在于人和物之间客观存在一种占有关系。因此，进一步明确，物（使用价值）本身并不是财产，进而处于自然状态下的财产是不存在的。② 马克思在《黑格尔法哲学批判》中论及私有财产时指出，私有财产的真正基础，即占有，是一个事实，是无可解释的事实，而不是权利。只是由于社会赋予实际占有以法律规定，实际占有才具有合法占有的性质，才具有私有财产的性质。③ 也就是说，如果这种占有关系没有经过法律的确认，那么该物就谈不上成为合法财产，但实际意义上的财产不会因有无法律的界定而存在或消失，因为法律本身并不创造财产，即财产关系决定法权关系，而不是法权关系决定财产关系。④ 当前，关于数据占有的事实是绝大多数数据（用户的衣、食、住、行、游、购、娱）默认为互联网平台所有，并由平台使用、获利，而在法律上并未进行确权。⑤ 数据已成为互联网平台事实上的财产，法律确权的滞后在于数据本身映射的社会关系的复杂性。在当前技术条件与经济社会条件共同决定的商业化基础上⑥，数据便从物的技术性形态和内容转化为一种财产形态。而在数字经济促进用户数据商品化（财产化）的过程中，互联网平台汇总的用户大数据价值日益凸显，即当数据产权的确权收益大于确权成本时，数据就具备了确权的经济基础，围绕数据利益分配的极化问题，引申出建立数据产权（制度）的必要性。有必要说明的是，财产与财产权两者是不同的，前者属于权利的客体范畴，后者属于权利的本体范畴，从而可以得出两者是内容与形式的关系，即财产是内容，而财产权是法律形式。

建立数据产权制度的必要性体现在，它在应对围绕数据而形成财产关系所引致的利益矛盾问题上具有重要的防范与化解功能，现有关于产权功能的研究多见于产权理论及实践研究的论著中，总结起来主要包括四个方面：一是财产权制度具有的经济激励功能。激励功能的发挥需以"经济人"的利益最大化行为假设作为前提，通过提供法律上的确认与保护，使产权主体可以利用财产获取利益，并将这种利益不断最大化与内在化，以不断激励财富的创造。二是财

① 马克思. 资本论（第1卷）[M]. 北京：人民出版社，2004.

② 刘灿，等. 完善社会主义市场经济体制与公民财产权利研究 [M]. 北京：经济科学出版社，2014.

③ 马克思恩格斯全集（第3卷）[M]. 北京：人民出版社，2002.

④ 刘灿. 私人财产权制度与资本主义市场经济——基于马克思财产权思想的理论解析 [J]. 河北经贸大学学报，2016，37（3）：10-22.

⑤ 成卓. 明晰数据产权促进数字经济健康发展 [N]. 社会科学报，2018-07-26（002）.

⑥ 洪玮铭，姜战军. 数据信息、商品化与个人信息财产权保护 [J]. 改革，2019（3）：149-158.

产权制度的资源配置功能。配置的前提是资源具有稀缺性，由于稀缺而产生的资源争夺与冲突使各参与主体需要寻求一种稳定的社会秩序（如财产秩序）来确认相关资源的归属，从而确保人们对资源的有效与稳定的利用。三是财产权制度的行为约束功能。这体现在产权明晰各主体的行为界限、减少纠纷及侵害等方面。既包含对非产权主体的约束，又包含对现有产权主体的权责约束。因为产权一经确立，产权主体的权利范围（边界）也就对应确定。相对地，非产权主体的边界也确立了（产权的排他性）。四是财产权制度的经济预期功能。这表现在，它能提升未来预期的准确性以及预防和抵御风险。鉴于当前的经济活动大部分具有跨期的性质，产权主体在财产运用过程中（如投资）将考虑跨期带来的收入不确定性。并且在面临风险前后，亦可以通过获取有关产权（期货、期权）来预防和抵御风险。从整个社会层面上看，良性的产权制度使人们形成对未来良好的预期，从而有利于长期经济活动的谋划，进而积累更多的社会财富，促进社会经济的发展。① 因此，建立数据产权制度，在看到产权制度功能的同时，也需要关注数据财产本身的经济与非经济特征②，以形成相应的制度安排，促成权责利的对等。

二、法学依据

关于数据成为财产的法学依据，分析的思路同上，从现有的法学理论中找寻赋予数据以产权的法的合理性。法学上关于财产的定义包含两个基本要素：一是人类可以支配，二是具有使用价值。对于后者前文已有分析，对于前者，在法学的语境下，更加强调物的可支配性是构成法律上"财产"的关键。例如，早年间的"出售月球土地"事例③，由于现有技术条件限制而导致的不可支配性，月球的土地在法律意义上就不能归结为财产。④ 然而，随着航天技术条件的成熟，技术赋能促成支配性的获得，导致对外太空的资源争夺与冲突也

---

① 刘灿，等．完善社会主义市场经济体制与公民财产权利研究［M］．北京：经济科学出版社，2014．

② 根据现有的研究与实践，数据产权不仅包含经济性质的权利（如通过交易转让获得经济收益），也包含非经济权利中的经济部分（如人身权中可作商用的肖像权），前文关于数据的性质阐述中也有所论及。

③ 周逸梅．"月球大使馆"处罚听证会召开 CEO 和工商逐条反驳［N/OL］．中国网，（2005－12－07）［2020－10－28］．http：//www.china.com.cn/news/txt/2005－12/07/content_6052746.htm；盛学友．销售月球土地案遭遇法律盲区 引发法学界争议［N/OL］．新浪网，（2006－02－04）［2020－10－28］．http：//news.sina.com.cn/c/2006－02－04/23419014771.shtml．

④ 根据物权法的基本观点，物权的标的物必须是人力能够支配、使用且具有使用和交换价值，然而月球本身不能构成物权的标的物，因而也就谈不上所有权，更不用说买卖与转让了。

逐渐出现。①

　　关于数据财产的法律研究应置于法律形成及其演进的一般过程中。根据马克思主义唯物史观和社会基本矛盾理论，法律的形成与演进是随着社会分工而逐步形成的，是历史的产物。在《德意志意识形态》中，马克思与恩格斯阐述了法、法的关系是源自社会物质生活条件，源自利益冲突，法随着经济条件的发展而发展的规律，即"法的关系正像国家的形式一样，既不能从它们本身来理解，也不能从所谓人类精神的一般发展来理解，相反，它们根源于物质的生活关系"②，"权利决不能超出社会的经济结构以及由经济结构制约的社会的文化发展"③。在具体发展的形式上，是按照禁忌—习惯—法律的过程逐步演进，发展至法律这一形态，其自身也在进一步地发展与演进，如立法机关制定或者修改法律（对应于成文法的演进）、法官通过司法判决确立新的规则（对应于判例法的演进）。具体到财产法的历史追溯上，随着财产关系与财富观念的发展，有关占有和继承的相关法律相应发展。④ 经历了财产由氏族成员继承—同宗亲属继承—子女继承的演变，占有关系也演变为所有关系，权利随之产生，同时也形成对法律保护的需要，关于财产的法律应需产生，进而就有了受法律保护的财产权利。⑤ 更进一步地，在当前的大陆法系与英美法系中，两大法系关于财产权法律制度的构成也存在差异，在大陆法系中，财产权划分为物权、债权和知识产权等，其中物权进一步细分为自物权（所有权）和他物权（担保物权和用益物权）。在大陆法系中，所有权是一切财产权利的基础和核心。⑥ 而在英美法系中，不存在物权法与债权法的划分，而是相应地形成了财产法和契约法两大相互独立的法律部门，且物权法制度包含在前者中，而债权法律制度则包含在合同法和侵权法等法律条文中。⑦

　　我国作为世界上著名的文明古国，拥有丰富的法律文化遗产。在 20 世纪以前，法学长期处于封建主义的哲学、伦理学和政治学的包围中。中国的法学呈

---

　　① 例如，2015 年 11 月，时任美国总统奥巴马签署了获得两党通过的《美国商业太空发射竞争法案》。该法案取消了对太空创业公司的诸多限制，首次以国家法律形式允许私人外太空采矿并规定所得资源归个人所有，引发了诸多争议。参见刘霞.《外层空间条约》能否"再活 50 年"［N］.科技日报，2017-03-03（002）.

　　② 马克思恩格斯选集（第 2 卷）［M］.北京：人民出版社，2012.

　　③ 马克思恩格斯选集（第 3 卷）［M］.北京：人民出版社，2012.

　　④ 最早的有关财产的法律就是继承法。

　　⑤ 关于财产法的定义，"一切以财产（有体物、无体物、有价证券）为客体的法，或调整一切财产关系的法都可以称为财产法"。参见史晋川.法经济学［M］.北京：北京大学出版社，2007.

　　⑥ 纪坡民.产权与法［M］.北京：生活·读书·新知三联书店，2001.

　　⑦ 吴易风，关雪凌，等.产权理论与实践［M］.北京：中国人民大学出版社，2010.

现"高开低走"的状态。① 近代以来，西方资产阶级的法学逐渐被移植到我国，对我国近代的法制初成起了一定的推动作用。自中华人民共和国成立以来，马克思主义法学的中国化构成了我国法学的主脉。② 对应到具体的法律演进方面，主要涉及学界对中华法系的考证研究③，其形成于秦朝，完善于隋唐，代表性的法典是《唐律疏议》，它是中华法系完备的标志。根据已有的研究总结，中华法系具有诸法合体、礼教最高、刑法发达、民法薄弱以及行政司法合一等特点。④

通过对国内外法律形成与演进的历史性回顾与评析，可以得出生产关系的变革（生产力的推动下）带动相应的产权构造这一历史性观点⑤，体现了财产关系对法权关系的决定作用。在新的历史条件下（数字经济发展的大背景下），基于数据而形成的新型财产关系需要构建相应的数据财产权制度，建立关于数据财产的法律体系，以应对当前数据产权的"公共领域"问题。⑥

第三节　数据作为生产要素

上述产权依据的分析阐明了这样一个基本观点，即财产权利是一个历史的范畴。反观生产要素，它也是一个历史范畴，并且随着经济社会的发展而不断演进。在不同的经济形态下（农业经济、工业经济和数字经济），它有着不同的构成和不同的作用机理。历次新生产要素的形成，驱动人类社会不断迈向更高的发展阶段。显而易见的是，数据并不是从一开始就成为生产要素的，回顾数据与人类社会的发展史：上古时代的"结绳记事"—文字发明后的"文以载道"—近现代科学的"数据建模"，数据一直与人类社会的发展相伴。⑦ 然而，数据成为生产要素，是在互联网商用、数据涌流之后，在技术赋能的条件下，人们掌握数据、处理数据的能力取得了质的跃升，数据中的

---

① 沈宗灵. 法理学（第2版）[M]. 北京：高等教育出版社，2004.

② 修义庭. 马克思主义法学导论 [M]. 上海：复旦大学出版社，1991.

③ 杨一凡. 中华法系研究中的一个重大误区——"诸法合体、民刑不分"说质疑 [J]. 中国社会科学，2002（6）：78-94+206.

④ 魏建，周林彬. 法经济学（第2版）[M]. 北京：中国人民大学出版社，2017.

⑤ 刘诗白. 产权新论 [M]. 成都：西南财经大学出版社，1993.

⑥ [以] 约拉姆·巴泽尔. 产权的经济分析（第二版）[M]. 上海：格致出版社，2017.

⑦ 闫德利. 数据何以成为新的生产要素 [EB/OL]. 腾讯研究院，（2020-05-13）[2020-10-19]. https://tisi.org/14408.

价值才逐步显现出来。以此为契机，本节接下来将从生产要素的视角对数据进行分析。

一、数据成为生产要素的必然性

党的十九届四中全会《决定》提出增列数据作为第七大生产要素具有历史性意义。在现有的要素家族中，知识要素和技术要素与数据要素最接近，数据在一定程度上可以看作是前两者的源头性资源，数据此时被独立出来，单独作为生产要素，体现了数据在当今数字经济时代的重要性。

作为经济学的基本概念，生产要素是指人类进行物质资料生产所必需的各种经济资源和条件，其形态随着经济社会的发展而不断变迁。对生产要素问题的研究，最早可追溯至威廉·配第（William Petty）的《赋税论》，在该书中，他提出了著名的论点，即土地为财富之母，而劳动则为财富之父和能动的要素。① 其后经庞巴维克（Eugen Böhm-Bawerk）、亚当·斯密（Adam Smith）、萨伊（Jean-Baptiste Say）、约翰·穆勒（John Stuart Mill）等众多经济学家 200 多年的发展和完善，至马歇尔（Alfred Marshall）的《经济学原理》定型为"四位一体"公式。② 与上述以要素价格论为基础的生产要素理论不同的是，马克思是以科学的劳动价值论为基础，阐发有关生产要素及参与分配的观点。这可以从马克思在《资本论》（第 3 卷）的"各种收入及其源泉"中对"三位一体"公式以及作为这一错误理论来源的"斯密教条"的批判中找到依据。然而，不论学术分歧如何，对生产要素的研究最终的落脚点在于促进经济增长与社会财富积累。若将其置于经济增长的视角下，便更加突出。结合本章前述关于数据要素的特点分析，置于马克思劳动过程论的视角，不难看出，在理论层面，数据成为要素的关键在于其与传统要素相比具有显著的独特性。③ 现实的发展与理论研究互为照应，本节接下来承接前文局部性的历史分析并予以深化，即从生产要素的时代演进中把握数据成为生产要素的历史必然性，并在此基础上进一步揭示其现实性。

根据马克思主义基本原理，社会基本矛盾的运动是社会前进发展的根本动力，其中生产力起决定性作用，构成生产力的诸要素是动力之源。在农业经济

① 陈冬野，马清槐，周锦如. 配第经济著作选集——赋税论 [M]. 北京：商务印书馆，1981.

② 生产要素四元论——土地、劳动、资本和企业家才能。参见 [英] 马歇尔. 经济学原理（上）[M]. 北京：商务印书馆，1997.

③ 马克思. 资本论（第 1 卷）[M]. 北京：人民出版社，2004；宋冬林，孙尚斌，范欣. 数据成为现代生产要素的政治经济学分析 [J]. 经济学家，2021（7）：35-44.

时代，耕种渔猎与家庭手工业是当时最主要的生产方式，土地与劳动力是推动经济发展与财富积累的重要因素。然而，对于社会扩大再生产来说，这种自给自足的经济形态与高度分散的组织形态并不能提供扩大的张力，只能导致一种低水平的增长。反映到理论研究上，便是以大卫·李嘉图与马尔萨斯为代表的悲观主义式的经济增长前途观。① 进入工业时代，资本的重要性不断显现出来。18 世纪 60 年代，爆发于英国的第一次工业革命开启了机器代替手工劳动的时代，以珍妮纺纱机与蒸汽机作为重要标志，生产方式从工厂手工业转向机器大工业。机械化的快速发展，促成了作为物质资本的机器成为经济发展的首要生产要素。19 世纪 60 年代后期，以"电气化"为标志的第二次工业革命率先在美国、德国发生。随着社会化大生产的不断发展，资本的作用进一步强化，促进了土地逐渐资本化，之后还逐步催生出技术进步、企业家管理才能等更多生产要素，但资本处于主导地位。到 20 世纪四五十年代，以原子能、电子计算机、空间技术和生物工程的发明和应用为主要标志的第三次科技革命产生，科学技术作为生产要素的重要性开始体现。紧接着，20 世纪 60 年代末，数字革命开始在美国等西方发达国家产生，并以此为核心向全球扩散，数字经济逐渐兴起并蓬勃发展。以大数据为代表的数据资源向生产要素形态转变，逐渐被纳入生产要素家族，与其他要素一起置于价值创造与财富积累的社会活动中，促进生产方式的变革，形成新的生产动力。② 自第一次工业革命以来，研究生产要素的理论始终与经济增长相联系，相继形成了古典增长理论、新古典增长理论和新增长理论（或称内生增长理论）。相应的数理增长模型经历了外生到内生化的过程，自哈罗德-多马模型作为内生化的出发点开始，索洛-斯旺模型作为内生化的第一步，确立了研究基准③，之后内生化内容便丰富起来，涉及储蓄率、生产率（技术进步）、人口增长率、专业化与分工和政府支出等方面。④各种内生化的尝试，旨在找到经济增长的动力源。不难看出，其中各类生产要素构成了模型的主要部分。因此，时至今日，将数据纳入经济增长的研究范围也是时代所需。

在明确数据成为要素历史必然性的基础上，还应看到，数据成为要素所体

① 比较著名的论点如马尔萨斯的"人口陷阱"，其核心观点是人口增长与生存资料增长两者之间非对称，前者以几何级数方式增加，后者以算术级数方式增加，从而说明人口是经济增长的阻碍。参见[英] 马尔萨斯. 人口原理 [M]. 北京：商务印书馆，2017.
② 李清彬. 推动大数据形成理想的生产要素形态 [J]. 中国发展观察，2018（15）：22-25.
③ 索洛-斯旺模型通过将资本—产出比与劳动增长率内生化以消除哈罗德-多马模型的"锋刃"性质，并确立了使用柯布-道格拉斯生产函数作为增长模型的基础，且把平衡增长状态（稳态增长路径）作为经济增长模型分析的焦点。
④ 左大培，杨春学. 经济增长理论的模型的内生化历程 [M]. 北京：中国经济出版社，2007.

现的现实必要性，这体现在：一方面，从数据生产力发挥层面看，具有现实性。这进一步体现在两个方面：第一，数据自身所拥有的特点形成了对生产力"做功"的条件。本书第二章论及的大数据"4V"特点，即 Volume（大量）、Variety（多样）、Value（价值）和 Velocity（高速），提供了认识视角：在"大量"这一规模层面，可以看出当前的数据挖掘所形成的决策知识和商业洞见离不开海量的数据，这构成了数据挖掘的现实前提；在"多样"层面，反映了数据对多维社会关系的映射这一特点，多维也意味着数据的乘数效应①，大样本、全局性或将成为常态，企业可能获得完全的市场信息，从而作出更加精准的生产决策；在"价值"层面，数据与价值具有耦合性，数据是对社会关系的映射，而价值的本质是社会评价，是人们交换劳动而形成的社会关系，且主要体现为经济关系，然而，数据价值的发掘离不开相应的场景与技术，这构成了其现实的约束；从"高速"层面看，主要体现在转换能力上，如企业通过数据的占有，可以实现风险规避以及有效避免市场的滞后性。第二，数据对生产力的要素产生积极影响。一般认为，生产力三要素包括劳动者、劳动工具和劳动对象。数据对生产力要素的积极影响体现在新型精神生产力的形成。在马克思主义政治经济学语境下，生产力是精神生产力与物质生产力的辩证统一。由于数据本身不创造价值（这将在第五章展开论述），需要与劳动者的脑力劳动相结合，在数据—信息—知识—智慧这一转换过程中形成精神生产力，并基于数据的经济技术性特点，形成正反馈性质的价值积累闭环，在提升劳动者智力、技能水平以及迭代革新生产工具的基础上，进一步"做功"于物质生产力，在两者不断协调与升级的过程中，实现物质财富与精神财富的涌流。②

另一方面，数据成为生产要素与我国数字经济发展的现实紧密相连。党的十九届四中全会通过的《决定》提出增列数据作为第七大生产要素，正是源于对我国数字经济发展过程中数据发挥重要作用的深刻认识。根据中国信息通信研究院 2021 年 4 月发布的《中国数字经济发展白皮书（2021）》，数字经济主要包括四个部分，分别是数字产业化、产业数字化、数字化治理和数据价值化。不难看出，在每一部分中，数据都扮演了关键角色。例如，数字产业化中，可以根据数据生命周期全过程（采集—存储—分析—应用—删除），形成相应的产业链和价值链。再从统计数据层面看，在 2020 年，我国数字经济规模已达到 39.2 万亿元，占 GDP 比重为 38.6%；数字经济增速达到 GDP 增速 3 倍以上，成为稳

---

① 连玉明. DT 时代：从"互联网+"到"大数据×"[M]. 北京：中信出版社，2015.
② 戚聿东，刘欢欢. 数字经济下数据的生产要素属性及其市场化配置机制研究 [J]. 经济纵横，2020（11）：63-76.

定经济增长的关键动力。① 这其中，数据成为实现经济增长的关键驱动力，因为从社会再生产过程看，无论是生产、分配还是交换与消费，数据在各环节都能产生积极作用，如生产过程中可以实现资源的精准配置、分配环节能够有效评估劳动贡献度等，即通过节约交易成本、提升经济效率的形式实现整个过程的协同性，并且在助力产业升级的过程中，最终提升全要素生产率。推而广之，在经济领域之外，数据的应用还可助力社会治理、科研分析、信用评估以及教育医疗等领域，对我国推进高质量发展具有重要的现实推动作用。因而不难理解，将数据列为要素之一，正是基于我国经济发展的现实和对其运行规律的准确把握。②

总之，随着互联网、移动物联网、云计算以及人工智能等新兴信息技术的快速发展，万物互联化、数据泛在化的大趋势日益明显。③ 数据无处不在，数据化实践也已广泛展开。在价值创造与财富积累过程中，多要素协同生产已然是常态，数据的黏合剂和催化剂作用凸显，对生产力发展所带来的影响在某种程度上已经超过其他要素。数据作为一种重要的资源，成为生产要素之一已是必然。④ 因此，基于前文对数据要素的有关分析，本书认为，数据要素是指在生产过程中作为生产性资源投入（企业、平台），进而参与经济价值创造和财富创造的数字化信息和知识的集合，它是随社会生产力发展和生产关系变革所再生分化出来的新兴生产要素。

二、数据要素参与分配的必要性

回答数据要素参与分配的必要性这一问题，需要将其置于我国生产要素参与分配制度的历史演进过程中进行考察，具体的思路是在我国非劳动要素参与分配（即多种分配方式）的制度演进中看待数据要素参与收入分配的必要性。展开分析前，需要明确的是，分配的结构完全取决于生产的结构。分配本身是生产的产物，不仅就对象说是如此，而且就形式说也是如此。就对象说，能分配的只是生产的成果；就形式说，参与生产的一定方式决定分配的特殊形式，

---

① 参见 2021 年 4 月中国信息通信研究院发布的《中国数字经济发展白皮书（2021）》。

② 宋冬林，孙尚斌，范欣. 数据成为现代生产要素的政治经济学分析 [J]. 经济学家，2021（7）：35-44.

③ 刘玉奇，王强. 数字化视角下的数据生产要素与资源配置重构研究——新零售与数字化转型 [J]. 商业经济研究，2019（16）：5-7.

④ 李政，周希祯. 数据作为生产要素参与分配的政治经济学分析 [J]. 学习与探索，2020（1）：109-115.

决定参与分配的形式。① 进一步地，所有制结构是生产结构的核心，在社会主义初级阶段的条件下，我国基本经济制度已然明确为公有制为主体、多种所有制经济共同发展，反映到分配结构上，则表现为按劳分配为主体、多种分配方式并存。数据要素作为非劳动要素，其参与分配是多种分配方式制度迎合时代发展的结果。

改革开放以来，我国在非劳动要素参与分配的问题上，政策阐述逐渐明晰。1982 年《中华人民共和国宪法》确定了分配的原则是"各尽所能，按劳分配"②。1987 年党的十三大报告提出，在以按劳分配为主体的前提下实行多种分配方式。1992 年党的十四大报告在明确要建立社会主义市场经济的同时，提出在分配制度上，以按劳分配为主体，其他分配方式为补充。紧接着，1993 年党的十四届三中全会又提出了允许属于个人的资本等生产要素参与收益分配。1997 年党的十五大报告正式明确，坚持按劳分配为主体、多种分配方式并存的分配制度，并将其写入 1999 年的《中华人民共和国宪法修正案》第六条。进一步提出，允许和鼓励资本、技术等生产要素参与分配。这也是首次增列技术作为生产要素并参与分配。在 2002 年党的十六大报告中，提出确立劳动、资本、技术和管理等生产要素按贡献参与分配的原则，完善按劳分配为主体、多种分配方式并存的分配制度。又将管理作为新的生产要素增列其中。在 2007 年与2012 年党的十七大与十八大报告中，在分配制度的建设层面提出了健全劳动、资本、技术、管理等生产要素按贡献参与分配的制度，并提出完善诸生产要素按贡献参与分配的初次分配机制。2013 年党的十八届三中全会在坚持上述诸生产要素按贡献参与分配的基础上，又提出各种生产要素的报酬由各自的要素市场决定。2017 年党的十九大报告指出，要坚持按劳分配原则，完善按要素分配的体制机制，促进收入分配更合理、更有序。

2019 年党的十九届四中全会通过的《决定》将按劳分配为主体、多种分配方式并存上升为基本经济制度的内核之一，这标志着我国收入分配制度更为成熟。与此同时，数据也被增列为生产要素，与劳动、资本、土地、知识、技术、管理要素一道，由市场评价贡献、按贡献决定报酬。③

政策实践如此，反映到理论研究层面，关于非劳动要素参与分配，学界主要在两个问题上展开论争：一是非劳动要素参与收入分配与马克思的劳动价值论是否矛盾。二是非劳动要素参与分配与社会主义初级阶段的按劳分配

① 马克思恩格斯全集（第 30 卷）[M]. 北京：人民出版社，1995.

② 中华人民共和国宪法 [M]. 北京：人民出版社，1982.

③ 根据历次党代会的报告内容整理。参见中国共产党历次全国代表大会数据库 [EB/OL]. 中国共产党新闻网，[2020-11-05]. http://cpc.people.com.cn/GB/64162/64168/index.html.

制度能否相容。① 对于第一个问题，现有的辨析研究认为两者并不矛盾，一方面，在价值创造与价值分配的区分上，明确价值分配形式不改变价值创造的源泉。另一方面，在价值创造与财富创造的区分上②，明确活劳动是价值创造的唯一源泉，而不是财富创造的唯一源泉。财富创造是多要素协同的结果，如资本、土地、知识、技术、管理甚至数据要素，它们虽然不参与价值创造，但是参与了财富的创造，并作出了相应贡献。因此，对于生产出的社会财富，各要素理所当然地要参与分配。然而，马克思经济学语境下的分配是对新创造价值的分配，即 V+M，分配的结果是工人取得劳动力价值，资本家和土地所有者分割剩余价值，形成利润（进一步分为企业主收入与利息）与地租。在马克思提出的"总体工人"的概念下，生产工人、生产劳动的范围相应扩大③，技术人员的劳动、管理人员的劳动被置于生产性劳动的概念下④，即有的人多用手工作，有的人多用脑工作，有的人当经理、工程师、工艺师等，有的人当监工，有的人当直接的体力劳动者或十分简单的粗工，于是劳动能力的越来越多的职能被列在生产劳动的直接概念下。⑤ 从而技术与管理被纳入参与劳动报酬分配的范围中，由此生产要素参与财富分配与马克思的价值分配相统一起来。

对于第二个问题，需要明确的是，生产要素参与分配源于要素本身私人所有的现实性，其本质是按产权分配，即要素所有权在经济上的实现。在马克思关于未来社会的设想中，由于只存在单一的公有制，因此分配方式当然是按劳分配。然而，我国的现实情况是正处于社会主义初级阶段，诸要素并非公有，而是各有属主。为了实现社会财富的涌流，就必须激励要素（劳动的与非劳动的）所有者积极投入要素，因而在收入分配上就必须承认要素报酬，即根据诸要素在生产过程中的投入与贡献给予相应的报酬。从数据要素本身来看，作为推动数字经济发展的关键动力源，在促进社会财富积累的过程中发挥着越来越重要的作用，其参与社会财富的分配，具有历史合理性。同时，数据作为生产要素参与分配，还具有重要的实践意义：一方面，它鼓励数据发挥要素作用，促进相关数据产业、数据平台的产生发展，如贵阳大数据交易所。另一方面，它又对数据的采集、使用等行为提出规范性要求（制度体系的构建），尤其体

---

① 洪银兴. 非劳动生产要素参与收入分配的理论辨析 [J]. 经济学家，2015（4）：5-13.

② 洪银兴. 中国特色社会主义政治经济学财富理论的探讨——基于马克思的财富理论的延展性思考 [J]. 经济研究，2020，55（5）：21-30.

③ 马克思. 资本论（第1卷）[M]. 北京：人民出版社，2004.

④ 洪银兴. 先进社会生产力与科学的劳动价值论 [J]. 学术月刊，2001（10）：38-43+53.

⑤ 马克思恩格斯文集（第8卷）[M]. 北京：人民出版社，2009.

现在对个人隐私数据的保护以及对通过数据滥用来进行不正当竞争、制造市场藩篱割裂等市场行为的规制。① 然而，数据要素参与分配具有不同于其他要素的特点，这将在后文（第五章）关于数据要素产权实现的价值运动分析中展开，此处分析将作为后续研究的基础。

三、数据要素涵盖的各种关系

由于数据要素涉及数据生产、采集、存储、加工、分析、服务等多个环节，从而涉及的社会关系博杂，然而最基本的对于作为要素的数据，其自身的生产关系构成了社会关系的基础，即生产、分配、交换与消费。具体来说，马克思指出，生产"总是指在一定社会发展阶段上的生产——社会个人的生产"，并且"一切生产都是个人在一定社会形式中并借这种社会形式而进行的对自然的占有"。② 在对简单再生产的研究中，马克思进一步指出，"不管生产过程的社会的形式怎样，生产过程必须是连续不断的"。"每一个社会生产过程，从经常的联系和它不断更新来看，同时也就是再生产过程。生产的条件同时也是再生产的条件。"③ 而生产关系是指人们在物质资料的生产过程中形成的社会关系，是生产方式的社会形式。其基本内容包括：生产资料的所有制形式；人们在生产过程中形成的地位及相互关系；产品的分配方式（抑或由以上两个关系形成的分配、交换、消费关系）。④ 其中，生产资料所有制的形式是最基本的、起决定作用的。

将其置于数据要素的生产关系下来看，（原始）数据的生产（或产生）来源于自然运动、社会活动以及自然与社会互动三个层面，涉及物的内容、人（包括组织）的内容和人与物互动的内容。数据的生产与其他物质生产的不同之处在于，它具有伴随生产性，即需要一定的物质基础以依附（记录对象）。⑤ 在该阶段，数据还只是作为潜在的数据存在。数据真正成为数据是基于人们对数据的采集⑥，从而赋予其现实性含义。数据生产从人们对数据进行有目的的采集时才真正开始。一般来说，数据的采集与存储是一体的，由于数据脱离记录

---

① 张麒．数据纳入生产要素范畴的深意［N］.四川日报，2020-04-23（006）.
② 马克思恩格斯文集（第8卷）［M］.北京：人民出版社，2009.
③ 马克思恩格斯选集（第2卷）［M］.北京：人民出版社，2012.
④ ［苏］斯大林．苏联社会主义经济问题［M］.北京：人民出版社，1958.
⑤ 魏鲁彬．数据资源的产权分析［D］.济南：山东大学，2018.
⑥ 常用的数据采集方法有传感器采集、日志文件采集、网络爬虫采集；针对大数据的采集方法有Hive、Transform、Apache Sqoop 等。参见张莉．数据治理与数据安全［M］.北京：人民邮电出版社，2019.

体之后，还具备独立性特点，采集到的众多数据就形成了存储的需要。因此，数据的采集与存储成为数据生产的经济起点。现有关于数据分类的研究，虽然侧重点是数据的社会经济性，且进行了经济与非经济的分类，但是真正置于研究中的都是"可采集的数据"（可得性问题）。数据从最初的自发产生（自然性还是社会性活动）经人工的采集与存储具备了社会性，其经济性（带来商业利润）的凸显源于技术条件与经济社会条件的逐渐成熟，促成了数据自身所包含的社会关系的价值化。围绕数据资源的开发利用所形成的社会关系就构成了关于数据的生产关系。

进一步地，在生产关系的基础上，与之紧密联系的还有利益关系、劳资关系、法律关系等社会关系的众多侧面。以下试从利益关系和劳资关系两个方面进行阐述。从利益关系的角度看数据要素：首先，从一般的词义解释上看，利益就是指好处。数据映射的社会关系性所引致的数据商用的获利性恰与社会中人的利益关系相耦合[1]，并且与其他生产要素相比更加突出，在一定程度上也为利益相关者理论提供了佐证与拓展。其次，从利益主体的层次上看，涉及个人利益、集体利益和国家利益，三者之间的互动形成的利益格局或者利益结构构成利益关系。数据利益关系（主体）也包含上述三个层面——个人数据权利、公共数据权利和国家数据安全，且每个层面内部与间际的联系十分紧密。再次，从利益涵盖的区间范围看，有局部利益与整体利益之分。在数据利益的语境下，既有局部的"数据孤岛"问题，也有整体的平台数据垄断问题。又次，从利益关系的现实性和历史性方面看，又可作当下利益与长远利益的区分，对应到数据方面就是要对数据确权和构建起数据要素市场。最后，关于数据利益矛盾问题，如"大数据杀熟""精准营销"等，背后其实就是对数据内含的商用价值的争夺。

从劳资关系上看数据要素，需要结合当前的数字经济的背景进行探讨才更有实际意义。数据作为要素参与生产，不仅对企业发展提出时代要求，同时也对劳动者提出知识技能要求。企业转型的同时劳动者也需要相应转型。当前的数字化实践正是对以数据要素为关键生产资料的数字经济的迎合。在数据生产关系下，考察劳资关系仍不失现实性，而且更具历史性。从劳资关系的一般意义上看，它是指受雇者与雇主间的冲突与合作，在更深层次上看，还包括劳资关系中为了价格与权力相争的理论、技术和制度。劳资关系之所以重要，因其事关生产秩序、社会安定及国家安全。当前研究劳资关系问题的文章著述众多，

---

① 根据利益的性质，可以把利益分为物质的、精神的和政治的三种类型，数据自身涵盖的社会关系的博杂性也是与之相契合的。

既有考察资本主义生产方式下的劳资矛盾问题，又有研究中国特色社会主义语境下劳资双方和谐共存的议题。但基本的主线是探索劳资双方如何实现从对立走向和谐，达成互利互惠的结果。在数字经济的语境下，数据产品和数据产业的兴起与发展，促进了传统劳动过程向数字劳动过程转变、传统的劳动者向数字劳工转变。[①] 平台经济（平台企业）的兴起引起了生产流通领域的变革，其运转模式解构与重构了传统生产关系，企业数字化趋势突出。在这样一种新的生产方式下，围绕数据要素，劳动者与企业（资方）两者间的互动关系也具有了一些新的特点：从劳资矛盾的角度看，数据逐渐成为劳动者使用价值的一部分，并且被一些平台企业无偿占有，平台利用数据，精细化拆分劳动过程，实现对劳动过程的社会化监视，劳动者在增加劳动强度的同时又伴随着去技能化的风险，在"平台—个人"的模式下，雇佣关系的确认问题进而劳动者的权益保障问题也逐渐显现。[②] 当下外卖骑手的劳动过程就是典型例证。从劳资合作的角度看，或者从扭转劳动者弱势地位的角度看，主要是依托数据市场、数据产业发展带来的倒逼式的制度变迁，数据确权、数据立法、雇佣关系确立的新依据等举措都将被提上政策议程。

总之，上述关于数据要素涉及的生产关系、利益关系与劳资关系的分析，凸显其涵盖社会关系的博杂性的特点，也构成了本书对数据要素进行产权分析的参照。不难看出，从产权的视角看，上述几组关系都包含在其中，且处于不同的层次，这将在下一章以产权关系的分析统驭之。

---

① 韩文龙，刘璐. 数字劳动过程及其四种表现形式 [J]. 财经科学，2020（1）：67-79.

② 王琦，吴清军，杨伟国. 平台企业劳动用工性质研究：基于 P 网约车平台的案例 [J]. 中国人力资源开发，2018，35（8）：96-104.

第四章　数据要素产权问题的分析框架：
"产权—治理"

在明确数据成为财产、作为要素问题的基础上，本章主要建立一个对数据要素问题进行产权分析的理论框架，为后文重点问题的展开奠定基础。

第一节　"制度—治理"的理论逻辑

党的十九届四中全会审议通过的《中共中央关于坚持和完善中国特色社会主义制度、推进国家治理体系和治理能力现代化若干重大问题的决定》对我国的制度建设和治理体系问题进行了系统阐述和战略部署，提出了一个"制度—治理"的社会分析框架，核心要义在于将制度优势转化为治理效能。各界对此展开了积极的研究与运用，尝试为我国的制度体系建设与治理效能的发挥建言献策。由于本书所研究的是数据要素产权问题，重点关注的是经济制度，因此，下文着重对经济制度与国家治理的辩证关系展开相关的分析。

从唯物史观的视角看，经济制度与国家治理之间的关系，本质上是经济基础与上层建筑之间的关系，是社会基本矛盾运动的外在表现。两者并不相同，制度的优势与治理的效能分别对应"条件"与"结果"，前者是后者的前提，后者是对前者存否与大小标准的检验，为其指明方向。与此同时还要明确，两者之间的转化是需要条件的，这意味着两者之间的互动是一个动态而非静态的过程。进一步延伸，可以得出，潜在的制度优势并不能保证治理效能的稳定，同时，某一时段或阶段的治理效能也不能替代制度优势的持续更新。两者的协同提升构成了制度发展的辩证法。[①] 在明确这一认识的前提下，才能更好地揭示制度与治理的辩证关系在中国特色社会主义中的互动逻辑。

---

① 胡乐明，刘刚. 制度优势与治理效能协同提升的理论逻辑与实现路径［J］. 当代经济研究，2021（1）：34-42+112.

大道至简，本归原初。首先从各自的维度着手分析：在制度维度方面，它是"一个社会的博弈规则"，是社会关系的制度化与规范化，包括社会活动中由社会强制执行的正式规则，规范着人们行为的习惯、道德、文化传统等非正式约束以及它们实施的特征（相互关系）。① 有别于新制度经济学关于体制性制度的一般性探讨，《决定》提出要突出坚持和完善支撑中国特色社会主义制度的根本制度、基本制度、重要制度②，对我国的制度体系进行了系统化的层级分类，具有重要的理论意义。结合已有的研究分析：对于根本制度，体现在"根本"二字上，在矛盾关系③上体现为根本矛盾（也称社会基本矛盾），它决定着事物的性质和基本发展趋势且贯穿事物发展始终，回归到制度层面看，根本制度是基于对根本矛盾的处理，从而形成的推动事物发展趋于理想目标状态的规范、规则和法律章程、组织设施等，具有一定的社会持久性、稳定性和长期连续性。在中国特色社会主义制度体系中，根本制度是贯穿中国社会主义发展始终的深层的具有决定性的制度体系；基本制度中的"基本"，体现在诸多矛盾关系中占支配地位的主要矛盾上（也凸显了许多矛盾的地位和作用的不平衡性），对事物发展起决定作用，具有历史性或者阶段性。基本制度是由根本制度衍生出来的次级本质性和规律性的制度体系，具有一定的社会特殊性、渐变性和灵活性。反映到中国特色社会主义制度体系上，则表现在，它决定了我国的社会主义不仅具有中国特色，而且凡属中国特色的东西必须从属并服务于社会主义的制度体系。重要制度的"重要"，体现为（主要）矛盾的主要方面，它是指在事物内部（也即同一矛盾中）居于支配地位、起主导作用的矛盾方面。因此，重要制度主要是在具体处理具有历史阶段性、问题导向性、现实针对性等一些矛盾的基础上而形成的制度体系。它是前两个制度层次的具体实现或服务于前者使之不断巩固、发展的体制形态，具有极大的灵活性和渐进适应性。从这个角度考察中国特色社会主义重要制度的内涵就一目了然了，即基于我国社会主义初级阶段的实际情况、具体问题（矛盾）、战略任务以及发展目标等方面而形成的制度体系，具有显著的工具性与实操性，发力点主要集中于中微观的具体体制和机制层面，与此同时，它能够随着社会发展情况的变化而进行改革、完善和更新（灵活性与适应性的体现）。④

---

① ［美］道格拉斯·C. 诺斯. 制度、制度变迁与经济绩效［M］. 上海：格致出版社，2014.

② 中共中央关于坚持和完善中国特色社会主义制度　推进国家治理体系和治理能力现代化若干重大问题的决定［EB/OL］. 人民网，（2019-11-06）［2021-04-20］. http：//cpc. people. com. cn/n1/2019/1106/c64094-31439558. html.

③ 从矛盾论的角度看待制度、制度变迁或变革，可以理解为适应于矛盾运动借以展开的具体形式。

④ 忐诉. 关于中国特色社会主义制度体系内在逻辑的共时性和历时性阐释［EB/OL］. 昆仑策网，（2020-09-07）［2021-02-17］. http：//www. kunlunce. com/llyj/fl1/2020-09-07/146654. html.

将上述的讨论应用于经济制度的内涵与层次划分上，不难得出，经济制度或称社会经济制度是一定社会现实生产关系的总和或经济关系的制度化。社会经济制度可以进一步划分为社会根本经济制度、社会基本经济制度和社会重要经济制度三个层次，相关的特征与互动关系对应前述内容，只不过是从经济制度的视角展开。

制度作为马克思主义政治经济学理论研究的经典主题，其理论聚焦于阐发资本主义经济制度的本质，对以资本主义私有制为基础的市场制度进行集中分析，主要涉及所有制与所有权理论、市场制度对社会经济增长与发展的作用以及国家与意识形态理论等内容。主要特点体现在其强调制度对经济增长的双重效应和制度变迁或变革的动力源在于技术和生产力的变化。① 新制度经济学对制度也有一定的研究，前述的文献及理论基础部分已提及，此处就不再赘述，但需要指明的是，新制度经济学虽然肯定了制度在经济社会问题分析中的重要地位，且把制度分析、结构分析作为基础，以此来分析制度的构成、运行和效能，但其关于制度理论的研究更多地具有体制性一般含义②，根据上述的制度分层分析，也就是属于重要制度的层面。

从治理维度看，关于治理的一般意义，工具书给出的定义是使相互冲突或不同利益得以调和并采取联合行动的持续过程。基本含义是指在一个既定的范围内运用权威维持秩序，满足公众的需要。③ 但是在学术研究与实践中，尚未形成统一合意的定义，如世界银行对于治理所下的定义是利用机构资源和政治权威管理社会问题与事务的实践。④ 国内学者关于治理的定义主要是通过与"统治"的对比来形成对治理的认识，将其视为国家与社会之间关系的调整趋势、一种"实现社会政治目标的手段"⑤，是人们合意下的控制与管理活动⑥，抑或是为了解决社会问题与公共事务的一种行动过程。⑦ 上述内容分析了制度分层，其实治理也可以分层，根据对应的范围，可分为全球治理、国家治理、区域治理、城市治理、乡村治理、公司（企业）治理等内容。根据治理的特征，又可分为整体治理、利益治理、契约治理、合作治理、市场治理、数字（数据）治理以及均衡治理等内容。总之，依据不同的视角、侧重，治理有不同的对应项。《决定》中主要说的

---

① 李萍. 新中国经济制度变迁 [M]. 成都：西南财经大学出版社，2019.

② Williamson O E. The New Institutional Economics：Taking Stock, Looking Ahead [J]. Journal of Economic Literature, 2000, 38（3）：595-613.

③ 陆雄文. 管理学大辞典 [Z]. 上海：上海辞书出版社，2013.

④ The World Bank. Managing Development：The Governance Dimension [R]. 1994.

⑤ 俞可平. 推进国家治理体系和治理能力现代化 [J]. 前线，2014（1）：5-8+13.

⑥ 丁志刚. 如何理解国家治理与国家治理体系 [J]. 学术界，2014（2）：65-72+307.

⑦ 许耀桐，刘祺. 当代中国国家治理体系分析 [J]. 理论探索，2014（1）：10-14+19.

是推进国家治理体系与治理能力的现代化①，立足的是国家治理层面。

由于治理本身具有弹性和包容性②，从而在国家治理的内涵上也具有丰富的内容。总的来说，关于国家治理问题的研究学术源流众多——政治学聚焦于研究国家治理的政治制度建立、政策绩效及政治格局变化等方面；社会学则从国家治理进程中的社会结构变化和制度变迁等方面展开研究。然而综观研究内容，涉及的内容或者问题虽然覆盖面广，但是其所论及的民主化、法制化与市场化等内容，都只是对国家治理和治理现代化表现形式的揭示，而并未触及其本质特征。这项工作只能由马克思主义政治经济学予以解答。

从唯物史观的角度出发，马克思主义政治经济学对此的解释可以总结为：推进国家治理体系与治理能力的现代化是对生产关系的治理要适应生产力发展的要求，对上层建筑的治理要适应经济基础的要求。③ 从政治经济学的视角来看待治理问题，就不能不联系社会基本矛盾的运动规律，即在"生产力—生产关系（经济基础）—上层建筑"的互动中把握治理的双向维度。

第一个维度是对生产关系的治理。在"生产力—生产关系"的互动中，生产力处于决定位置，而生产关系处于被决定位置。生产力决定生产关系，生产关系反作用于生产力，注重发挥积极的能动作用。生产关系的制度化以及规范化便形成相应的经济制度层次。根据前文的分析，生产关系具有三个层面：生产资料的所有制形式；人们在生产过程中形成的地位及相互关系；产品的分配方式（抑或由以上两个关系形成的分配、交换、消费关系）。④ 由生产力与生产关系互动形成的生产方式的矛盾是政治经济学研究的重点对象，这也恰恰构成了治理的其中一个维度。对生产关系的治理正对应经济社会生产方式中存在的矛盾问题，治理是使得矛盾凭借展开的形式更加符合生产关系适应于生产力的发展水平，从而促成社会在生产关系上的制度合意。依据不同的生产关系层次，治理也具有相应的层次性。

从"经济基础—上层建筑"的互动关系看治理的第二个维度，这表明了治理双向性的重要性。"上层建筑"作为唯物史观的基本概念，一般认为主要由该社会的思想上层建筑和政治上层建筑两部分组成。⑤ 从思想上层建筑的内容

---

① 中共中央关于坚持和完善中国特色社会主义制度　推进国家治理体系和治理能力现代化若干重大问题的决定 [EB/OL]. 人民网，（2019-11-06）[2021-04-20]. http：// cpc. people. com. cn/n1/2019/1106/ c64094-31439558. html.

② 周文，何雨晴. 国家治理现代化的政治经济学逻辑 [J]. 财经问题研究，2020（4）：12-19.

③ 景维民，倪沙. 中国国家治理的本质要求及其内在逻辑——国家治理的政治经济学分析 [J]. 经济学动态，2016（8）：13-18.

④ [苏] 斯大林. 苏联社会主义经济问题 [M]. 北京：人民出版社，1958.

⑤ 马克思恩格斯选集（第2卷）[M]. 北京：人民出版社，2012.

上看，包括政治法律思想、道德、宗教、文学艺术、哲学等意识形态。从政治上层建筑的内容上看，在阶级社会是指政治法律制度和设施，主要包括军队、警察、法庭、监狱、政府机构和政党、社会集团等，其中国家政权是核心。从两者的关系上看，在上层建筑内部即思想上层建筑和政治上层建筑是相互联系、相互制约的。前者为后者提供思想理论根据，后者为前者的传播和实施提供重要的保证。后者作为前者的"物质附属物"①，是通过人们的意识自觉建立的，后者一经形成又强烈影响前者，即政治上层建筑要求一定的思想上层建筑与它相适应。② 因此，根据上层建筑自身的组成结构，治理也存在相应的应对结构。因此，治理不仅具有双向性，而且也具有结构层次性。厘清了治理维度问题，相应的治理的现代化问题也得到解决，从社会基本矛盾运动上看，现代化是一个转变过程，是一个将时代性特点赋予经济社会的过程，涉及生产力的发展、生产关系的变革的各个方面。治理的现代化，按照这一思路，可以理解为就是要形成政府、市场、社会良性互动并与之相适应的生产关系匹配。③

总之，应从辩证发展的视角看待经济制度与国家治理间的互动关系：制度是国家之基、社会之规、治理之据④，而治理是制度在实践中的运用，是制度优势功能发挥的结果。两者之间的转化需要条件，而这转化条件的获得仍要从发展获得，即利用发展解决发展中的问题。菲吕博腾和配杰威齐指出，如果没有一个关于国家的理论，也不能真正完成关于产权的理论。⑤ 虽然两位学者在产权国家理论的认识上存在偏误，但在制度与治理的关系问题上，本书认为，若没有一个关于制度的理论，也不能真正完成关于治理的理论。

第二节　从"制度—治理"到"产权—治理"

理论逻辑的阐释离不开历史与实践的检验，关于"制度—治理"的历史逻辑显见于一些政策解读与研究文献中，基本是立足于对中华人民共和国成立70

---

① 马克思恩格斯选集（第4卷）[M]. 北京：人民出版社，2012.

② 金炳华. 马克思主义哲学大辞典 [Z]. 上海：上海辞书出版社，2003.

③ 景维民，倪沙. 中国国家治理的本质要求及其内在逻辑——国家治理的政治经济学分析 [J]. 经济学动态，2016（8）：13-18.

④ 颜晓峰. 始终坚定制度自信 [EB/OL]. 人民网，（2019-11-06）[2021-02-19]. http：//theory. people. com. cn/n1/2019/1106/c40531-31439631. html.

⑤ [美] 罗纳德·H. 科斯. 财产权利与制度变迁　产权学派与新制度学派译文集 [C]. 上海：格致出版社，2014.

多年以来，特别是改革开放以来我国的国家治理与基本经济制度的演化过程分析，指出了国家治理呈现由权力本位逐渐向权利本位转变的趋势①，并且在互动演绎过程中将经济基础与上层建筑间的"决定与反作用"的具体实现机制和实现条件进行了中国语境的阐述，既表明了我国基本经济制度（尤其是所有制结构）演进的历史性，又在国家治理积极发挥的能动作用中揭示出以人民为中心的中国共产党作为执政党，科学地运用马克思主义基本原理，适时地促动社会基本矛盾的有序展开，推动社会经济良性循环，为广大人民谋取福利的执政理念，凸显了中国特色社会主义的制度优势与治理优势。② 由于相关的历史与实践正是对理论逻辑的印证，故此不作过多的阐述，而是复归于本书的研究主题。

从上述的制度与治理两个维度的分析，不难看出，"制度—治理"的分析框架包含的内容博杂，制度分层、治理分层、各层之间的互动关系等方面，对应不同的问题，可能有不同的逻辑结合。从本书研究的角度看，本书研究的是数据要素及其产权关系，因而，有必要将"制度—治理"这一社会性分析框架进一步下放，转为"产权—治理"这样的分析进路。除了研究逻辑"缩小"便于研究的原因外，还有以下三个层面的考虑：

一是从既有的产权治理的发展史或者研究进路上看，基本寓于（私有）财产与市民社会或民主关系、财产与法律或国家的理论与实践探索中，即产权政治学与产权经济学的研究进路。③ 关于古希腊雅典城邦的产生，正如理查德·派普斯（Richard Pipes）所言，财产，尤其是以生产性资产为主要来源的土地财产的广泛分布，使得人类社会第一个民主政体在雅典产生成为可能。④ 产权与政治（国家）的这种关联在近代西方资本主义兴起与发展的过程中逐渐凸显，基本上把财产权视为一种社会性的政治权利。例如，霍布斯（Thomas Hobbes）在《利维坦》一书中，阐述了私有财产与国家形成之间的关系，即人们相互达成协议，自愿地服从一个人或一个集体，相信他可以保护自己来抵抗所有其他的人，后者可以称为政治的国家。⑤ 再如，卢梭（Jean-Jacques Rousseau）在《社会契约论》一书里阐明，强力不能产生任何权利，政治是经济的

① 夏志强. 国家治理现代化的逻辑转换 [J]. 中国社会科学, 2020（5）：4-27+204.
② 杨虎涛. 国家治理与基本经济制度协同演化的历史唯物主义分析 [J]. 学习与实践, 2020（2）：5-17.
③ 邓大才. 产权与政治研究：进路与整合——建构产权政治学的新尝试 [J]. 学术月刊, 2011, 43（12）：5-14.
④ ［美］理查德·派普斯. 财产论 [M]. 北京：经济科学出版社, 2003.
⑤ ［英］霍布斯. 利维坦 [M]. 北京：商务印书馆, 1985.

延续，国家只能是人民自由协议的产物。① 又如，奥尔森（Mancur Lloyd Olson）在《权力与繁荣》中提出的"共容利益论"，把经济上繁荣与否的问题（产权的稳定）转为政治上权力形成与应用的问题，强调权力先于繁荣。强化市场型政府正是在共容利益条件满足情况下的结果。② 不难看出，霍布斯与卢梭等在国家的能动性上，肯定了基于共同利益下，国家调整产权结构的合理性。然而，洛克（John Locke）的权利论却表明了相反的观点，即认为私有产权不可侵犯，国家权力的边界是由私有产权结构所规定的，政治权力是当人们享有归他们自己处理的财产时才会存在。③

回顾马克思主义经典学说，也有产权与政治经济的相关研究，但侧重揭示的是资本主义私有制下的矛盾，涉及产权关系、性质与结构和现代国家的起源、国家治理形态与类型等诸多经典命题。④ 产权是一种社会关系，是由经济关系决定的法权关系。在资本主义社会中，产权关系更多地体现为资本产权对劳动产权的侵蚀，从而形成一种支配关系，使得这个社会陷入了不可解决的自我矛盾，分裂为不可调和的对立面而又无力摆脱这些对立面。而为了使这些对立面，这些经济利益相互冲突的阶级，不致在无谓的斗争中把自己和社会消灭，就需要有一种表面上凌驾于社会之上的力量⑤，国家应运而生。在资本主义私有制下，国家是阶级矛盾不可调和的产物和表现。⑥ 在资本私有制下，国家是资本（资产阶级）的代言人，有固化产权支配关系的权力。正如有的学者研究指出的那样，作为支配体系的资本主义不关心权力分配，它关心的是权力的集中和权力不平等分配。⑦

晚近以来，关于产权治理问题的研究在新制度经济学中进一步深化，内含于产权理论、交易费用理论、契约理论（合同理论）和制度变迁理论之中。相关的学术观点如"科斯定理"、"国家悖论"、产权的"公共领域"等，比较深入地揭示了产权演进与国家治理（制度变迁）之间的关系。但是需要指出的是，在产权与国家（治理）的关系上，新制度经济学（以及前述的观点）与马克思主义政治经济学的视角是不同的，尤其是诺斯的"成也国家，败也国家"

① ［法］卢梭. 社会契约论（第3版）［M］. 北京：商务印书馆，2003：4.
② ［美］曼瑟·奥尔森. 权力与繁荣［M］. 上海：上海人民出版社，2016：2-4.
③ ［英］洛克. 政府论（下篇）［M］. 北京：商务印书馆，1964：107.
④ 孔浩. 农村集体产权制度改革中的治理逻辑——以渝、鄂、粤三地试验区为研究对象［J］. 财经问题研究，2020（3）：122-129.
⑤ 马克思恩格斯选集（第4卷）［M］. 北京：人民出版社，2012.
⑥ ［苏］列宁. 列宁选集（第三卷）［M］. 北京：人民出版社，2012.
⑦ ［加］文森特·莫斯可，凯瑟琳·麦克切尔. 信息社会的知识劳工［M］. 上海：上海译文出版社，2014.

的悖论，颠倒了经济关系与法权关系之间决定与反作用的关系，是唯心主义方法论下的结果。借鉴性体现在分析工具上，而非方法论层面。总之，回顾产权与政治经济的研究与实践，可以看出，产权与治理的历史性具有许多可以在研究中使用的参照点，便于本书的主题研究。

二是从产权与制度之间的关系看，一般认为，产权是一种法权，是生产关系的法律用语，本身就是一种制度，而且是经济制度中的重要组成部分。商品经济进而市场经济可以视为产权经济的同义语。康芒斯（John Rogers Commons）指出，市场交易的本质不是产品和服务本身的交换，而是依附于产品和服务的产权转移，是经济主体之间对客体产权的让与和取得。① 巴泽尔的经济产权与法律产权"二分法"，更是明确了经济产权在市场交易中的重要地位。② 产权制度作为市场运行的必备制度，对市场交易这一"惊险的跳跃"具有重要的实现意义。产权制度的缺失或者权能的残缺对于正常的市场运行是不利的，不仅影响产权主体，而且影响权利的行使。回到本书研究的数据要素的问题上，正是数据权利的多重耦合性与数据立法的缺失导致了数据交易受阻、数据生产力发挥不足等问题。③ 权能的赋予与制度的构建成为当下亟待解决的问题。

从"制度—治理"到"产权—治理"，肯定了产权制度底色的同时，也把本书的研究重点凸显了出来，即研究的是数据要素的产权问题，而不是其他方面如数据伦理问题。并且，产权治理的分析架构在辩证关系上，依然服从于唯物史观的基本规律：产权制度是经济制度，是经济基础的表征；治理对应上层建筑，由其推动。根据现存的产权问题或者产权矛盾形成相应的治理机制，服从于经济基础与上层建筑间决定于反作用的机理。再者，从研究的脉承上看（现有研究的启示性），产权与治理的研究进路在当下我国的乡村治理问题上逐渐凸显，而且取得了一些成效，为促进乡村振兴、实现城乡融合发展提供了重要实践思路。④ 面对当下数字经济快速发展的势头，数据的有效利用成为关键，制度上的突破与技术上的突破同样重要，正如前文分析指出的那样，制度与治理之间的转换是需要条件的，而条件的获得需要发展来解决，而发展既有技术上的也有制度上的，因此，产权治理的分析框架内在地包含了制度与治理之间转化条件的指向性，兼具理论与实践双重维度的特征。

---

① ［美］康芒斯. 制度经济学（上册）［M］. 北京：商务印书馆，2017.

② ［以］约拉姆·巴泽尔. 产权的经济分析（第二版）［M］. 上海：格致出版社，2017.

③ 数据生产力的核心在于"数据+算力+算法"，即借助智能工具，基于能源、资源以及数据这一新的生产要素，构建的一种认识、适应和改造自然的新能力。参见李纪珍，钟宏. 数据要素领导干部读本［M］. 北京：国家行政学院出版社，2021.

④ 黄涛，朱悦蕾. 农村产权制度变革与乡村治理研究［M］. 北京：商务印书馆，2018.

三是能不能把"产权—治理"进一步拓展为"生产力—生产关系—治理"？从形式上看，是把产权进一步置于"生产力—生产关系"的矛盾运动中进行考察。从逻辑上看，产权治理的辩证关系演化为三个层次，分别是生产力与生产关系、生产力与治理以及生产关系和治理。从研究问题的角度看，的确是精细化了。但是，结合本书的研究主题，数字经济的背景是不能脱离的，而这一背景其实正阐明了生产力与生产关系的矛盾运动带来的经济形态的转变。若在问题分析中再细致介绍，有多此一举之嫌。从产权演进的视角看，马克思主义的产权思想明确揭示了制度变迁或变革的根源是技术和生产力的变化，而产权又是经济关系制度化的重要表现。因此，产权维度自身也包含了生产力与生产关系的矛盾运动规律。再者，从本书研究的主题上看，重点是产权分析，而"生产力—生产关系—治理"的分析相比而言，过于一般化，不能突出研究的重点，而只是体现了背后发展的内在逻辑。内在逻辑的揭示是重要的，但在"产权—治理"的分析中必然涉及内在逻辑的讨论与揭示，因此，过于强调内在逻辑的分析框架可能失去了原本问题分析的针对性。

总之，基于上述三个方面的考虑，选择"产权—治理"的分析框架对于本书的研究主题来说是相对合适的。在数字经济发展的大背景下，数据产权问题以及相应的数据治理问题具有很强的时代性，对其研究既要揭示其背后的发展逻辑，更要凸显其对于我国今后发展数据市场、建设现代经济体系的实践指导意义。

第三节　数据要素的产权分析

在前文的文献回顾以及产权依据的分析中，本书指出已有文献在数据产权问题的研究上偏之一隅地研究产权关系（财产关系）或者法权关系，而没有明确法权关系必须建立在产权关系的基础上这一事实（先"产"后"权"），因而产权视角的研究是不完整的，这构成了本节研究的发力点。与此同时，还应结合数据要素对"产权分析"这一关键词眼进行阐述，从而更好地明确数据要素产权分析的脉络要点。当然，分析的展开遵循前两节确立的研究框架。

一是明确产权分析面临的时代背景。对数据要素的分析不能脱离数字经济这一时代语境。第三章的分析表明了数据成为财产、作为要素的意义。相应地，伴随数据要素产生的相关问题，数字治理或数据治理便构成了问题的实践指向。接下来的进一步研究则是在此现实性的基础上，考察围绕数据要素建立起的数字生产关系中存在什么样的产权问题以及如何应对问题，把产权分析的方法论视角嵌入数字经济的发展过程中。

二是明确已有研究为本书提供的理论与实践方面的支撑。从前文的文献回顾、理论基础和历史分析的素材看，理论方面主要体现在一些理论基础（如劳动价值论、产权与制度变迁理论）、核心概念（如交易成本、公共领域）以及有关的学术观点分析视角上（如数据产权的权利图谱[①]、法经济学与传播政治经济学的分析进路[②]）。但是值得提到的是，当前关于产权问题的研究已经出现了转向，即从所有权转向使用权[③]，这是数字经济时代的研究在产权理论上的显著表现，将在本书的产权分析中予以突出。实践方面主要是国外的数据立法问题，相关的研究[④]为本书探索构建我国的数据立法问题以及数据要素市场问题提供有益参考。

三是"站在巨人的肩膀上"，根据已有研究明确数据要素产权分析的三个层面：其一，产权分析的基本层面，即"产权 = 产权主体 + 主体实行占有的权能"。[⑤] 产权分析的主要方面是占有主体的性质、形式与职能，而权利体现为经济活动中的主体的权利，是主体的产权。因此，在该层面明确分析的重点是产权主体，而非权利。联系市场经济的现实性，不难看出，数字经济本质上也是市场经济，而市场经济又是产权经济的同义语，因此，分析数据要素进而分析数字经济的重点是数据权利主体的性质、形式与职能，"权利束"的分析以及数据产权的特点问题，不能就权利谈权利，而忽视产权主体。[⑥] 其二，正如前文提及的那样，数字经济时代以使用权为主的特点凸显，既有的产权理论如古典产权的唯所有权论和现代西方产权经济学的一些观点如稀缺性的前提假设已然遭到冲击，研究转向势在必行，即在第一层面的基础上（基本的分析参照），结合时代性，关注数字经济发展带来的"使用权时代"的一些特点——财产关系与法权关系出现哪些新变化？治理模式是否有别于传统？其三，立足实践，回归到数字经济发展的现实层面，这体现为开放（发展）与保护的辩证法，即数据产权保护与发展权之争。应当明确，数据开放不是单向度的利好，因为存

---

① 肖冬梅，文禹衡. 数据权谱系论纲 [J]. 湘潭大学学报（哲学社会科学版），2015，39（6）：69-75.

② 传播政治经济学的进路关注的是"三化"，分别是商品化、空间化和结构化。参见 [加] 莫斯可. 传播政治经济学 [M]. 上海：上海译文出版社，2013.

③ [美] 杰里米·里夫金. 使用权时代——整个人生皆为付费体验的超级资本主义新文化 [M]. 郑州：河南人民出版社，2018；张曙光，张弛. 使用权的制度经济学——新制度经济学的视域转换和理论创新 [J]. 学术月刊，2020，52（1）：40-51+83.

④ 曹建峰，祝林华. 欧洲数据产权初探 [J]. 信息安全与通信保密，2018（7）：30-38.

⑤ 刘诗白. 主体产权论 [M]. 北京：经济科学出版社，1998.

⑥ 人是社会关系的总和，现实的人才是分析的起点与落脚点，对于当前存在的"见财不见人""要财不要人"式的分析提供一种反思与镜鉴。

在一些事关国家安全、个人人身财产安全的数据是不能开放的，数据开放有一定的范围。同样地，数据严格保护也不是单纯的利好，因为数据作为要素，其发挥生产力势必要求具有流动性，"数据孤岛"的存在并不符合产权的效率性。两方面的情形反映到实践上就是开放与保护的权衡问题①，即如何形成相应的治理机制是个重大的实践问题，在该层面抑或三个层面的研究就是要形成一个理论参照，投射于现实的发展状况以比较，从而找到理论与现实的"错位点"，以此为未来的政策制定提供参考与借鉴。

综合前述的三个方面，对"产权分析"做了一些阐述，为接下来的脉络展开厘清思路。统驭前文各章节的分析，下文将从数据要素涉及的财产关系、法权关系、与数字经济的联系以及治理效应四个方面展开分析，尝试形成对数据要素产权问题的全景式研究。

一、数据产权的财产关系

数据成为要素、作为财产彰显了数字经济的历史进步性，是生产方式革命性变迁的重要例证。对于数据要素的产权分析，就是要从它作为一种财产所对应的主体特点、自身特点、形成的关系、存在的问题以及如何界定等方面展开分析。在分析之前，首先要明确财产关系的一些方面的问题。根据巴泽尔对产权的"二分法"，即把产权分为经济产权与法律产权，本节所指的财产关系正对应围绕经济产权所形成的财产关系。前文分析已明确，经济产权（财产关系）与法律产权（法权关系）是不同的，后者由政府承认和执行的那部分经济权利所构成。因此，经济产权的范围是大于法律产权的。由此反观现有的关于产权问题的研究著述，不难看出，问题的切入点在于"法权的和事实的产权不相一致"②，由此引发对产权结构、产权稳定、产权残缺以及产权强度等方面的研究。上述"事实的产权"其实就是巴泽尔语境下的经济产权。巴泽尔认为，个人对商品（或资产）拥有的经济产权就是指个人通过交易直接地或间接地期望消费商品（或资产的价值）的能力。③ 不可否认，巴泽尔的经济产权的"交易论"是构成人与人之间财产关系的重要表现，但与马克思产权思想所阐发的基于生产条件的事实的占有而形成的财产关系是不同的。前者关注产权的价值实现，后者关注产权的关系确立。两者之间存在一种印证关系，拥有产权的目

---

① 任何大数据的形成必须经历两个过程，即开放与规范，两者为递进关系，前者是深度连接的前提，而后者则涉及数据的可用性。参见车品觉. 数据的本质 [M]. 北京：北京联合出版公司，2017.

② 周其仁. 公有制企业的性质 [J]. 经济研究，2000 (11)：3-12+78.

③ [以] 约拉姆·巴泽尔. 产权的经济分析（第二版）[M]. 上海：格致出版社，2017.

的就是要实现产权价值，价值的实现过程需要交易，没有价值的资产正如巴泽尔所言，将被置于公共领域之中，而有价值的资产在交易时需要以确定的产权关系为前提。

财产关系就内涵上说，其实就是产权的经济含义，是基于物（使用价值）而形成的人与人之间相互认可的行为关系，内容上也就是涉及财产的主体、财产及其相互间的利益关系。财产关系通过财产问题或矛盾得以显现，财产问题的本质就是"权利撞车"，出现了利益矛盾，由此引发财产关系调整与变革。对于财产关系生成的探讨，已有研究形成了四种观点，分别是马克思主义的社会基本矛盾推动说、诺斯的"人口增长—资源稀缺模型"、德姆塞茨的"商业活动增加—资源稀缺模型"和考特与尤伦的基于获取合作剩余的"思想实验"。立足于唯物史观的视角，在社会基本矛盾运动规律下，公有产权先于私有产权产生，私有产权是在公有产权的基础上产生的。在研究的具体内容上，大部分文献关注的是私有产权的问题，而国内对于产权问题的研究肇始于国有企业改革的现实实践。厘清了财产关系的一些层面，接下来对应数据财产关系进行阐述。

1. 数据产权主体与权利束

作为现代财产范畴与时俱进的产物，数据成为财产凸显了财产的时代意蕴。研究数据产权，存在三个不能回避的基本问题，即数据归谁所有？谁可以使用？收益归谁？这三个问题中的"谁"凸显了产权分析中对产权主体分析的重要性。根据上述简化的产权公式，即"产权＝产权主体＋主体实行占有的权能"来看，存在多种组合，即不同性质的产权主体与"权利束"中的权能的组合形成了现实中的产权形态，如国有企业产权、农村集体土地产权和数据产权等。对于数据产权主体和权利束的分析离不开一般性的分析视角，下文将依序展开分析。

关于产权主体的划分，一般分为自然人和非自然人组织（企业或法人、政府）。当然，也存在把产权主体分为所有主体和实际支配的主体（占有使用等），这种划分方式是基于对产权权利束的主体反向的对应，也是具有现实性的划分方式。在财产关系得以制度化之前，这两类划分所对应的主体也是现实存在的。

对第一种产权主体划分进行分析。作为产权主体的自然人，首先必须是社会人，即"现实的个人"，拥有独立的人格并能够承担相应的民事责任的人（奴隶便不在此类），因为对财产的占有是一种社会性行为，根据马克思主义政治经济学原理可知，动物界并不存在"财产""财产主体""财产占有"的命题。进一步地，财产反映的排他性占有关系意味着鲁滨逊的"个人世界"也不存"财产"的有关命题，只有在"星期五"出现之后，所构成的"二人世界"才让鲁滨逊所建造的房屋、制作的工具成为财产。财产的关系性必须要有社会性的基础。从财产的角度看,财产对应社会人的经济利益关系,存在于社会经济活动与运行过程中,是被主体占有的对象。因此,占有财产的主体具有经济主体的特点。无论是在生产还是在消费行为中,诸如工人、资本家、农民和居民等都是以经济主体的形式或身份获得财产和行使权利。非自然人组织成为财产主体体现了一定的历史进步性,随着经济社会的发展,经济的复杂性上升,社会分工深化与广化,个人的经济活动越来越需要通过组织(生产的制度结构)进行,在此情况下,出现了不仅自然人需要通过组织占有财产,而且社会经济组织自身也表现为一个独立的占有主体的情况,后者的出现与发展构成了现代市场经济的重要特征。与自然人产权主体性质不同的是,这些社会经济组织更多地表现为法人的性质,需要法律予以确认,赋予其产权主体的"身份"和承担民事权利、履行民事义务的能力(主体身份的体现)。进而形成通常人们所熟知的如企业法人的产权主体形式。

对于第二种产权主体划分,基于的是权利束的"分"与"合",即产权的统一与分离。在马克思主义的产权思想中可见一斑,不仅包含了对各个不同社会形态的基本产权的研究,而且还包含了对特定所有制内部具体产权的权利束的考察,涉及所有权、占有权、支配权、使用权和经营权等一系列权利。细致地考察了各项权能的不同组合——既有统一的状态(全归同一主体),又有分离的情形(分属不同主体)。具体来说,在权能统一性的问题上(即完全所有者),马克思以个体小生产者为例,阐明他们拥有对劳动条件的所有权或占有权①,是自己的生产资料的占有者、所有者②。同时,完全所有者在奴隶制经济、领主制经济以及使用自有资本的资本主义经济中也是大量存在的。对于权能分离,马克思研究了下述几种情形:一是以地主制经济作为所有权与占有权分离的典型例证,即土地的出租者是土地的所有者,但在租期内无法占有土地。而土地的承租者(租地农民)在租期内具有土地的占有权。③二是体现在"资本家—工人"的雇佣关系中,劳动力的所有权与使用权(或支配权)相分离。三是体现在"地主—资本家"关系中,土地所有权与经营权的分离。四是在资本家内部,借贷资本家与产业资本家之间,资本所有权与使用权相分离。针对各种分离的情形,形成了各自的产权主体与相应的财产关系形式。上述所言,马克思在《资本论》(第3卷)中进行了详细的阐明,指出了各自分离的条件、性质与特征,相关论述显见于价值创造、价值实现和价值运动总过程的研

①③ 马克思. 资本论(第3卷)[M]. 北京:人民出版社,2004.
② 马克思恩格斯文集(第8卷)[M]. 北京:人民出版社,2009.

究中。①

明确了产权主体划分的依据和表现，接下来对产权一般的"权利束"内容进行分析。产权理论发展至今，研究著述众多，但在"权利束"的内容上，尚未形成统一，正如巴泽尔在其书《产权的经济分析》前言中所说，"产权"这一概念经常令经济学家莫测高深，甚至时而不知所云。② 从对产权问题研究的内容上看，主要基于权利束中"四权"的分析，即狭义所有权（归属权）、占有权、支配权和使用权。③ 收益权不在其列的原因在于，权能与利益之间是相互依存、不可分割的，这表现在：一方面，权能是获得利益的条件与手段，是后者的前提与基础；另一方面，收益是之所以拥有权能的目的性表达，是权能实施的结果，这也是某一权能之所以是产权内容（权利束）的条件。④ 总之，收益是每一项权能的"题中之义"，不能与其他权能并列。置于具体层面上看，即阐明各自的内涵与之间的相互关系：狭义所有权（归属权）即明确某一财产归谁所有的权利界定，居于权利束的核心地位，是最根本的权利。其他三项权能由其决定，但是狭义所有权并不能取代与包含它们。在生产资料层面的狭义所有权与经营权（占有权、支配权与使用权的统称）的分离过程中，前者对应的产权主体有权决定使用该对象的其他非所有者的权利，决定着其他派生权能的内涵。不难看出，狭义所有权是财产权利束分化与重组的重要依据和基础。关于占有权，它体现在对财产的实际掌握与掌控，是对财产的实际控制权，反映了产权的基本面，因为后者表明的是最高的排他性的占有，而占有权就是这种产权的具体化。当然，占有权在权能统一或分离的状态下，分别可由所有人自己行使或由他人行使。支配权则是指权利主体对权利客体通过直接加以支配并享受其利益，同时排斥他人干涉的权利。可分为事实上的支配与法律上的支配，前者如消费、加工、改造、毁损等，后者如转让、租借等。⑤ 使用权是指依照物的属性及用途对物进行利用从而实现收益的权利。它不改变财产的本质，产权存在的目的就是要通过行使获取收益，以满足权利主体对生产和生活的基本需要。使用权当然是完整产权主体的权能之一，但也可以分离出去。进一步地，结合产权的定义（见于文献综述）、产权公式的分析和已有文献的补充⑥，

　① 蒋南平，王凯军. 人工智能产权：马克思产权思想的当代释义 [J]. 河北经贸大学学报，2021，42（4）：37-47.

　② [以] 约拉姆·巴泽尔. 产权的经济分析（第二版）[M]. 上海：格致出版社，2017.

　③ 武建奇. 马克思的产权思想 [M]. 北京：中国社会科学出版社，2008.

　④ 吴宣恭. 吴宣恭文集：产权·价值·分配 [M]. 北京：经济科学出版社，2010.

　⑤ 在民事权利中，物权是最典型的支配权，他物权、知识产权、人身权也属于支配权。

　⑥ 黄少安. 产权经济学导论 [M]. 北京：经济科学出版社，2004.

不难看出，产权具有排他性、有限性、可交易性、可分性、行为性等性质。

前述关于产权主体及权利束的一般性分析构成了理解数据产权的"钥匙"，为数据产权主体和数据权利束的分析界说奠定了基础。基于上述的分析，再回顾第二章所阐述的数据产权的概念，内涵更加明显，即它是对数据的权利，是指由数据的归属权、占有权、支配权和使用权等构成的权利束，其中，数据主体之间的经济权利关系构成数据产权的本质内容。一般认为，数据产权的主体主要包括个人、企业和政府，其客体对应为个人数据、企业数据和政府数据（包含公众数据），进而形成个人数据产权、企业数据产权和政府数据产权。进一步地，利用产权公式，具体分析前述数据产权的三种形式：

第一，对于个人数据产权，数据主体是个人，或者是用户。在数字经济的视域下，个人用户数据的生成离不开互联网及其终端设备（手机、平板、笔记本电脑等）或穿戴设备的支持。[①] 由于个人是"社会关系的总和"，是经济活动与运行的主体，其产生的数据既有生活性数据（如衣、食、住、行、游、购、娱），也有参与生产与企业交互形成的生产数据。个人作为数据的原生者，构成了企业数据以及公共数据的主要源头。个人对于网络接入而形成的社会活动轨迹数据具有产权的正当性，即个人数据权利束的"四权"属于个人是不可争辩的事实。从理论角度看，个人是数据完全的所有者。但是，从现实角度看，数据成为财产是因为数据具有使用价值，进行商用可以获利。但是对于单个人的数据来说，使用价值的对象并不是个人，而是对采集、分析与利用个人数据的（平台）企业而言的。[②] 在个人数据的占有、支配以及使用上，也几乎倒向平台企业。因此，个人的数据产权只是名义上的狭义所有权，而实行占有的权能主体是企业。造成这种产权被动分割局面的主要原因在于数据的存储与利用的技术条件为企业所占有，具有成本门槛，而个人只是"游戏的参与者"，并且在路径依赖和"蜂聚效应"的作用下，个人的生活数据和生产数据愈发集中于平台企业，促成平台的数据垄断。进而导致数据既不构成个人的生活资料，也不形成个人的生产资料，反倒成了个人尤其是劳动者的使用价值的一部分，为平台企业无偿占有与利用。从马克思主义政治经济学的视角看，就是数据从价值公式（$C+V+M$）中的可变资本部分（V）剔除出来，构成不变资本部分

---

① 根据有关数据统计，2020 年，全球 40 多亿人口迁移到互联网，Facebook 月活用户超过 25 亿。参见 2020 年 9 月阿里研究院发布的《数据生产力崛起：新动能+新治理》。

② 不可否认的是，用户从市场购置的折扣优惠券兑换码、软件授权码等数据是通过交易获得，完全为个人所有，同时，个人采集的自然数据也构成个人数据的一部分。但是可以看出，个人生成的数据构成了个人数据的绝大部分。

（C）①，它不会给劳动者带来额外收益，反倒给资本家带来额外收益。

第二，对于企业数据产权，其产权主体是企业，客体是企业数据。企业的性质与职能关键在于生产，其组织形式本质是生产的制度结构。关于企业的分类，一般是基于生产资料所有制及组合形式分为国有企业、集体企业、联营企业、股份合作制企业、私营企业、个体户、合伙企业、有限责任公司、股份有限公司等。此处不囿于企业性质的探讨，而是从企业作为经济活动的主体所拥有的数据权利角度分析其产权形态。当然企业主体的社会性质决定了其所拥有产权的特点。关于企业数据，当前存在两种划分，一种是广义层面的，主要是指企业所拥有的在网络空间以符号或者代码表现出来的有价值、可计量、可读取的电子数据集，并且这些数据集合能够为企业带来经济价值。从具体的内容上看，它既包括企业自身的财务数据、运营数据等原初数据，也包括企业经过合法收集、存储与加工、分析与利用的衍生数据。相较而言，另一种狭义层面的企业数据仅指后者，即企业尤其是平台企业对大量的用户信息进行收集存储与加工整理之后所生成的衍生数据集合。② 从现有研究企业数据产权的界说上看，两个层面都有涉及，但焦点是在狭义层面，即对"企业—个人"之间的数据权利配置进行探索。企业对自有数据（商业秘密、专利）的权利是无可厚非的，但在收集用户数据形成的衍生数据集的权利上，由于数据自身的人格权与财产权的二元性，引发了较多论争。尤其是在没有专门立法支撑的背景下，企业与个人之间的数据权利归属问题呈现"观点与学说竞艺，理论与实践逐鹿"的局面。③ 当然，关注焦点也不能忽视其他方面，企业间的数据竞争近几年来也是层出不穷，相关案例屡现报端，如菜鸟与顺丰分歧、淘宝与美景案、微博与脉脉案、Facebook 与 Power.com 案、HiQ 与 LinkedIn 案、大众点评与百度案等，如此种种，不难看出企业间的数据竞争业已公开化。④ 结合上述个人数据产权的残缺性，可以得出企业在个人数据的权利上表现为实际的占有者、受益者。除此之外，一些公共数据如自然气候、地理区位、经济活动数据（如地产）等也为企业或者研究机构所实际占有，并且设置了"访问权限"，即要付费使用。⑤

---

① 关于数据的不变资本的性质将在第五章"数据助力价值创造"小节中详细论述，此处暂且略之。

② 祝艳艳 . 大数据时代企业数据保护的困境及路径建构［J］. 征信，2020，38（12）：29-38.

③ 姚佳 . 企业数据的利用准则［J］. 清华法学，2019，13（3）：114-125.

④ 姜斯勇 . 数据产权——互联网下半场不容回避的竞争焦点［EB/OL］. 腾讯研究院，（2019-06-03）［2021-03-01］. https://tisi.org/15142.

⑤ 日常生活中的例子很多，诸如一些研究机构（中心）定期发布的发展报告、研究报告。基本的逻辑是把一些公开的数据作整合与分析，形成内部资料，并进行定价。

第三，对于政府数据产权，其主体一般分为中央政府与地方政府两级，其数据成分除了自身的政务数据，还包括各自下辖的统计局等机构掌握的国民经济数据（包含个人的、企业的）以及自然数据等。此外，还有一些涉及国家安全的数据，其由专门机构保有，不对外开放。不难看出，大部分的公共数据构成了政府数据的主要成分。因此，相比于个人与企业数据，政府数据的所有权中心化程度最弱，较多地体现为一种共同财产。①

明确了数据产权主体与各自权能，更进一步地，对数据产权的特点进行分析。作为产权的延展性概念，数据产权也具有排他性、有限性、可交易性、可分性、行为性等性质。从排他性上看，数据产权的排他性联结数据自身的排他性特点。例如，一些涉及国家安全、商业秘密的数据，具有天然的排他性优势，遭受侵权的可能性较小。再如，政府数据，由于是一种开放型数据，在排他性上具有显著的劣势。从有限性上看，产权意味着边界性，不仅体现在不同的产权之间，而且也体现在同一产权的不同权能间，在分解与分离的情况下也需要明晰界限。上述的数据产权类型之所以能划分，就体现在这种有限性的依据上。从可交易性上看，即数据产权可以转让，实现其在不同的经济主体之间的流动。可交易性对于提升数据的使用效率具有重要的促进作用。从可分性上看，就表现为数据财产权能的分割，分属不同的主体，也有助于提升数据的使用效率。从行为性上看，体现为数据产权主体在权利界区内的行为作为，并据此获得收益，两者缺一不可，共同构成了产权的行为性。即拥有数据产权不是目的，目的在于行使权利以获得收益。

以上对数据产权主体及权能分析的各方面比较全面地揭示了围绕数据所形成的财产关系，在这样的财产关系中，不难看出，企业成了关键角色。原因在于数据商用离不开企业的助力（即数据变现②），技术虽是重要方面，但企业居于核心地位。

2. 数据产权的界定

从当前我国数据产权界定的现状来看，绝大多数数据默认为互联网平台所有，进而在数据的使用上，主要是（平台）企业与政府在对数据进行大规模使用，并且在收益分配上，无论是法院判决、司法态度，还是从效率层面考察，都偏向将数据收益分配给二次开发利用数据的收集者、创造者、实际控制

---

① 2018年3月1日实行的《贵阳市政府数据共享开放实施办法》、2019年10月上海市颁布的《上海市公共数据开放暂行办法》等文件提供了重要例证。

② 大数据变现的九种商业模式 [EB/OL]. 腾讯研究院, (2015-06-12) [2021-03-01]. https://tisi. org/4063.

者——（平台）企业。① 这种默认式的占有、集中式的使用和偏向性的收益分配，其合理性何在？这其实就回到产权界定这一基本问题上，依据什么样的原则、把产权赋予谁以及赋予什么样的权能构成了产权配置的题中之义。

产权界定的目的在于定分止争，但需要明确的是，与以往传统财产——以动产和不动产为典型代表相比，数据具有物理属性上的可复制性、来源上的开放性以及蕴含多元价值之间的非竞争性等特征，这就决定了以强调静态归属和排他性效力为核心的传统产权理论，已无法直接适用于对数据归属的判断。对于数据的产权界定应立足于数据的实际特点。在界定遵循的原则上，现有的产权配置研究与实践基本立足于效率与公平的辩证法，这在一些文献中都能得到印证②，不用赘述。在怎样界定的问题上，理论上存在两类：一是对产权主体进行定位并明确权利；二是在产权主体已经明确的前提下，做进一步的产权界定。具体来说，对于第一类产权界定，包括两个层面：一是集权结构中（产权统一）的所有者权利的界定，涉及对所有者"四权"的廓清，明确其权责利的统一性和受到保护的正当性。二是分权结构中的不同产权主体的权利界定，主要是实现各权能主体之间各得其所，如企业所有权与经营权的分离，形成了股权（投资者）与法人财产权的分立。对于第二类产权界定，也存在两个层面的释义：一是体现在对外部性问题的处理上，即在产权主体明确的前提下，可以通过市场机制进行权利的让与和重组，进而解决外部性问题。该类界定详见科斯的《社会成本问题》。③ 二是体现在交易的实现层面，也是产权进一步界定的表现。交易意味着交易双方有着明确的权利界区（前提），只有相互尊重彼此的权利与意志，交易才有可能实现。只有当双方对交易条件无异议并形成交易合同时（讨价还价的过程），各自的权利由合同决定，各自的产权也得到了进一步的界定。④

回到数据产权问题上，在由数据的特性所形成的相互重叠的财产关系中，对数据的产权界定应该遵循什么样的原则？如何进行产权的界定？在上述基本逻辑上有望进一步推进。

数据产权的界定不同于一般财产"物的界定"，原因在于数据自身映射的社会关系性，这意味着数据有着明确的社会指向性，即不能完全独立于人的特点（包含人的隐私），也即伴生性。将其与人力资本产权进行比较可以更加凸显该特点。现有的研究表明，人力资本产权的特别之处在于，它只能属于个人，

① 陈永伟. 数据产权应划归平台企业还是消费者？[J]. 财经问题研究，2018（2）：7-10.
② 刘诗白. 主体产权论 [M]. 北京：经济科学出版社，1998.
③ [美] 罗纳德·H. 科斯. 企业、市场与法律 [M]. 上海：上海人民出版社，2014.
④ 程民选. 产权与市场 [M]. 成都：西南财经大学出版社，1996.

非"激励"难以调度。① 这说明人力资本具有不可分性，必须依附于人身载体，其权能行使与否直接受产权主体的控制。因此，人身载体天然具有人力资本的所有权，在市场交易过程中，能交易的只能是人力资本产权的使用权；但使用权的所有者在使用人力资本时，始终要受到人身载体的意志影响与制约。反观数据，它可以从生成者身上分离出去，独立存储与使用，但它保留了指向性。人力资本不具备外在化的条件或者动机（绑定关系），而数据既可以独立于人，同时又把关于主体的一些信息形成了外在化的"索引"。这就导致了当前热议的数据隐私权与财产权的二元矛盾问题。

已有研究存在一种偏向性，即搁置权属问题，专注于数据的开发使用，以回避矛盾的方式来解决矛盾，这实际上会造成更多的混乱。有的研究认为，在辨别数据类型的基础上，对于企业持有的去（个人）标识化，经加密、加工挖掘，具有（交换）价值与技术可行性的数据，应搁置目前有关数据产权的相关争论，而构建相应利用与分享制度。② 首先，在权属不明的条件下，如何建立利用分享制度？很可能造成"免费搭车"的情况，从而导致制度安排失效。其次，"辨别"一词也暗含了数据被分类、被界定的意思，否则如何得知某类数据是可以直接拿来使用的？前后形成一种"套套逻辑"，并没有实质性解决该问题。

当前，数据使用权的问题突出，所有权被搁置的情形凸显。虽迎合了数字经济带来的"使用权时代"，但并不意味着所有权问题可以存而不论。基本的产权常识表明，（狭义）所有权是产权的核心，其他权能由其派生并受其统驭。从矛盾论的角度看，片面关注"使用"这一次要方面而忽视"权属"这一主要方面，并不益于问题的解决。因为产权界定的第一步是把产权界定给它的所有者，而不是它的有效利用者。因此，在数据产权的界定问题上，上述理论分析具有重要的参考价值。

关于数据产权的初始界定，在效率与公平的辩证法基础上，还应考虑个人隐私。原有的产权界定依据的是占有原则确定所有权，但在数据产权问题上，本书认为更应该以生成原则或者伴随原则作为界定所有权的依据，即把数据所有权界定给数据的生成者。这是符合现实发展情况的，也是与上述理论分析相印证的。进而具体到上述数据产权的三种形式上，不难得出：个人（用户）是自生成数据完全的所有者，权利的使用获益应受到法律保护。企业对自有的数

---

① 周其仁. 市场里的企业：一个人力资本与非人力资本的特别合约 [J]. 经济研究，1996（6）：71-80.

② 姚佳. 企业数据的利用准则 [J]. 清华法学，2019，13（3）：114-125.

据具有完整权利，但对于持有的客户或用户信息数据，应受合同或条约的规定，只有有限的使用权。公众数据由于其主体具有社会化性质，根据效率原则，应由政府进行管理并制定有关规范。政府数据由于具有公共物品的性质，既包括自身政务数据，也包括国民经济的公共数据，应作开放性处理①，但对于一些涉及国家安全的数据实行最高的排他性保护。

3. 数据要素存在的"权利撞车"问题

在落实产权主体以及初始的权利配置的基础上，探讨权能的进一步配置问题，这将问题的分析引入了现实，也是对第二节开头提出的合理性问题进行分析。需要进一步指明的是，聚焦于生产要素语境下的数据要素产权，其实是一种"产权的产权"。前述数据产权归属的明晰是它进一步作为要素产权的基础，若前者不明确，存在混乱，那么数据的要素性就不能充分发挥，不能切实进入生产过程，从而按产权分配也就无从谈起。环环相扣，产权明晰是焦点。

当前在以互联网、物联网、大数据、5G 发展为主导的数字经济条件下，数据成为核心生产要素。根据事物发展的两面性，不难得出，数据既可能成为数字经济的助力器，也可能成为"拦路虎"。原因在于，对数据要素的使用来说，存在一种内在矛盾，即垄断与开放的对立。结合当前的平台经济这一基本组织形态来看，一方面，资本的逻辑主导了平台的运行逻辑，使得各类经济运行逻辑"归一"，资本的逐利性导致其总有不断强化数据垄断的倾向。与此同时，数据的生产又具有路径依赖和"蜂聚效应"，即越是个人或者用户在一个平台上使用和"贡献"数据，就越容易依附于这一平台继续使用和"贡献"数据，导致平台可以源源不断地获取数据，进而更容易形成数据垄断。另一方面，数据的价值性体现需要通过最大化的共享才能实现，即利用规模经济和网络效应才能让数据的价值密度更好地体现出来。因而，无论是生产数据还是生活数据，只有多维度的、综合性的应用才能发挥数据的价值性。② 这种内在矛盾性催生了前文揭示的那种现实的产权状况，也解释了企业为什么在当下的数据财产关系中处于主导地位。总之，数据控制与平台垄断构成了数据产权的现实格局。③

进一步地，置于数字生产关系中看，所有权被淡化（所有制淡化），使用权被突出，在生产成果的分配上，原本属于数据要素所有者的那部分收益被平

---

① 开放并不意味着免费，共享也可以有偿。

② 杨虎涛. 社会—政治范式与技术—经济范式的耦合分析——兼论数字经济时代的社会—政治范式 [J]. 经济纵横，2020（11）：1-11+136.

③ 关于平台的数据控制问题，已有专文讨论，参见韩文龙，王凯军. 平台经济中数据控制与垄断问题的政治经济学分析 [J]. 当代经济研究，2021（7）：5-15+2+113.

台企业（资本家）无偿占有。在路径依赖和"蜂聚效应"的促动下，数据参与生产所带来的利得便源源不断流入企业，企业间的数据竞争不乏此缘由。并且，在这样一种格局下，（数字）劳工的去技能化问题、过度劳动问题、收入分配问题、社会权益保障问题随之产生。理论上的参照折射进现实的财产关系，不难看出，数据财产关系已经出现了"错位"，使用权占主导的情形十分明显。问题的具体展开将置于后文的治理分析中，此处暂且略之。

数据要素作为中国特色社会主义政治经济学的重要概念，对其产权问题的研究具有重要的理论意义与现实意义，构成了中国特色社会主义产权理论的一个重要部分。上述财产关系分析只是数据产权分析的一个方面，接下来，对数据产权涉及的法权关系进行分析。

二、数据产权的法权关系

经济关系决定法权关系是马克思产权思想的重要论点，也是唯物史观的重要内容。经济关系是内容，法权关系是形式。产权如果没有经济体现，而仅仅停留在法律归属层面，那是毫无意义的。因此，在明确数据产权的经济体现的基础上，探讨数据的法权关系才有实际的意义或现实性。

需要明确的是，文献研究提及的数据权利其实包括两个层面的内容：一是数据人格权，二是数据财产权。并且法权关系不仅体现在财产权上，更体现在人格权上，这是比较容易忽视的地方。已有的关于数据权利图谱的探讨，其基本内容就包括了上述两大类[1]，数据人格权主要包括知情同意权、数据修改权以及数据被遗忘权。数据财产权包括数据的归属权、采集权、占有权、使用权以及支配权（收益权是各权能的应有之义）。有观点认为，个人信息与数据的法律属性并不相同，个人信息的法律属性是人格利益，具有不可转让性，而数据的法律属性则是财产利益。[2] 该观点是从现有法律属性的角度将个人信息与数据分开，但这存在一个前提，就是个人信息与数据能够截然分开。前文概念阐释表明，数据是形式，信息是内容。这样的一种割裂式分析，显然不利于问题的解决。

1. 法权关系的马克思产权思想释义

正如第三章的历史分析所指出的，物要成为财产，关键在于占有，在于人

---

① 完整的数据权既包括数据权利又包括数据权力，且后者以数据主权为代表，相关的问题可以"棱镜门"事件为例。此外，数据人格权与隐私权并不等同，后者是前者的内容之一。参见肖冬梅，文禹衡.数据权谱系论纲 [J].湘潭大学学报（哲学社会科学版），2015, 39 (6)：69-75.

② 姬蕾蕾.数据权的民法保护研究 [D].重庆：西南政法大学，2019.

和物之间客观存在一种占有关系。① 也就是说，占有构成了财产关系的核心内容。相应地，对占有的合法化过程形成了对应的法权关系。在论及私有财产时，马克思指出，只是由于社会赋予实际占有以法律的规定，实际占有才具有合法占有的性质，才具有私有财产的性质。② 不难看出，对于法权关系的探讨，在马克思产权思想中是居于次要地位的。在对资本主义私人财产权制度的分析中，马克思运用唯物史观深刻透析了其财产关系的进步性与矛盾性，揭露其财产权制度的核心实质是资本对劳动的强权，而分配的不公正是源于财产权占有的不平等，而这种不平等以法的形式得以固化与强制承认，从而使得没有财产（权）的工人成为被剥削的对象，没有参与生产剩余分配的权利和市场的自主选择权，而经济危机的爆发恰是在生产关系决定分配关系这一逻辑中（资本主义生产与销售的矛盾）中不断蓄力，社会财产结构的失衡只是应有之义。③

财产的法权关系必须建立在财产关系基础之上，这没有问题，而且也是一种正常客观的逻辑。但是应明确，法权关系只是财产关系的必要而非充分条件。前者囊括法律所认可的经济产权内容，其他则处于一种"非法"的状态。这里的"非法"包括两个层次的含义：一是指法律规定的不合法，即违反法律的禁止性规定；二是指法律没有规定，即法外范畴。在第一个层面，可以看出法权关系与财产关系具有对应性；而在第二个层面，显然没有"交集"。因此，讨论财产的法权关系涉及的法律问题也需包括两个方面④，从而使问题的分析具有完整性。

进一步地，法权关系对财产关系的这种必要不充分性意味着，不能仅通过变革法律制度来调顺财产关系，因为决定财产关系的是实际的占有，即所有制层面，是所有制决定所有权。总之，应当明确的是名义的规定未必决定实际的（非）生产性的行为。

2. 产权侵害的成因与类型

不可否认，财产权的权能与特性的发挥离不开法的支撑。法律的功能正在于确保静态权利归属和动态交易的安全。⑤ 产权制度作为财产的法权工具，是所有制关系的法权化。科学合理的产权制度，对于巩固和规范市场经济中财产

---

① 马克思恩格斯全集（第30卷）[M]. 北京：人民出版社，1995.

② 马克思恩格斯全集（第3卷）[M]. 北京：人民出版社，2002.

③ 刘灿. 私人财产权制度与资本主义市场经济——基于马克思财产权思想的理论解析 [J]. 河北经贸大学学报，2016，37（3）：10-22.

④ 后文分析的数据产权的公共领域问题就涵盖了上述的两个方面。

⑤ 石丹. 大数据时代数据权属及其保护路径研究 [J]. 西安交通大学学报（社会科学版），2018，38（3）：78-85.

关系、约束人的经济行为、维护市场经济秩序以及保证市场顺利运行等方面具有重要的支撑作用。然而，现实的经济环境并不是"无摩擦"的。"权利摩擦"导致的产权侵害问题不容忽视。

产权侵害是利益矛盾冲突的结果，表现为利益受损与利益攫取并存，客观上的法律产权与经济产权的不一致为产权侵害提供了可能。因此，需要深入分析产权侵害产生的原因、类型与内在逻辑，从而为下文分析数据产权侵害问题奠定理论基础。

从产权侵害的成因看，主要有三个代表性观点：第一，产权管制论（Regulations on Property Rights）。施蒂格勒（George Joseph Stigler）指出，管制起源于利益集团通过寻租游说政府实施产业进出管制政策，从而获得垄断地位及租金。因此，管制的结果是效率低下和非生产性活动增加。可见，管制只是利益集团为了增进其私人利益所寻求的，而非为公共利益服务。① 张五常最早提出产权管制的理论命题，认为产权管制将带来租值耗散。② 配杰威齐认为，政府通过对所有者选择用其财产做什么的权利或对其以共同商定的价格将之转让给他人的权利进行干涉而削弱了产权。因为对产权的排他性所做的大多数管制会缩小交易的范围；对产权的可转让性所做的大多数管制排除了作为谁得到什么这一问题的解决手段的价格竞争。③ 奥尔森从集体行动经济学理论出发，认为一个政府如果有足够的权力去创造和保护私有产权并去强制执行契约，而且受到约束不去剥夺这些个人权利，那么这样的政府就是"强化市场型"的。换言之，一个国家经济的繁荣与否均取决于该国政府行为，尤其是没有产权夺取的行为，即不存在产权管制问题。④ 第二，产权残缺论（The Truncation of Ownership）。德姆塞茨认为，权利之所以常常会变得残缺，是因为一些代理者（如国家）获得了允许其他人改变所有制安排的权利。所有权的残缺可以被理解为是对那些用来确定"完整的"所有制的权利束中的一些私有权的删除。⑤ 权能是否完整，主要可以从所有者对它具有的排他性和可转让性来衡量。如果权利所有者对他所拥有的权利有排他的使用权、收入的独享权和自由的转让权，就称他所拥有的产权是完整的。如果这些方面的权能受到限制或禁止，就称为产权的残缺。

① Stigler G. The Theory of Economic Regulation [J]. The Bell Journal of Economics and Management Science, 1971, 2 (2)：13-21.

② Cheung S. A Theory of Price Control [J]. Journal of Law and Economics, 1974, 117 (1)：53-71.

③ [南] 斯韦托扎尔·配杰威齐. 产权经济学——一种关于比较体制的理论 [M]. 北京：经济科学出版社, 1999.

④ [美] 曼瑟尔·奥尔森. 集体行动的逻辑 [M]. 上海：格致出版社, 上海人民出版社, 2014.

⑤ [美] 罗纳德·H. 科斯. 财产权利与制度变迁 产权学派与新制度学派译文集 [C]. 上海：格致出版社, 2014.

第三，产权稀释论（Attenuation of Rights）。巴泽尔认为，在任何社会制度下，任何公民都会享有一定程度和范围的个人私有财产权利；但每个人的私有财产权利又会受到限制和约束，对产权施加约束就是产权稀释。产权稀释将减少个人财产的价值，同时也会将个人享有的一些私人财产权利（如使用权、收益权、转让权等）置于公共领域，而对所有置于公共领域中的这部分产权的有效组织管理是避免"公地悲剧"和寻租行为的关键。①

从产权侵害的类型上看，上述观点的共性在于揭示了产权的不完整性，涉及外部性问题、共同财产问题、公共领域问题、租值耗散问题，对产权侵害的产生都有一定的解释力。本书认为，上述观点除了具有解释力外，其实还暗含了两类不同的产权侵害形式：产权管制论与产权残缺论揭示了"权力对权利挤压"式的产权侵害（纵向），所遵循的机制是：管制（约束）—寻租产权—租金；产权稀释论更多地揭示了"权利与权利撞车"式的产权侵害（横向），所遵循的机制是：权利碰撞—公共领域—财产攫取。

由此反观现有的研究，可以得到：在"权力对权利挤压"式产权侵害的研究上，农地产权侵害问题最具代表性。② 在对"权利与权利撞车"式产权侵害的研究上，代表性的研究主要是知识产权③与环境产权④的侵害与保护的研究。除了上述两类典型的产权侵害的研究外，公民财产权的侵害与保护问题⑤也不容忽视，其与上述两种类型的侵害具有交叉性，这体现在宏观层面国家（行政、司法等）对公民财产权的侵害（限制于干涉）研究和微观层面对公民财产权自身的界限、权利结构与内在矛盾、重要性以及相应的义务履行的研究。此外，"微权"侵害问题的普遍性也不容忽视。⑥

产权侵害是产权保护面临的总问题。问题的现实性（普遍性）与治理的紧迫性要求建立健全产权保护制度。党的十八大以来，国家保护产权的力度明显加强。《中共中央关于全面深化改革若干重大问题的决定》将完善产权保护制度作为坚持和完善基本经济制度的重要内容。《中共中央　国务院关于完善产权

① ［以］约拉姆·巴泽尔. 产权的经济分析（第二版）［M］. 上海：格致出版社，2017.

② 刘守英. 中国农地制度的合约结构与产权残缺［J］. 中国农村经济，1993（2）：31-36；钱忠好. 农村土地承包经营权产权残缺与市场流转困境：理论与政策分析［J］. 管理世界，2002（6）：35-45+154-155.

③ 尹志锋，邓仪友. 中国企业的专利侵权特征及维权策略研究［J］. 经济管理，2018，40（3）：5-21.

④ 吕永庆，谷继建. 新制度经济学视角下的我国环境产权治理［J］. 经济研究导刊，2008（7）：6-7.

⑤ 刘灿. 我国转型期财产权结构及其矛盾的政治经济学分析［J］. 政治经济学评论，2015，6（3）：104-119.

⑥ 程民选，徐灿琳，邓朝春. 自利倾向嬗变与公民财产权侵害：对一个典型案例的经济学分析［J］. 改革，2018（10）：111-119.

保护制度依法保护产权的意见》对完善产权保护制度、推进产权保护法治化进行了全面部署。党的十九大报告明确指出，经济体制改革必须以完善产权制度和要素市场化配置为重点，保护人民人身权、财产权、人格权。不难看出，为了保护产权，国家已然陆续出台了保护公民财产权、打击侵害财产权行为的一系列措施，这对于数据产权的保护也是一个利好消息。

3. 数据产权侵害与数据产权公共领域

从上述对于产权侵害的一般性分析中不难看出，现有的数据产权侵害问题更多地体现为第二种类型，即"权利与权利撞车"式的产权侵害（横向），面临的总问题是数据产权"公共领域"的价值攫取问题。① 不可否认，数据产权与公民财产权具有耦合关系，相应的产权侵害问题也应具有交叉性，但是在数字经济（尤以平台经济为显）发展的大趋势下，横向的价值攫取更加凸显。接下来，本节将在回顾现有产权公共领域思想的基础上，以马克思产权制度变迁理论对其重新释义，以实现对产权公共领域问题的深刻认识，从而实现对数据产权侵害问题（法权关系）的政治经济学分析。

首先，对于产权的"公共领域"，可从两个方面进行把握：一是从基本内涵上看，它是巴泽尔产权模型的重要组成部分，基于产权不完全界定的现实性——交易成本为正，巴泽尔发展了传统意义上公共领域的内涵——倾向于文化、政治意义方面的概念，提出产权的公共领域，它由产权未被界定清楚的资产属性或者未被明确定价的资产属性构成。在这里，属性是构成公共领域的基本单位，属性的"变动"直接影响公共领域的"范围"。二是从基本内容上看，主要包括五个方面：①产权公共领域的成因。由于发现资产的各种有用属性和潜在有用属性的信息是有成本的，即交易成本不为零，所以关于某项资产的经济权利与法律权利在实际上并不等同，法权关系对财产关系只是必要不充分条件。不仅如此，两个层面产权界定的"中间状态"使得所有权被分割，某些有价值的属性只能暂时被放入公共领域。巴泽尔将公共领域中存在可被攫取的资产的价值称为"租"。公共领域的存在，将导致人们的寻租行为。②产权公共领域的类型。基于巴泽尔产权的二分法，经济产权与法律产权下分别形成产权公共领域Ⅰ和产权公共领域Ⅱ。巴泽尔的"产权稀释论"与德姆塞茨的"产权残缺论"代表两类产权公共领域的问题：对于第一种形态的产权公共领域，主要存在于平等交易双方之间，是由于对某项资产（商品和服务）的价值属性（现实的抑或潜在的）未能明确界定，进而排他性不完全，从而形成的公共领

① 前文提及的经典产权观点，诸如"产权稀释论""产权残缺论""产权管制论"等其实都存在产权公共领域的问题。

域。在该情形下，只要排他性的成本大于权利界定后的收益，则公共领域便一直存在，反之将逐步缩小，但不会消解。不难发现，在技术进步的条件下，获取资产价值属性的信息成本有下降的趋势，公共领域中的资产价值属性有被进一步界定的可能性。对于第二种类型的产权公共领域，更多地凸显国家（或政府）通过"权力对权利的挤压"，导致完整的权利束中有一部分被删除，从而形成体现国家利益的"权利空间"，农地产权问题具有一定的代表性。当然，农地的还权赋能从反面也说明了该类产权公共领域消解的可能性。③进行价值攫取的主体类型与攫取合法性与否的问题。在上述两类产权公共领域问题中，不难看出，价值攫取涉及的主体不仅包括个人、企业组织、社会，甚至包括国家。在价值攫取合法与否的问题上，合法攫取的特点在产权公共领域Ⅱ中表现明显，非法性的价值攫取在产权公共领域Ⅰ中比较突出。由于"非法"包含两个层面的含义，即违反法律的禁止性规定和法律没有规定（法外范畴），从而该类型的产权公共领域价值攫取隐匿化的问题相对突出。④产权公共领域对主体行为的影响。产权公共领域的变动既受到外在因素的影响，更与主体的攫取行为相关。面临的总问题是经济主体对"非专有收益"的攫取。巴泽尔分析认为，这是在浪费（租值耗散）最小化的原则下进行价值攫取。"花费资源获取非排他性收入"构成了浪费的内核。其最小化体现在，公共领域中资产价值属性所存在的可调整的边际空间构成了浪费的约束条件。可调整空间的存在，使得在利益最大化引导下的理性经济人不断进行边际调整，直到不存在"可以避免的浪费"。因此，巴泽尔语境下的浪费其实是由对新约束的调整所致。不过需要指出的是，由于主体对资产价值属性评价不同——涉及损益的比较与约束，如时空层面的便利性、技术层面的可获得性等，公共领域中的资产价值属性常处于变化状态，价值攫取所出现的"均衡状态"是短暂的、不稳定的，这也表明产权公共领域具有动态性而非静态性，对于两类产权公共领域而言，皆有该特点。⑤产权公共领域问题所引致的制度变迁，即产权制度的进一步发展与完善。这主要是对产权公共领域中的资产价值属性进行界定，明确收益归属。将公共领域中的部分变成私人领域，疏解租值耗散。巴泽尔分析认为，对所有者运用其所有权的方式进行限制，能够实现与权利价值最大化的调和。①

其次，对应前述内容的五个方面，从马克思产权制度变迁理论的角度看：①在产权公共领域的成因上，巴泽尔的观点更多的是强调一种"技术性"难题，产权界定的中间状态是客观现实（交易成本不为零）；马克思阐发了另一种观点，即产权公共领域的背后是一种"制度性"难题。由于产权本质上是一

---

① ［以］约拉姆·巴泽尔. 产权的经济分析（第二版）［M］. 上海：格致出版社，2017.

种经济关系，尤以劳资关系为显，产权公共领域的形成是由于工人劳动成果的一部分"自觉或不自觉"地被资本家利用制度条件有意识地放到了公共领域，而无法归到工人自身，而这制度条件就是资本主义生产资料私有制与雇佣劳动制。马克思的工资理论就提供了一个例证：工人的工资只对应于"V"（可变资本）的部分，而剩余价值"M"这一更大的价值被资本家攫取了。剩余价值在实际上构成了产权公共领域的内容。进一步看，马克思论述的两种剩余价值的生产方式其实是资本家在努力拓展这种产权的公共领域，以便从中获取更大的价值。②在产权公共领域的类型上，马克思产权思想在产权公共领域 I 侧重于表达，资本家基于"商品所有权规律"，在流通领域买到了一种特殊的商品，即劳动力，它的使用不仅能够创造出价值，而且能够创造出比它自身价值更大的价值。这一"余额"正是构成潜在产权公共领域的重要基础。需要指明的是，该语境下的产权公共领域 I 的形成不仅是一种技术性问题，也是一种制度性问题，因为劳动力成为商品，是因为其"自由"得一无所有，"平等交易"掩盖了交易前提的不平等——工人缺乏其他的生产资料。对于产权公共领域 II，前述的"权利空间"，此时是由以资本家为代表的资产阶级（国家）所主导，形成了以攫取剩余价值为目的的制度性产权公共领域。从而这两类产权公共领域的消解更多地应从制度性层面着手，而非单纯地依靠技术进步。③在价值攫取的主体类型（关系）与攫取合法性的问题上，对于前者，不仅存在资本家与工人之间是攫取者与被攫取者的关系，而且也存在资本家内部的攫取与被攫取的关系（剩余价值的争夺），不仅存在一国之内的价值攫取，也有资产阶级国家在世界市场的逐鹿。对于后者，其攫取合法性体现在，由于资本主义私人财产制度的深刻矛盾是财产占有分布上的不均和由此带来的阶级分化与利益失衡①，为维护资产阶级的利益，资产阶级法权关系将这种劳资产权的不平等进行了"合法化"，使其符合资产阶级的利益诉求，为"资本强权"提供合理性。④在产权公共领域对主体行为的影响问题上，在剩余价值规律的作用下，一方面，剩余价值这一"专有收益"在少数资本家群体中积累；另一方面，贫困在大部分工人群体中积累。整个社会阶级矛盾将日益激化，产权革命不可避免。再者对应于前述的产权制度的进一步发展与完善，产权革命带来的制度变迁，不仅是某一项制度安排的变革，而且是对生产关系的根本变革，即由生产资料私有制转变为生产资料公有制，才可能在根本上实现对工人或劳动者产权的真正保护。

---

① 刘灿. 私人财产权制度与资本主义市场经济——基于马克思财产权思想的理论解析 [J]. 河北经贸大学学报，2016，37（3）：10-22.

总之，在产权公共领域的问题上，技术性难题只是表层现象，制度性难题才是根源所在。由于数据自身映射的社会关系的博杂性使其价值属性多元，为公共领域的形成提供了现实基础。人作为数据之源，在万物互联的数字化实践下，衣、食、住、行、游、购、娱所生成的数据，商用价值已然凸显，然而关于数据利用的制度安排如知识产权制度、法律条文等尚未形成，由此导致数据的一些价值属性（可链接性、易复制性、积累性等）甚至数据本身被置于公共领域当中，平台以及平台的参与者都有攫取价值的动机。映射到当前的数据产权侵害的问题上，正是由于数据产权公共领域的存在，个人层面面临的问题有：个人数据被一些 App[①] 或者数字平台企业"无节制"地收集利用，个人的征信数据被一些机构掌握，甚至一些数据化的劳动成果被其他经济主体无偿占有；企业层面面临的问题有：大资本平台企业通过数据优势攫取相关智力成果，实现对小平台的兼并或收购，以高覆盖性的竞争形式获得超级垄断地位；社会层面面临的问题表现在：平台资本与劳动者群体之间的价值攫取问题。在平台经济的助力下，尤其是平台的资本主义应用下，传统的劳资关系、劳动过程发生了改变，前者表现为劳资关系由紧密雇佣型向松散雇佣型转变，即去劳动关系化；后者主要体现在传统劳动过程向数字劳动过程的转变和平台资本对劳动过程的数据控制。不难看出，形式虽然发生了变化，凸显了时代性，但这只是剩余价值规律朝数字化平台化扩展的结果，并未改变资本逐利的本质。平台资本对劳动者的价值攫取，本质上仍是资本对无偿智力劳动（成果）的占有，是剩余价值规律运动的结果，这其中数据的重要性愈发凸显。国家层面面临的问题有：数据的跨境流动对数据主权[②]、国家安全的影响（如对"滴滴出行"的网络安全审查[③]），甚至是数字霸权[④]的问题，导致了"数据富国"对"数据穷国"的价值攫取。[⑤]

---

①　App 专项治理工作组．百款常用 App 申请收集使用个人信息权限情况 [EB/OL]．(2019-05-24) [2021-10-02]．http：//www.cac.gov.cn/2019-05/24/c_1124538535.htm.

②　数据主权是指一个国家对本国数据进行管理和利用的独立自主性，不受他国干涉和侵扰的自由权，包括所有权与管辖权两个方面。参见徐晋．大数据经济学 [M]．上海：上海交通大学出版社，2014.

③　国家互联网信息办公室．关于下架"滴滴企业版"等 25 款 App 的通报 [EB/OL]．(2021-07-09) [2021-10-02]．http：//www.cac.gov.cn/2021-07/09/c_1627415870012872.htm.

④　刘皓琰．数据霸权与数字帝国主义的新型掠夺 [J]．当代经济研究，2021 (2)：25-32.

⑤　张涛甫．澳媒体议价法案值得关注和深思 [EB/OL]．环球网，(2021-02-24) [2021-04-26]．https：//3w.huanqiu.com/a/de583b/423PmC96mjZ？agt=11.

数据要素的产权分析与治理机制

结合前述关于数据要素的财产关系分析与本部分的法权关系分析①，"权利撞车问题"与数据产权公共领域的存在，使得数据要素的发展存在两个方面的错位。也正是在这种不平衡、不充分的情况下，一些独角兽企业得以迅速崛起，"数据富国"得以实现数字霸权。为规范数据权利，充分发挥数据的要素性质，各国也采取了一些举措，有关内容见下一小节。

4. 国内外的数据权利法案回顾

数据权利立法旨在缩减甚至消除数据产权的公共领域问题，从而减少数据产权侵害的行为。在当前数字经济上升为国际竞争焦点的背景下，数据成为国家重要的竞争要素和战略资源，多数欧美发达国家已经相继出台了对于大数据的战略规划和相关的配套法规。此处以美国、欧盟数据战略为例作概述：美国作为头号的科技经济强国，历来十分重视信息网络安全，从 2009 年建立全球第一个统一全面开放的政府公共数据平台——Date. Gov 以来，相继出台了《大数据研究和发展计划》(2012 年 3 月 29 日正式对外发布)、《电邮隐私法案》(2017 年 2 月 6 日，美国国会众议院全票一致通过)②、《开放政府数据法案》（*Open，Public，Electronic，and Necessary Government Data Act or the Open Government Data Act*，2018 年 12 月 21 日通过)、《澄清境外数据的合法使用法案》（*Clarifying Lawful Overseas Use of Data Act*，CLOUD）、《美国数据传播法案（提案）》（2019 年)③、《2019 美国国家安全与个人数据保护法案》、《加州消费者隐私法案》(*California Consumer Privacy Act*，CCPA，2020 年 1 月 1 日生效)④，以及最近美国众议员提出的《信息隐私和数据透明法案》，拟将州隐私法律和提案引入数据隐私的国家标准。⑤ 美国数据战略与法案的制定，一方面基于自身雄厚的数字产业基础的现实，另一方面是应对全球金融危机后传统产业升级与全球竞争力重塑的需要。

---

① 从一般性的法学分析视角看，数据的法权关系一般包括主体、客体和内容三个方面。而本小节对于数据要素的法权分析侧重于经济学的视角，即以产权公共领域的角度进行概括。对于前述内容的展开将置于后文第七至第八章的分析中。

② 《电邮隐私法案》要求执法人员必须先向法院申请搜查令，才能调阅公民存储在网上的电子邮件或数字文档。美国现行法律规定，执法人员和政府机构有权直接获得公民在 180 天之前存储在电邮服务器上的消息或者云平台上的资料。参见保护公民互联网隐私刻不容缓：美国众议院再次全票通过法案 [EB/OL]. 搜狐网，(2017-02-08) [2021-04-26]. https：//www. sohu. com/a/125792047_115207.

③ 《美国数据传播法案（提案）》旨在通过立法规定科技行业如何使用用户的数据 [EB/OL]. 搜狐网，(2019-01-17) [2021-04-26]. https：//www. sohu. com/a/289543225_99956743.

④ 加州消费者隐私法案（CCPA）的背景与要点 [EB/OL]. 搜狐网，(2019-11-30) [2021-04-26]. https：//www. sohu. com/a/357463753_284463.

⑤ 美国众议员提出《信息隐私和数据透明法案》 [EB/OL]. 搜狐网，(2021-03-12) [2021-04-26]. https：//www. sohu. com/a/455446751_120319119.

从欧盟的数据战略轨迹来看，自1981年颁布世界上首部涉及个人数据保护的国际公约《有关个人数据自动化处理之个人保护公约》以来，相继于1995年颁布《个人数据保护指令》（*Data Protection Directive*，DPD），2002年颁布《隐私与电子通信指令》（*Privacy and Electronic Communications Directive*，PECD），2003年发布《公共部门的信息再利用指令》（*The Directive on the Re-use of Public Sector Information*，DPSI），在2016年通过并在2018年5月25日正式实施的、用以取代《个人数据保护指令》的《通用数据保护条例》（*General Data Protection Regulation*，GDPR)①，以及2020年出台的《塑造欧洲的数字未来》《欧洲数据战略》等法规和行动计划。通过构建相应的数据权利法律体系，确保自身在网络科技安全与数据发展应用领域的竞争优势与领先地位。

不难看出，欧美国家在数据发展战略与权利保护等方面起步早、发展快，为我国的数据权利立法提供了有益参照。从目前我国的数据安全法律体系来看，主要形成以《中华人民共和国国家安全法》为核心，以《中华人民共和国网络安全法》和《中华人民共和国数据安全法（草案）》为两翼的体系。此外，还有《中华人民共和国个人信息保护法（草案）》②《中华人民共和国民法典·人格权编》和各地公共数据开放法规等③，这表明我国正在加紧制定关于数据权利的法律体系，以迎合数字经济发展带来的挑战，积极推动数据安全与数据利用的协调并进。

进一步分析，上述的数据权利法案，不仅针对国内，更是针对国外，即数据的跨境流动。但是，美国与欧盟在该问题上具有明显不同的政策取向，相关的实践表明，美国虽主张"跨境数据自由流动"，但实际上它是数据的"净流入国"，原因在于：美国具有显著的数字竞争优势，为了获得商业利益，必然极力推动数字服务贸易发展，如上述的CLOUD法案，就是试图打消其他国家采取数据本地化存储的想法来获得更多商业利益。然而，当数据外流时，美国又设置了诸多约束机制，如外资安全审查机制要求国外网络运营商将通信数据、交易数据、用户信息等仅存储在美国境内，通信基础设施也必须位于美国境内，并且依据《出口管理条例》和《国际军火交易条例》分别对非军用和军用的相关技术数据进行出口许可管理。④而欧盟主要对个人数据保护十分重视，在跨境数据的问题上，主要是寻求数据流动和数据保护的平衡。前述的《通用数据

①　王融. 数据要素［M］. 北京：电子工业出版社，2020.

②　《中华人民共和国个人信息保护法》于2021年11月1日起施行.

③　李纪珍，钟宏. 数据要素领导干部读本［M］. 北京：国家行政学院出版社，2021.

④　美国是如何进行网络安全审查的［EB/OL］. 新华网，（2014-05-22）［2021-10-02］. http：// www.xinhuanet.com/world/2014-05/22/c_1110810913.htm.

保护条例》建立起了严格的个人数据保护体系，但是这又给数字经济的发展带来制约，因而提出《欧洲数据战略》，试图打造"单一数据市场"，以促进欧盟域内和各行业之间的数据共享与使用，从而释放数据价值。不难看出，欧盟的政策主张具有明显的"外严内松"的特点。[①] 上述两种模式或将为我国的跨境数据流动提供实践参照，对于该问题的研究将置于后文治理分析与数据市场构建的问题中具体展开。

三、数据要素产权与数字经济

大数据、云计算、5G 和人工智能等新一代信息技术的迅速发展，催生了数字经济的新四化，即朝向产业数字化、数字产业化、治理数智化和数据价值化四个方向发展。[②] 不难看出，无论哪一个方面，都离不开数据的助力。数字经济的背后其实是数据经济[③]，是数据在发挥重要作用。数字经济正是依托数据要素，成为了经济增长的新动力，这也构成了数据要素的现实指向。具体表现在：

1. 数字经济是一种"直接经济"

继农业经济、工业经济之后，数字经济逐渐成为一种新的经济社会发展形态。根据已有的定义，它是指以使用数字化的知识和信息作为关键生产要素、以现代信息网络作为重要载体、以信息通信技术的有效使用作为效率提升和经济结构优化的重要推动力的一系列经济活动[④]，具有创新性、跨界性、虚拟性和平台性等特征。与工业经济相比，上述的特性助力数字经济成为一种"直接经济"，从而不同于前者"迂回经济"的特点。一般来说，直接经济体现在直接生产消费资料，而迂回经济主要体现在迂回生产上[⑤]，即先生产生产资料，再利用生产出来的生产资料去生产消费品。具体到生产方式的角度，工业社会生产方式的本质特征就在于迂回生产，通过拉长生产与消费两者间的链条（涉及增加流通环节），使得产品不断增值，从而取得价值回报，而数字生产方式的本质特点在于缩短生产和消费之间的中间环节，通过直接快速贴近目标获取价值。数字经济把工业经济所看重的中间环节挤到了价值表的边缘，把"两点之

① 王金照，李广乾，等. 跨境数据流动——战略与政策 [M]. 北京：中国发展出版社，2020.
② 李纪珍，钟宏. 数据要素领导干部读本 [M]. 北京：国家行政学院出版社，2021.
③ 狭义层面的数据经济是指以数据的生产、加工、交易为主要对象的经济活动总和，而在广义层面是指以数据为基础的经济活动总和。
④ 定义来自 2016 年 9 月 G20 杭州峰会发布的《二十国集团数字经济发展与合作倡议》。
⑤ [奥] 庞巴维克. 资本实证论 [M]. 北京：商务印书馆，1964；阿林·杨格，贾根良. 报酬递增与经济进步 [J]. 经济社会体制比较，1996 (2)：52-57.

间直线最短"的数学公理转化为商业理念。这在传统商务（产消两者之间还存在第三者，即商场）与电子商务（产消两者直接联系）的比较中尤为凸显。与此同时，这也对只有拉长迂回路径、增加中间环节，才能提高附加值的传统生产理论提出了挑战。因为在数据生产力下，直接的数据（信息、知识）交流替代了迂回的物耗（时空的占用、产消者间的隔阂），价值增值路径恰在于中间链条的缩短。① 以往的劳动分工理论、产权理论也都将面临新的挑战与变革。② 在直接经济的逻辑下，一些大型独角兽企业的迅速崛起或将得到一定程度的解释。此外，在该逻辑视角下，也能在一定程度上解释产业数字化的内在动力。

2. 数据商品构成数字经济的财富元素

前文的概念辨析中指明了数据产品与数据商品的区别，阐明了后者是凝结着一般人类劳动，能够满足数字经济（大数据发展）条件下人们使用与交换的数据产品，并且这种转化离不开现代数字技术的开发、分析与应用。③ 进一步明确的是，数据商品化的实现离不开平台经济的发展，从其商品化的过程来看④：第一步需要占有和提取数据，尤其是"平台—用户"的交互性数据；第二步是通过数字劳动对数据进行加工，形成新的使用价值和交换价值，后者如数据工程师通过技术分析，提取有价值的信息或决策；第三步是将形成商品的数据置于市场中进行交换，满足需要。无论是数据生成还是数据交换，都离不开平台。⑤ 数据商品逐渐构成数字经济的财富元素，无论是从资源还是从要素的意义上，占有数据在某种程度上说就是占有财富。平台垄断问题的出现得益于平台的双边市场的经济效应优势，更得益于对数据的占有，基于数据控制可以实现对价值运动的全过程控制，这将在后文作具体阐述。只不过这种垄断形式不同于传统的市场垄断，其成功的关键在于用户的参与而非所有权，支配性地位的取得是所有人广泛参与的结果，而非平台企业对所有权、控制权的狭隘管控的结果。用户参与为平台提供了源源不断的数据，数据财富的平台化集中

---

① 姜奇平. 数字财富 [M]. 北京：海洋出版社，1999.

② 相较于以动产和不动产为代表的传统财产，数据在物理属性上的可复制性、数据来源的开放性以及蕴含多元价值之间的非竞争性等特征，决定了以强调静态归属和排他性效力为核心的传统产权理论已无法直接适用于对数据价值归属的判断。参见李纪珍，钟宏. 数据要素领导干部读本 [M]. 北京：国家行政学院出版社，2021.

③ 吴欢，卢黎歌. 数字劳动、数字商品价值及其价格形成机制——大数据社会条件下马克思劳动价值论的再解释 [J]. 东北大学学报（社会科学版），2018，20（3）：310-316.

④ 曲佳宝. 数据商品与平台经济中的资本积累 [J]. 财经科学，2020（9）：40-49.

⑤ 现有的关于平台经济的研究众多，足以形成一个相对完整的"平台经济学"，本书所指的平台经济侧重于线上的互联网平台，从本书数据的角度看待其产生的必然性在于，数据这一多维的因素（社会关系性）需要一个承载多维的物质基础，而平台正是其所求。参见徐晋. 平台经济学——平台竞争的理论与实践 [M]. 上海：上海交通大学出版社，2007.

构成了平台垄断的基础，但由于用户的多栖行为，也导致这种数据财富具有流动性，因而平台垄断具有内在的不稳定性，或将出现"成也用户，败也用户"的局面。

3. 数据市场的二重性：价值实现与新的均衡条件

从市场化的角度来看待数据市场，其作为新兴（要素）市场，与其他（要素）市场相比，共性问题体现在要素资源错配、配置效率较低和供需结构不匹配等方面①，特性问题体现在数据（市场）还作为新的均衡条件出现。前者主要与数据商品的价值实现相联系：从数据商品的用途上看，既有作为商品的商品，也有作为要素的商品，但都是为了满足最终的消费（生产性消费与个人消费），然而，为了达到这"最后一公里"，需要数据市场的助力。市场交易既是商品和服务的交易，也是产权的交易。交易达成离不开市场的调节。从一般的角度看，商品的价值实现外在地表现为供求平衡，内在的生产商品的个人劳动成功地转化为社会劳动并得到认可。对于数据要素商品也同样如此。然而，数据市场的"新兴"意味着相关的市场架构、体系仍处于一种未完善的状态，数据并没有实现自由流动，资源错配、效率不高的问题比较突出，如"数据孤岛"或者拥有关键数据但没有执行能力的问题。供求失衡更是成为导致数据商品价值难以实现的主要表征。②

后者主要从整个社会经济均衡的角度看，数据市场作为要素市场的同时，也构成了数字经济的均衡条件。费雪方程式"PQ＝MV"（等式左边表示的是商品市场上的价格与数量，等式右边表示的是货币市场上的货币量与货币流通速度）描绘了工业社会中国民经济的均衡，但在现实情况中，这一等式的成立并不必然意味着经济的均衡，从而后续的学者又对该公式进行了多方修正。③ 此处要阐明的要点在于，数据（有价值的信息）对于新的平衡实现的重要作用——大数据与数据处理技术的发展，有效缓解了信息不对称的问题，对整个国民经济都具有整体调节作用。这有可能解释传统的均衡条件为何不能带来实质的均衡，其原因就在于数据（信息）市场的均衡被忽略了。④

4. 数据产业促成数据生产关系的系统化

自数据商用可获利以来，相应的产业也逐步兴起。不难看出，数字产业化的主要表现就是数据产业的生成与发展。并且数据产业包含两个层面的含义：

---

① 中国人民大学"完善要素市场化配置实施路径和政策举措"课题组．要素市场化配置的共性问题与改革总体思路［J］．改革，2020（7）：5-16．
② 关于数据的定价问题将于第八章数据市场的构建问题中详细论述。
③ 苏大文．从传统货币数量论到现代货币数量论［J］．经济评论，1997（1）：40-44．
④ 姜奇平．数字财富［M］．北京：海洋出版社，1999．

一是数据自身的产业——数据的采集、传输、计算、存储以及分析（数据生产过程），如数据库、互联网数据中心（Internet Data Center，IDC）业务、大数据挖掘等，构成数据生产的纵向产业链；二是围绕数据的产业——由于数据作用的发挥需要转化为信息和知识，这就需要能够大量处理数据的软硬件技术（生产过程实现的条件），从而为信息技术产业提供了广阔的市场空间，进而衍生出信息技术生产和制造业态，即上述生产过程的每一个环节在横向又能进一步拓展，这既涉及发展的基础支撑，如云计算平台、智能终端、新基建等，又涉及相关数据服务，如大数据培训、数据安全、数据流通等，也涉及"数据+"形式的融合应用，如数字营销、数字工业、数字金融、数字政务服务等大数据应用。通过横纵两链的交错形成了关于数据产业的网状结构，进而构筑起关于数据的系统的生产关系——既涉及数据生产过程，又包含数据流通过程，进而数据市场、数字经济的发展都成为题中之义。正是基于该层面的认识，有学者将数据要素的内涵进行了拓展，认为数据要素不仅包括数据本身，而且还包括处理数据的技术和方法，以及由此产生的信息和知识。① 由此观之，一些文献中所研究的"数字化的新生产要素"②，其实只是数据要素的部分内容（但是关键部分），而非全部。

再具体到数据产业的商业模式上看，发展至今，主要有：租售数据模式——以彭博为代表的金融数据服务商，聚焦在某个行业，广泛收集相关数据、深度整合萃取信息，以庞大的数据中心加上专用的数据终端，形成数据采集、信息萃取、价值传递的完整链条，最终成为行业巨擘；数字媒体模式——以MediaV（聚胜万合）③、有米科技④为代表，主要是利用数据挖掘技术帮助客户开拓精准营销，公司的收入来自客户增值部分的分成；数据使能模式——以阿里巴巴金融以及支付宝为代表，它们通过分析企业往来的交易数据、信用数据、客户评价数据等，完全可以掌握它们可能需要的资金量，甚至可以测算它们可能的还款时间，放贷风险大为降低；数据空间运营模式——常见的有国内的百度网盘、新浪微盘，海外的 Dropbox 等，其目的就是通过提供数据空间服务，占有个人、企业的数据资源；数据技术提供商——以 Opera Software、DataStax为代表，从狭义上看，数据技术提供商主要是指围绕 Hadoop 架构开展一系列产品研发、技术服务的公司。从广义上看，数据技术提供商是指拥有非结构化数据处理技术的公司，包括对语音、视频、语义、图片等数据的处理。数据技术

---

① 赵刚. 数据要素——全球经济社会发展的新动力 [M]. 北京：人民邮电出版社，2021.
② 韩文龙，陈航. 数字化的新生产要素与收入分配 [J]. 财经科学，2021（3）：59-71.
③ 官方网址：http://www.mediav.cn/。
④ 官方网址：https://www.youmi.net/。

提供商的不断涌现，也正印证前文的分析曾指出的观点，即数据的稀缺性对应的是对数据资源开发利用的手段是有限的。

5. 数据信用与数据征信

数据的核心价值之一就是提供信息、疏解信息不对称，这与信用或信誉具有天然的耦合性。第一，明确信用与信誉之间的相互关系：信用从一般含义上看就是恪守承诺，用经济学的语境可解释为信守合约、诚实交易和摒弃机会主义行为。① 信誉常与信用互为替代，前者从实质上看是关于主体可信度的信息，也即主体恪守承诺而获得的声誉。同样，在经济学的语境下，信誉即主体（或交易者）摒弃机会主义行为、信守合约而获得的声誉。② 因而，从两者的联系性上看，信用是建立信誉的基础，而建立信誉又有利于信用的拓展。从区别性角度看，信用侧重于主体的选择与行为，而信誉如上所指出的，它反映的是主体可信任度的信息。

第二，从信用或者信誉在经济社会的作用上看，它可以视为经济的"润滑剂"，能够减少"经济摩擦力"，如搜寻成本、甄别成本等交易成本的节约。当主体（个人、企业、国家等）建立信誉后，信誉就作为主体的一种"社会性通行证"，依靠这一通行证，主体能够更加有效地同他人或者组织建立交易、合作等关系。并且在不断互动的过程中，（好的或者差的）信誉自身存在不断的螺旋式上升（或下降）积累的趋势，所以信誉的脆弱性也显现出来。③

第三，从信誉与数据的关系上看，随着数字经济的大发展，经济活动的数据化实践只增不减，个人、组织等主体将越来越多的与自身相关的数据共享到网上，逐渐构成各自的"数据身份"，衣、食、住、行、游、购、娱所构成的大数据逐渐成为数字经济时代的信誉引擎，主体的"数据身份"在实际上成为了各自的信誉代表，良好的信誉逐渐成为一种稀缺物品，新兴的信誉经济正在影响着人们的机遇和选择——由于数据化实践，主体的"资历证明"能够被数字化，可量化与可衡量，即"一切皆可被评分"，个人的职业生涯、企业的存亡④、国家的实力（国际形象等）都与之挂钩，可能出现"一否毁所有"的情形⑤，数据信誉将成为越来越重要的财富。

---

① 程民选. 信用的经济学分析［M］. 北京：中国社会科学出版社，2010.
② 程民选. 信誉与产权制度［M］. 成都：西南财经大学出版社，2006.
③ 正文所述情形仅是对真实数据所做的分析，虚假数据所形塑的数据信誉问题也不容忽视，可能出现"一假毁所有"的情形。在真假数据的语境下，数据信誉的污点的永久性问题也需引起重视（数字足迹的不可消除性），维克托-迈尔·舍恩伯格提出的数据的"被遗忘权"其实也是对该问题的回应。
④ IBM 商业价值研究院. 数据信任［M］. 北京：人民东方出版传媒有限公司，2020.
⑤ ［美］迈克尔·费蒂克，戴维·C. 汤普森. 信誉经济——大数据时代的个人信息价值与商业变革［M］. 北京：中信出版社，2016.

第四，从数据信用商业化的角度看，大数据征信成为当下数字经济发展的关切问题之一。因为主体的信誉不仅对自身有价值，而且对任何与之有业务关系的他人也有价值。信誉的数字化以一种十分便捷的方式，为主体之外的他人提供了是否与之进行社会性交往的一个重要判断途径或依据，大数据征信业务方兴未艾。需要指出的是，数据信誉经济的出现和增长既有潜力又伴随着风险。潜力方面，数据基本上已成为征信企业"生产"用户信誉报告的生产要素，逐步形成了从数据提供商、征信机构、决策分析公司到征信服务代理机构的分工清晰的产业链。[①] 当前我国互联网经济下的征信业务也已出现，如百度信誉 V 认证、阿里巴巴"诚信通"服务等，但尚未形成体系，因而今后的发展潜力巨大。风险方面，以信用评分为例，基于数据的信用评分会侵犯消费者的隐私，信用评分的规则易被操纵，信用评分易被滥用。对于侵犯隐私的问题，以 2012 年的"罗维邓白氏"案为代表。[②] 对于信用评分规则操纵的问题，如费埃哲评分通过增加消费者信用卡账户中的信用额度的办法提高信用。在滥用的问题上，主要是将其与雇佣审查、租住房、保险申请等挂钩，人为设置门槛。

第五，进一步看，数据征信可能形成一种"社会权力"。基于对数据的控制，数据的控制者获得了巨大的权力，在数字征信的问题上也是如此。当前，三大评级机构——美国标准普尔公司、穆迪投资者服务公司和惠誉国际信用评级有限公司控制着全球 95% 以上的评分市场，基本上形成了对全球数据征信的绝对权力。这导致评级机构在全球治理中成为"准政府实体"，而且权力比实体国家更为强大。因为从性质上看，它们是具有公共目的的私人公司，在全球经济领域，由于全球层面上监管的缺失（上述三者皆是跨国组织，机构遍布世界各地），这些公司能够制定自己的标准，从而决定全球经济的管理规则，导致私人行为者成为真正的参与者，俨然成为"全球公共政策私人制定者"。这带来的危害是明显且巨大的，如评级机构降低信用评分可能造成恶性循环——对于借款国来说，评级下调将对其获得信贷与借贷成本产生负面影响，不仅使该国的利率上升，而且与金融机构的其他合约也将受到不利影响，从而导致更多的开支和进一步的信用下降。[③]

① 刘新海. 征信与大数据——移动互联时代如何重塑"信用体系"[M]. 北京：中信出版社，2016.

② "罗维邓白氏"以"信息数据采购合同"或"商业资讯咨询顾问合同"的形式，购买了包括手机号码、电子邮箱、家庭住址、银行账户、消费记录、婴幼儿情况等各类涉及公民个人的相关信息，用于该公司为其他公司提供的营销推广等服务。其违法出售个人隐私数据的行为受到了法律的制裁和媒体、公众的讨伐。参见罗剑华. 罗维邓白氏买卖信息案开庭 涉个人信息 9065 万条 [EB/OL]. 搜狐网，(2012-11-09) [2021-10-03]. http://news.sohu.com/20121109/n357123476.shtml.

③ [英] 洛伦佐·费尔拉蒙蒂. 数据之巅 [M]. 北京：中华工商联合出版社，2019.

当前我国对某些征信机构的处罚[①]在一定程度上也是考虑到前述几个方面，值得深思。征信机构基于征信数据的占有，导致其具有准社会（世界）权力，这对经济社会发展是不利的，不难看出，该问题的产生还是源于数据的界权出现了问题。针对该问题，我国正加紧建设信用网络和平台，如全国信用信息共享平台、"信用中国"[②] 网及各级政府的门户网站等。

6. 数据要素、经济增长和数字税收

　　在前述几个方面的基础上，首先探讨数据要素与经济高质量发展之间的辩证关系。正面效应表现为数据要素对经济高质量发展的"推动""倍增"效应，可从微观、中观和宏观三个方面进行分析：一是微观层面，数据要素发挥效力的机制主要体现在生产的协同性方面[③]，即企业利用数据所承载的有价值的信息或知识，能够提高劳动、资本等其他要素的协同性，减少信息不对称，从而提升企业的运行效率，增加有效供给与降低生产成本。而且，数据除了对生产本身具有积极作用外，还对生产的决策具有重要的意义，从而为"个性化生产"提供有力支撑。需要特别指出的是，数据生产力的发挥是基于一定的技术条件的，因为数据中包含的有价值的信息或知识需要经过数据分析，而这正对企业的可行能力提出了要求。二是中观层面，主要体现在数据要素对产业升级的助力作用，既包括"无中生有"式的数据产业与商业模式，又包括"有中推新"式的改造传统产业进行数字化升级。[④] 前者如前文总结的五种数据产业的商业模式，后者如工业互联网应用于航空、电力、铁路、医疗等方面，以助力传统产业效率提升、组织结构转换以及实现跨界融合。三是宏观层面，数据要素对经济高质量发展的促动作用主要是基于中、微观层面的放大效应，在本书的第三章揭示了数据要素的一些性质——非竞争、非排他以及低成本复制等，这些经济技术性特点能够将中、微观的一些效应放大，从而给宏观层面的全要素生产率、社会治理效能[⑤]、宏观调控的精准度等方面带来积极影响。

　　与此同时，负面效应也不容忽视，具体言之：一是微观层面，个人的隐私泄露导致个人甚至家庭福利损失，如"精准营销"带来的完全价格歧视导致消

　　① 史上最大征信罚单！鹏元征信遭央行重罚近 2000 万，什么情况？[EB/OL]. 凤凰网，（2021-01-04）[2021-10-03]. https：//finance.ifeng.com/c/82kRQZmfog1.

　　② "信用中国" 官方网址：https：//www.creditchina.gov.cn/。

　　③ 蔡跃洲，马文君. 数据要素对高质量发展影响与数据流动制约 [J]. 数量经济技术经济研究，2021，38（3）：64-83.

　　④ 戴双兴. 数据要素：主要特征、推动效应及发展路径 [J]. 马克思主义与现实，2020（6）：171-177.

　　⑤ 唐要家，唐春晖. 数据要素经济增长倍增机制及治理体系 [J]. 人文杂志，2020（11）：83-92.

费者剩余被完全剥夺，个人征信数据的滥用为个人的未来发展甚至邻里关系的融洽带来磕绊。二是中观、宏观层面，数据控制或数据垄断的问题比较显著，垄断反效率是经济学的常识，在平台经济的发展模式下，一些数字基础设施被垄断，在正反馈机制的"马太效应"促动下，大量数据集中于平台企业，在评估损益的情况下，数据的非流通、非共享成为相关企业的首选，此时数据优势等价于垄断优势，数据成为企业的重要资产，进而"数据孤岛"林立，阻碍经济的高质量发展。简以社会治理为例，有的企业或机构掌握关键数据，但不具备执法能力，而执法机构有执法能力，但不掌握关键数据，进而缺乏执法的依据，出现"难作为"的情况。因此，需酌情考量数据与经济高质量发展的辩证关系，解放数据生产力，造福社会。

"数字税"① 的问题在当下也成为数字经济发展所关切的问题之一，它与数据要素、经济高质量发展有着紧密联系。此处不执拗于"数字税"的一般介绍，而是从数据要素的视角看征收"数字税"的意义。在万物互联互通的情况下，数据要素不仅在一国之内流动，而且也进行跨境流动，导致数据生产关系的国际化。② 同时，随着数字经济的发展，基于数据所催生的商业模式（数据服务贸易）在实际上突破了原有经济的税收管理体制，一些业务具有高覆盖性的平台企业，税务机关要对其税收身份进行界定十分棘手，因为其可以通过"变性"躲过既有的税收标准，从而出现一些（跨国）平台企业长期游离于各国税法管理体系监管之外的情况。进一步地，正是由于存在法律空白，一些跨国平台企业通过在各国设立"分支机构"（如 App 运营拓展等），进行无税赋的盈利，致使所在国家的税基遭到侵蚀、利润被转移以及财富流失等③，上述情形构成了"数字税"的现实依据。从理论依据方面看，数字税的背后本质上仍是资本逻辑在主导，正如一些学者所指出的，"数字税之争"乃资本积累国际化矛盾的新表现，发达国家政府间"数字税之争"的背后，是国际垄断资本与他国民族资本之间的利益博弈。而且这种利益博弈（矛盾）在发达国家与发展中国家之间更为突出。④

---

① 关于"数字税"，它是指一国对他国跨国企业在其境内销售数字服务所产生的收入而征收的一种税。偏重于国际经济层面，但国内化趋势也在不断凸显。

② 韩文龙．平台经济全球化的资本逻辑及其批判与超越［J］．马克思主义研究，2021（6）：134-145.

③ 贾开，俞晗之．"数字税"全球治理改革的共识与冲突——基于实验主义治理的解释［J］．公共行政评论，2021，14（2）：20-37+228.

④ 周文，韩文龙．平台经济发展再审视：垄断与数字税新挑战［J］．中国社会科学，2021（3）：103-118+206.

自 2019 年法国率先开征"数字税"以来①，各国竞先拟定数字税的税收标准并出台相关文件②，旨在抢夺税收规则制定权、保护本国数据产业，进而把数据生产的财富留于国内，以惠及民众，助力国家建设。在应对数据跨境流动的问题上，数字税起到了一定的"制约"作用，但是需要指出的是，"数字税"本身是具有临时性和不确定性的，这体现在：一是征税的对象界限不明晰——前述的几种大数据商业模式使得现有的商品交易形态从有形变为无形，税收征管过程需要对数据信息等产品或商品进行界定，而这一过程构成了一项挑战。二是基于征税对象的界定困难或不确定性，相应的纳税主体的确定也就具有不确定性，可能出现"多重征税"的情况。三是对于数据产品的价值评估"千人千面"，造成税率的确定存在困难。③ 从目前来看，各国数字税的征收表现出一种单方面性，即"贸易保护主义"的特点突出，这只能加剧国际税收竞争。④

从数据要素到经济高质量发展（催生数字服务贸易），再到征收数字税，一方面表明数据作为当下数字经济的关键要素，的确带来了经济社会的发展与财富的涌流；另一方面也表明对于数据的占有与控制（数据资本化），可以实现对别国的价值攫取，形成一种"支配—依赖"关系，征收数字税只是实现价值再分配的临时之举。从我国如何应对的视角看，短期内是要对现有的税法进行更新，以积极应对当下数字经济的发展，同时也要防备别国所设"数字税"外衣下的非关税壁垒。但更应看到，真正有效的举措在于建立起良好的税制，以此实现长期、有效地应对国际税收这一全球治理问题。

7. 数据发展与治理的基础：新基建与数字政府

一般认为，数据要素效能的发挥与其自身的生命周期，即"采集—存储—加工—传输—应用—清理（保存或删除）"，是相互绑定的，前述论及的关于数据要素的各方面始终不能忽略其发展的物质基础与治理的制度基础。前者主要对应于新基建，后者对应于数字政府。接下来将立足国内分别予以讨论。

关于数据与新基建之间的关系，结合前述的数据生命周期与现有的研究和实践：第一，明确新基建的基础性、先导性和战略性。⑤ 自 2018 年 12 月官方首

---

① 孟易瑾. 法国开征数字税具有时代象征意义 [EB/OL]. 中国税网，（2019-08-02）[2021-10-03]. http://www.ctaxnews.com.cn/2019-08/02/content_953466.html.

② 杨散逸. 英国今日开征数字税，颠覆税收传统规则 [EB/OL]. 中华网，（2020-04-01）[2021-10-03]. https://news.china.com/socialgd/10000169/20200401/38011607.html.

③ 白彦锋，岳童. 数字税征管的国际经验、现实挑战与策略选择 [J]. 改革，2021（2）：69-80.

④ 茅孝军. 从临时措施到贸易保护：欧盟"数字税"的兴起、演化与省思 [J]. 欧洲研究，2019，37（6）：58-77+6-7.

⑤ 郭为. 数字经济，挑战与选择 [J]. 企业管理，2021（2）：10-12.

次提出概念，到"十四五"规划的出台，新基建的内涵与类型基本明确①，学界也对其进行了深入解读。② 新基建的提出充分体现了我国积极应对数字经济时代的创新挑战所做的重要布局。③ 回归到基础性角度看，新基建本质也是基础设施，具有一般基础设施的特点：一是具备公共性而非私人性，其使用价值对象具有广泛性，是为众多数字化活动提供共同支撑的"公共物品"。二是发挥互联互通的连接作用。既包括实体空间之间的联系，又能够实现虚拟空间之间的联系，还能够连接实体空间与虚拟空间，后两方面的连接特点在新基建的层面上更为突出。但是需要指出的是，不能将新基建与传统基建割裂开来，否则新基建只是空中楼阁，因为新基建也需要"基础设施"，两者间的梯次性不能忽视。④ 第二，数据是构成新基建"基础设施"的重要一环。从新基建包含的七个领域看，都离不开数据的助力，如大数据中心没有数据则成为有名无实的"空壳"，人工智能没有数据作为"养料"则不能进行"深度学习"，工业互联网没有数据作为生产的"润滑剂"或"连接纽带"，则"链化生产"也不可能实现。此外，一些关键信息基础设施更是因为有重要数据的承载才凸显其"关键"。⑤ 第三，新基建是承载数据生命周期关键阶段的重要载体。这表现在：数据传输对应通信网络基础设施，数据存储离不开算力基础设施，数据加工更是要新技术基础设施助力。⑥ 因此，不难看出，数据与新基建之间互为基础，且两者间存在正反馈的机制，互相促进。

关于数据与数字政府之间的关系，结合本节与前述的几个方面的内容看，数据发展不平衡（数据孤岛、数据壁垒、数字税）与不充分（数据市场、数据产业、新基建）的问题已逐渐凸显，相应的治理成为必要。当前，我国各省份

① 根据"十四五"规划，新基建包含七个方面的内容，分别是5G、特高压、城际高速铁路与城际轨道交通、电动汽车与充电桩、大数据中心、人工智能、工业互联网；基本类型有三，分别是信息基础设施、融合基础设施、创新基础设施。参见中华人民共和国国民经济和社会发展第十四个五年规划和2035年远景目标纲要［EB/OL］. 中国政府网，（2021-03-13）［2021-10-04］. http：//www.gov.cn/xin-wen/2021-03/13/content_5592681.htm.

② 任泽平，马家进，连一席. 新基建：必要性、可行性及政策建议［J］. 中国经济报告，2020（4）：96-109.

③ 郭倩. 央地加码"十四五"新型基础设施建设［N］. 经济参考报，2021-10-12（001）.

④ 于凤霞. 新基建需要处理好四大关系［N］. 学习时报，2020-04-10（003）.

⑤ 目前网络安全法的重要配套法规《关键信息基础设施安全保护条例》已由国务院公布，并将于2021年9月1日起正式施行。参见关键信息基础设施安全保护条例［EB/OL］. 中国政府网，（2021-08-18）［2021-10-04］. http：//www.gov.cn/zhengce/2021/08/18/content_5631807.htm.

⑥ 刘露，杨晓雷. 新基建背景下的数据治理体系研究——以数据生命周期为总线的治理［J］. 治理研究，2020，36（4）：59-66.

的数字政府建设正如火如荼地展开①，这既是对数字时代政府转型诉求的回应，也为数据治理提供了一种新的模式。当然，数字政府的治理内涵并不限于数据治理，已有学者进行了相关研究，不再赘述。② 从两个方面来看待数据与数字政府之间的治理关系：一方面，数据的应用改变了（数字）政府治理框架。以往建设与发展中出现问题，基本上采取"增量"的办法来缓解资源的紧张（如路堵就多修路），即"头痛医头，脚痛医脚"，用集中的运动式治理来弥补常规的治理失灵。数据的应用则能够推动政府公共服务的技术创新、管理创新与组织创新（效率、质量、成本），从而增强政府治理社会的能力。不仅如此，数据的应用还促进了政府从数据化运行到智能化运行的转变，除了能够解决可见的治理问题，还能够预测不可见问题，使其能及时被纳入治理考量之中。③ 因此，从数据助力数字政府实现社会良治的角度看，数据俨然成为一种"基础性制度"，它能够对其他层面的制度运行和体制改革产生深刻的影响。④ 另一方面，数字政府为数据的开放与共享提供制度保障（此处不限于政府自身数据的开放与共享），如解决"数据孤岛"、数据壁垒，建立数据资源目录，构建数据标准体系以及对数据资产的管理与应用，从而达到数据的规范化与可视化，助力数据效能的发挥。而数据的开放与共享反过来又能够提升政府跨层级、跨地域、跨系统、跨部门、跨业务的协同管理水平和服务供给能力。⑤ 因此，不难看出，数据与数字政府之间也存在正反馈的互动机制，这其中，数据既是治理的手段，又是治理的对象⑥，两者相互成就，共同助力数字社会的建设。

总之，上述归结的七个方面比较全面地揭示了数据要素与数字经济的结合点，重点突出了当前数字经济发展过程中的关切问题，也因此明确了数据要素的现实指向——从数据产品到数据商品，从数据市场到数据产业链，从数据征信到"数字税"，从新基建到数字政府等。然而，需要明确的是，在不同的历史条件下能够发生变化的，只是这些规律借以实现的形式。⑦ 正如加尔布雷思

---

① 逯峰. 广东"数字政府"的实践与探索 [J]. 行政管理改革，2018（11）：55-58；周雅颂. 数字政府建设：现状、困境及对策——以"云上贵州"政务数据平台为例 [J]. 云南行政学院学报，2019，21（2）：120-126；刘淑春. 数字政府战略意蕴、技术构架与路径设计——基于浙江改革的实践与探索 [J]. 中国行政管理，2018（9）：37-45.

② Pardo T. Realizing the Promise of Digital Government：It's More than Building a Web Site [EB/OL]. http：//www. cisp. org /imp /october_2000 /10_00pardo. htm.

③ 江青. 数字中国——大数据与政府管理决策 [M]. 北京：中国人民大学出版社，2018.

④ 徐继华，冯启娜，陈贞汝. 智慧政府——大数据治国时代的来临 [M]. 北京：中信出版社，2014.

⑤ 张建锋. 数字政府2.0——数据智能助力治理现代化 [M]. 北京：中信出版社，2019.

⑥ 进一步延伸，可以看出政府数据兼具"生产要素"和"治理要素"的二重性特点。

⑦ 马克思恩格斯选集（第4卷）[M]. 北京：人民出版社，2012.

所指出的，人类社会中的生产要素在经济中的重要性会不断发生变化，在不同的社会或者同一社会的不同阶段或时期，谁掌握了最重要的生产要素，谁就掌握了权力，从而使其在收入分配中占有优势以获得更多的收益。① 数据就是数字经济时代最重要的生产要素。数据产权、数据价值、数据参与分配以及数据产权制度变迁这四个主要内容构成其研究的问题域。对于数据产权问题，前文已做了比较充分的分析。对于数据价值创造与否和参与分配的依据问题将在第五章展开分析，以作为本章的补充，此处暂不赘述。对于数据产权制度变迁的问题，其实就回到了本章伊始分析框架的"治理"上，当前关于数据产权存在较多争论，涉及权利归属、数据垄断、市场构建等方面，需要形成相应的治理机制。然而，制度就是治理的机制②，所以制度变迁是治理的应有之义。对于数据要素的治理分析将在下节具体展开。

第四节 数据要素发展的治理分析与政策选择

根据马克思的理论观点，产权的本质是生产关系，而生产关系的总和构成社会的经济基础，决定着社会上层建筑，上层建筑又反作用于经济基础，而数据治理恰恰是上层建筑在数据要素发展问题上的反映。因此，数据产权制度决定着数据治理的发展变化，而数据治理的发展变化要适应数据产权制度发展变化的要求。这是前述"产权—治理"两者间辩证关系在数据要素发展问题上的具体体现。

在前述的财产关系分析中，作为财产的数据对于个人、企业和政府三者来说，具有不同的意义：个人名义上虽对自身数据具有所有权，但在使用价值的对象上出现异化，即凸显了"没有控制权的所有权"③ 的特点；而对于（平台）企业来说，无论是从个人（用户）互动或公共活动过程中收集的数据，还是自有数据，它们实际上都是作为企业的资产而存在，企业是数据权利的最大受益者，因为无论是法院判决、司法态度，还是从效率层面考察，都偏向将数据收益分配给二次开发利用数据的收集者、创造者、实际控制者——（平台）企业；从政府层面看，自身的政务数据以及公共数据在很大程度上仍处于"待开

---

① ［美］约翰·肯尼思·加尔布雷思. 新工业国［M］. 上海：上海人民出版社，2012.
② ［美］奥利弗·E. 威廉姆森. 治理机制［M］. 北京：中国社会科学出版社，2001.
③ ［美］埃德蒙·费尔普斯. 大繁荣——大众创新如何带来国家繁荣［M］. 北京：中信出版社，2018.

发"阶段，开放与共享成为当下的基本共识。在法权关系分析中，重点从制度层面分析产权侵害的原因，用数据产权的公共领域统驭数据的法权问题。在此，需要进一步指出的是，个人数据和政务数据的权属问题在法律层面是相对清晰的，目前也已经出台了几部法律①，但是在企业数据法权层面存在留白。目前法学界主要的探索指向是确立企业数据的民事权利。② 虽然企业是数据的获益者，但是没有法的合法性基础，其权属的核心问题——如何形成市场激励，鼓励企业对数据领域的持续投资便不能得到实质性的解决。这对于数据要素化、数据市场、数据产业的发展都是不利的，因而企业数据的法权问题成为治理的关切之一。数据要素离不开数字经济，在前两者分析的基础上，前文也从七个方面探寻数据要素在数字经济中的现实指向。总的来看，不平衡与不充分成为数据发展面临的总问题。需要指出的是，不平衡与不充分两者间并不必然分开，即不平衡内有不充分的原因，不充分内也存在不平衡的特点，两者统一于数字生产关系之中。基于这样的辩证关系认识，下文将分别予以论述。

一、数据要素发展不平衡的治理分析

唯物辩证法认为，不平衡与平衡是对立统一的，是事物矛盾运动的两种状态。在平衡中存在着不平衡的因素，在不平衡中存在着平衡的因素，两者在一定条件下又相互转化。并且，不平衡是绝对的，而平衡是相对的。从不平衡的一般性内涵来看，其产生是由于对立面相互排斥而引起的矛盾诸方面的差别性表现，在事物处于质变状态中显得尤为突出，它反映了事物发展过程中矛盾诸方面的力量对比关系。置于经济社会的角度看，不平衡有诸多表现，如实体经济与虚拟经济的不平衡、区域发展的不平衡、收入分配的不平衡以及经济与社会发展的不平衡等，一般认为经济社会的不平衡主要表现为体系结构问题，如比例关系不合理、包容性不足以及可持续性不强等构成其主要维度。

关于数据要素发展的不平衡，因其作为一种"产权的产权"，前述三种类型的数据产权（个人、企业与政府）发展的不平衡构成了其在要素意义上的失衡关系（数据要素化进程受阻），当前数据的要素性发挥掣肘于非个人数据管理体系尚未健全（症结在于个人隐私问题），三种数据产权具有不同的产权强度，且相互之间存在产权侵害的问题。不难得出，数据产权结构的非均衡势必带来数据利益结构的非均衡。在前述数据要素发展的现实指向中，本书明确了

---

① 例如，2020年4月，《中共中央 国务院关于构建更加完善的要素市场化配置体制机制的意见》中明确提出，要推进政府数据开放共享，通过制度规范促进政府数据供给。

② 龙卫球. 数据新型财产权构建及其体系研究 [J]. 政法论坛，2017，35（4）：63-77.

数据要素对数字经济的积极意义，但同时在不平衡及其治理的问题上也有所涉及，因此，本节将该问题的研究进一步延伸，从治理的视角来看待当前数据要素发展的不平衡问题。

从治理视角看，治理是产权结构变动的原因，产权又是实现治理意图的工具。但是，需要指出的是，关于后者即作为治理工具的产权变动与巴泽尔的产权理论并非同义。前文法权关系的分析中，本书在数据产权公共领域的问题上就已明确地指出，巴泽尔语境下的产权变动限于经济条件或界定的技术性，而非治理（制度性）的考量。因此，在对数据要素发展不平衡问题的分析上，更应突出"治理性改进"的特点。①

1. 数据垄断：数据要素发展不平衡的重要表现

在不平衡的问题上，尤以（平台企业）数据垄断问题为显②，从数据垄断对上述言及的不平衡的三个主要维度的影响上可见一斑：从发展的比例关系协调上看，在平台经济的组织形式下，平台企业（尤其是一些独角兽企业）占有了经济社会的绝大部分数据③，其与政府数据形成两大"数据壁垒"，数据利益尽归其有，全社会数据占有比例关系失调较为严重；从发展的包容性上看，数据垄断不仅没能带来数据发展成果的共享，反而引致数据控制④、去劳动关系化下的过度劳动等价值攫取现象，造成算法霸权⑤、"数据即权力"和数据安全问题⑥等不良后果；从发展的可持续性上看，数据垄断带来的利益截留严重制约着数据市场、数据产业的发展，甚至引发国际利益争夺。由此可以看出，一些平台数据垄断的目的不是保护产权，而是侵犯他人的产权。这种产权侵害在平台企业与个人之间尤为突出。

在对数据垄断进行治理性改进分析之前，首要的是明确现有数据垄断的类型、本质、产生的原因或机制，从而为治理提供明确的发力方向。从当前数据

---

①　数据产权制度在当前仍处于探索发展中，相关的权利图谱也在不断拓展，这里提出的"治理性改进"旨在对应于当前的数据产权状况。

②　根据前文的分析可以看出，数据垄断无论是在生产力层面（要素）还是在生产关系（产权制度）和上层建筑层面（治理），都凸显了数据发展的不平衡性。

③　国内互联网 BAT 公司坐拥"数据金矿"，百度侧重公共数据和需求预测，阿里巴巴侧重商用数据和信息数据，腾讯侧重关系数据和社交数据。参见连玉明 . DT 时代：从"互联网+"到"大数据×"[M]. 北京：中信出版社，2015.

④　刘伟杰，周绍东 . 新科技革命背景下的人与技术关系——马克思主义政治经济学视角的解读[J]. 经济纵横，2020（9）：27-35.

⑤　［美］凯西·奥尼尔 . 算法霸权［M］. 北京：中信出版社，2018.

⑥　相关案例如 2018 年 3 月 16 日，Facebook 在未经用户同意的情况下将其数据交由第三方公司分析使用；再如 2019 年 3 月 20 日，抖音将微信与 QQ 开放平台授权登录服务提供给关联企业多闪使用而被诉诸法庭。

垄断的类型上看，主要有三类①，分别是：①行政性数据垄断。其合理性体现在政府对公安部门的数据、国家安全数据、人口隐私数据等重要数据的垄断性占有，而当前对政府数据开放与共享的诉求针对的是源于自身的政务数据与公共数据，该部分数据的不对外开放成为行政性数据垄断的不合理所在。②商业性数据垄断。这也就是前述提及的基于互联网的数字化平台企业所产生的数据垄断，该种垄断类型引发众多关注，现有研究基本聚焦于此。对于该类型的垄断也不能一言否定，其也存在部分合理性。平台数据垄断的形成从路径上看，并不是依靠所有权控制，而是基于需求侧的用户自下而上、自愿汇集而形成的。并且，企业平台是由自身投资并在市场竞争中组织建设和运营的，其所提供的服务也是遵照有关公开规则和程序的，形成垄断是平台间竞争的结果——由于用户的多栖性，导致一些平台企业"成也用户，败也用户"。③技术性数据垄断。对于该种类型的垄断，一方面，将其置于一些技术专利保护期的视角可以理解其合理性，因为有的技术性数据实际上是企业相较于对手的比较优势和核心竞争力，如果丧失，则市场地位不保，甚至被兼并或淘汰。另一方面，也要看到当前的一些数据产业（行业），基本上是围绕数据的生命周期而建设发展的，需要一定的技术门槛，这也是构成竞争力的要素之一，因此，由于技术门槛形成的数据垄断也有合理性。一般所说的数据竞争力在该层面也得到了比较全面的解释，即不仅数据本身是核心竞争力，数据的处理能力（技术门槛）也是核心竞争力。②

在此，有必要进一步明确数据垄断的本质，其是指处于市场支配地位的垄断（数字平台）企业策略性运用大数据来排除和限制市场竞争的行为。③ 而当前出台的反垄断法"反"的也不是垄断地位，而是损害公平竞争的垄断行为，且从保护的对象上看，它保护的是市场竞争，而不是单纯地保护竞争者。④ 具体到数字平台的反垄断问题上，反垄断的重点绝不是要遏制平台发展，而是要制约其背后的资本逻辑，防止无序扩张，使其助力于推动创新、促进社会生产力的发展。当前关于数据垄断的讨论研究也主要聚焦在数字平台的垄断问题上，相关研究众多，此处不再赘述⑤，但在垄断的形成机制（原因）问题上形成了

---

① 车品觉. 数循环——数字化转型的核心布局 [M]. 北京：北京联合出版公司，2021.

② 王坚. 在线——数据改变商业本质+计算重塑经济未来 [M]. 北京：中信出版社，2018.

③ 王磊. 大数据反垄断：反什么？怎么反？ [J]. 中国发展观察，2021（1）：16-19.

④ 国研中心创新发展部. 数字化转型——发展与政策 [M]. 北京：中国发展出版社，2019.

⑤ 孙晋. 数字平台的反垄断监管 [J]. 中国社会科学，2021（5）：101-127+206-207；唐要家. 数字平台反垄断的基本导向与体系创新 [J]. 经济学家，2021（5）：83-92；胡继晔，杜牧真. 数字平台垄断趋势的博弈分析及应对 [J]. 管理学刊，2021，34（2）：38-54.

相对统一的观点，即在数据的经济技术性特征（映射社会关系性、非竞争性等）与平台的经济效应（多边网络效应、锁定效应等）的共同作用下，形成了当前的数字平台的垄断。需要进一步指出的是，上述的形成机制仅仅是表层原因，数据垄断背后的深层次原因在于数据产权关系存在紊乱。正如前文所指出的，在现有的产权制度下，个人、企业与政府三者之间的数据产权强度不一，存在产权残缺与产权侵害交织发展的情形，有的学者研究指出，数据权利存在悖论，即数据发展能够带来社会变革，但它以牺牲普通个体的权利为代价，提供给政府和大企业等实体更多的特权。① 因此，数据权属问题才是更应该讨论的问题，即数据垄断这一不平衡问题的背后根源正是数据权利发展的不充分。

2. 数据垄断的产权与治理释义

数据要素化、可交易的前提在于数据产权明晰，而当前的数据垄断恰恰是在不明晰的基础上形成的。从占有的一般含义看，占有指在不具有正式所有权时从物质形态上控制资产，不管它是有形的还是无形的，也即因"取得时效"而合法化，并通过人力的控制与社会的默示支持而表现出来。在当前广泛收集数据的大背景下，平台企业（或政府、大金融机构）因为占有数字设施而实际占有数据，因数字基础设施具有强大的存储与痕迹管理能力，对数字基础设施垄断占有的结果就是对数据的垄断。再从财产的一般角度看，财产指的是所有者所拥有的、为公共权力所正式承认的、既可以排他地利用资产又可以通过出售或其他方式来处置资产的权利。② 从占有与财产的一般性定义可以看出，一些数字平台企业拥有的数据并不具备正式所有权，而且也并未被公共权力所承认，但却可以利用数据获益。从数据产权公共领域的视角看，当前的数据垄断在一定程度上是把公共领域的某些部分私有化了（如前述的对数字基础设施的占有），有的甚至是直接利用数据产权的公共领域获利（因为具备利用数据的技术能力）。

因此，治理不仅要针对数据垄断，更要对数据产权结构进行调整。当前我国已经采取了相关治理性改进举措，如《中华人民共和国民法典》《中华人民共和国个人信息保护法》《中华人民共和国数据安全法》《关键信息基础设施安全保护条例》《国务院反垄断委员会关于平台经济领域的反垄断指南》的颁布与实施，既包含定分止争的数据界权内容，又有对垄断本身的规制，力度空

① Neil M. Richards, Jonathan H. King. Three Paradoxes of Big Data [J]. Stanford Law Review Online, 2013（66）：41-46.

② ［美］理查德·派普斯. 财产论 ［M］. 北京：经济科学出版社，2003.

前。① 数据界权是保护数据权利、促进数据应用的前提条件。数据界权一则有效降低交易成本；二则可以规范数据交易市场；三则满足主权国家对数据保护的需求。不难看出，数据界权的目的不仅在于确保数据的来源有依据，而且还可以对数据流通产生的价值进行确认。因此，需要从数据权属的角度来看待垄断规制问题。总结当前现状可以看出，我国数据界权与保护具有以下几个层面的特点：一是个人数据产权层面，主要是从人格权角度对个人信息进行保护，对个人数据权利保护不全面、强度不高。而且出台的《中华人民共和国网络安全法》在个人数据的匿名化应用方面预留了空间。相关实施细则并没有进一步明确，有较大的拓展空间。二是企业数据产权层面，法律能对部分商业数据提供财产权利保护，但未赋予数据权利②，并且由于数据权利不清晰导致数据流通受阻，企业对数据权利界定需求迫切。③ 三是政府数据产权层面，政府数据作为公共资源，实操手段有待丰富；在数据的跨境流动管理方面还有待与国际接轨。不难看出，上述的三大层面为数据垄断的形成提供了制度性"缺口"。

3. 数据权属的不充分与数据垄断规制

数据产权作为数据治理的工具，其结构或权能的变革在实际上构成了治理的过程。治理在法律语境下往往表现为"原则性规定""管理性规定""限制性规定"等。置于数据产权的视角看，结合已有的权利保护、界定标准以及数据产业发展的现实情况（前文的理论、现实分析与出台的法律条文），本书认为相关的界权原则应包含这几个方面：①人格权保护优先原则。数据的隐私与财产二元性，导致了当前的许多争论，但个人隐私受法律保护不容他人侵害，这是数据产权遵循的首要原则。从数据生命周期的视角看，数据的采集要遵循个人的"知情—同意"④，不能强制性要求"用隐私换便捷"。在利用或者流通过程中，也应注意个人的隐私保护，充分肯定个人的选择权、撤回权、删除权等。②价值贡献原则。前述的分析表明，初始数据的价值密度稀疏，需要进行加工

---

① 市场监管总局依法对互联网领域二十二起违法实施经营者集中案作出行政处罚决定［EB/OL］. 国家市场监管总局官网，（2021-07-07）［2021-10-06］. http：//www. samr. gov. cn/xw/zj/202107/t20210707_332396. html.

② 王融，易泓清. 数据权属大讨论中的共识凝聚［EB/OL］. 腾讯研究院，（2020-06-18）［2021-10-04］. https：//www. tisi. org/18958.

③ 当前的数据孤岛的形成，一方面，表明数据流通受阻；另一方面，在一定程度上也表明，各平台企业所积累培养的数据要素化能力也仅限于自身才能发挥最大价值。参见李刚. 现代产权理论：一个产权投资与数据确权的思路［EB/OL］. 腾讯研究院，（2020-06-19）［2021-10-04］. https：//tisi. org/14686.

④ "知情—同意"原则是个人信息保护的基本原则与核心内容。中国与欧盟侧重于"明示同意"，美国侧重于"默认同意"。在《中华人民共和国个人信息保护法》中，个人同意成为数据处理合法性的依据，在同意的有效性方面要求"自愿、明确和充分知情"。

分析或数据挖掘。数据的初始产权依伴生性归数据主体，但数据处理者在后续的加工挖掘中也贡献了劳动，应该分享数据收益。正如有学者提出"用益物权化"的思想，即以"所有权+用益权"来应对当下的数据利益分配窘境。① ③个人数据权益和（数据）产业发展的平衡原则。数据对数据产业的意义所带来的问题讨论，重点不在于要不要界权，而在于如何平衡数据权利。无论是数据产业还是数据市场，在当下实际上都掣肘于数据所包含的个人隐私问题，保护隐私是正当合法的，但因过度保护个人数据权利而阻碍数据要素化与技术创新，从国际视角看，对于一国是不利的，因为在数据跨境流动的情况下，数据主体就算不受本国侵害，也会受到别国侵害，最终导致个人与国家（数据产业）皆受损，欧盟对于个人数据的严格保护带来的发展迟缓就是典型的例证。因此，在数据界权问题上，应注重协调性与平衡性。

在具体的对策思路层面，应进行分类界权，明确权责利的一致性，从而促进数据流动，破除数据垄断藩篱。分别从个人、企业与政府三个方面论述治理之策：①在个人数据权利方面，应予以明确且加强保护。确权方面从法的层面规定有关权利及其内容，如前述涉及的选择权、撤回权、删除权（被遗忘权）、数据可携权等。非个人组织在个人数据生命周期的互动过程中，应采取"用户授权—平台（企业等）授权—用户授权"的方式②，要求公开、透明、明示保护用户权利。此外，基于个人（用户）对自身数据的自决权，非个人组织也可尝试提供个人付费模式与免费模式并行的策略，以充实个人的"同意原则"，从而平衡用户与非个人组织之间的利益。③ ②在企业数据产权方面，第①点的授权形式可参考。进一步地，一方面，要允许作为数据控制者的企业对匿名化④的数据享有限制性的所有权。当前我国的数据法律中，关于匿名化数据的

---

① 申卫星. 论数据用益权 ［J］. 中国社会科学，2020（11）：110-131+207.

② 王融，易泓清. 数据权属大讨论中的共识凝聚 ［EB/OL］. 腾讯研究院，（2020-06-18）［2021-10-04］. https://www.tisi.org/18958.

③ 个别付费模式（付费使用运营商产品）主要侧重于利用买卖关系形成的合同来保障与确保个人数据不被收集，或者收集的部分有严格的限制。而免费模式意味着个人数据可以在"合法、正当、必要"的范围内为运营商收集和使用。参见张新宝. 互联网时代下个人信息保护的双重模式 ［J］. 中国信用，2018（5）：100-102.

④ 关于匿名化数据，是指个人数据在经过处理后，无法识别其自然人特征且不能复原，即"去身份化"。但这存在悖论，在大数据的语境下，单个数据集的匿名脱敏并不能阻止数据聚合时的反脱敏，因此"有限制的所有权"的规定其实也是考虑到这个特点。而且，匿名数据与假名数据也存在区别，后者指"在缺乏其他信息的前提下（且该信息被独立存储），不能够被识别指向特定个人的数据"。假名数据在实质上还是个人数据（如个人游戏账号所代表的数字身份），而匿名数据则不然。参见赵刚. 数据要素——全球经济社会发展的新动力 ［M］. 北京：人民邮电出版社，2021；王融. 数据要素 ［M］. 北京：电子工业出版社，2020.

应用存在留白（产权公共领域），以往的"法无禁止皆可为"与"负面清单"的理念或做法虽有参考意义，但在具体的实操上，对于数字平台企业甚至政府来说，还是有一定的不确定性，在没有法律明确规定的情况下，一些平台企业表面上作为数据控制者，也即匿名数据的占有者，形成数据垄断，但在实际上，这种垄断又是不稳定的，不仅可能"败于用户"，更可能"败于法律"。匿名化数据对于数据的要素化是具有重要意义的，当前学术讨论与实践基本上是认同对个人数据进行匿名化的处理，从而不断充实非个人的数据体系，达到数据要素化使用。因为匿名化一则化解了个人隐私保护的问题，二则形成企业积极利用数据、投资数据产业的市场激励。从这个角度出发，就延伸出要建立有关个人数据匿名化利用的法规体系和标准。另一方面，应赋予企业数据（非个人商业数据）生产者所有权，促进企业数据的切实流通与应用。虽然企业数据事实上归企业所有和控制，但由于缺乏法的明示，也存在不确定性，这对企业间数据共享乃至数据产业的发展构成了阻碍。因此，应明确赋予企业数据生产者对合法收集或数据挖掘的非个人数据享有所有权，且如果是多个企业共同生产的商业数据，则应共同所有，以形成明确的激励机制，促进其进行数据的收集、存储和利用，进而促进数据的流通，数据要素化将更加凸显，这对数据市场的形成与发展也有重要意义。③政府层面的数据界权与保护，包括三个方面的治理改进：第一，应明确政府对自身数据的管理使用权利、相关的责任和义务以及公众的使用权利与义务，推动公共数据开放。政府数据开放与共享已成为当下共识。① 政府管理的公共数据具有公共物品的性质，因而在原则上应为全民所有，公众共享。但是不难看出这会导致公共数据产权"虚置"问题，因为缺乏实操手段，虽避免其归某部门所有，但公众使用权利难以落到实处。因此，需要通过法律来明确政府对数据的管理使用权利，促成上述的公共数据开放。不难理解，只有政府与公众对公共数据的权利皆有法可依、权责明确且具有实

---

① 从国内角度看，根据复旦大学联合国家信息中心数字中国研究院发布的《中国地方政府数据开放报告》，我国 54.83%的省级行政区（不包括港澳台）、73.33%的副省级和 32.08%的地级行政区已推出了政府数据开放平台。从 2017 年的 20 个，到 2018 年的 56 个，到 2019 年的 102 个，再到 2020 年的 142 个，政府数据开放平台日渐成为地方数字政府建设和公共数据治理的标配，"开放数据，蔚然成林"的愿景已初步实现。从国外角度看，根据《联合国电子政务调查报告》（*United Nations E-Government Survey*），截至 2018 年，已有 139 个国家提供了数据平台或目录。参见张建锋. 数字政府 2.0——数据智能助力治理现代化 [M]. 北京：中信出版社，2019.

操性，才能将公共数据的共享性进行落实，从而有效促进政府数据最大化安全开放。① 第二，为有效解决前述的执法监管部门"难作为"的情况，应规范相关部门因履职获取数据的权利与要求，从而确保数据监管合理有效。该界权的出发点在于保障公共利益，赋予执法监管机构获取数据（包含商业数据和个人数据）的权利，规定公共部门对国内任何地方存储数据的访问权，并能切实进行审查与监督，从而有效化解有执法权没有数据权的"难作为"困境。当然，对于监管执法部门也要形成监督，为防止其滥用数据获取权力，应当对其获取数据的条件、程序与具体要求进行明确，形成制度闭环。第三，在数据主权方面，对数据的跨境流动应加强与国际制度性接轨，做好隐私与安全防护。当前，数据的跨境流动呈已然之势，这在前述数据要素的现实指向中有所提及，鉴于数字经济与数据的生命周期特点，传统的基于空间地域的国家主权将受到严峻挑战。我国新出台的《中华人民共和国数据安全法》在数据跨境流动方面存在留白，欧盟的关于个人数据与非个人数据流动的规定可作为参照，可以把跨境数据进一步细分，分为个人数据、涉及国家或公共安全的数据和其他数据三种类型。在具体措施上，规范个人数据的管理，对非个人数据的流动持鼓励态度，但要把涉及国家与公共安全的数据作为非个人数据自由流动的例外进行管理，以此来保护本国的数据主权，这样兼顾且平衡了个人隐私权利、国家安全和数字经济发展三个方面的利益。②

　　总之，对三类数据产权主体的界权与保护性规定（数据权利充分），能够对当前的数据垄断形成制约，具体来看（例证）：个人数据产权的可携权，可以在实质上降低平台的市场势力，平台用户完全可以基于自身的社会性偏好和平台的服务质量将自身的数据"授权"于其他平台，避免自身被数字平台锁定，从而降低因用户的多栖性带来的转换成本，真正体现自主权，而非被动锁定下的多次"注册"。这样能够对平台因垄断而滥用数据的权力形成制约。同时，赋予个人数据可携权在授权转移过程中，能够促进竞争，当从一个平台转向另一个与之存在竞争性的平台时，就形成了平台之间的竞争与制约关系。③

---

　　① 需要指出的是，开放数据≠共享数据≠公开数据。具体来看，共享数据是将自己掌控的数据在"一定的条件下"与"指定的第三方"共享使用。公开数据是指"任何人"都有权访问，但只能在"一定的条件下"获取并使用的数据。而开放数据是要破除掉"是谁能使用数据"和"使用是否有限制"的限制，让"任何人"都能够"没有限制"地去使用数据。置于政府数据的视角看，当前相关的文件如《促进大数据发展行动纲要》等规定的政府数据开放界定为政府机构向社会开放政府数据，而政府数据共享则界定为政府机构之间的数据提供。参见连玉明. DT时代：从"互联网+"到"大数据×"[M]. 北京：中信出版社，2015；李广乾. 政府数据整合政策研究 [M]. 北京：中国发展出版社，2019.

　　② 国研中心创新发展部. 数字化转型——发展与政策 [M]. 北京：中国发展出版社，2019.

　　③ 戚聿东，刘欢欢. 数字平台的数据风险及其规制 [J]. 东北财经大学学报，2021（6）：76-87.

从企业数据产权角度看，赋予其非个人商业数据所有权和匿名化数据的有限所有权可以使其成为"数字守门人"①，从而让一些大型数字平台企业进行自我规制，即通过肯定其内在动机（收集数据等）的方式使其产生自制力，形成自我约束。② 政府层面的数据产权界定，一方面疏解了不合理的行政性数据垄断，另一方面通过规制数据跨境流动，有效制约了"数据强国"对"数据弱国"的数据占有与攫取，销蚀其数据国际垄断地位（数据霸权）的根基。③ 因此，在数据要素发展不平衡的问题上，数据垄断是最直观的表现，除了看到数据与平台各自的经济效应这一表层原因，更应看到其背后是数据权利的制度性残缺，正是数据产权制度的不充分（发展不足，如存在企业数据产权短板），从而导致数据要素发展的不平衡。

二、数据要素发展不充分的治理分析

前一节关注了数据要素化进程的不平衡问题，本节将对不充分问题展开治理分析。不充分关注的是发展总量与发展水平的问题，涉及发展不足与否、潜力释放够不够、发展的短板问题以及发展水平与国际的距离这几个方面。④ 置于数据要素发展的语境下，若要对此不充分性达到明确清晰的认识，不能缺少国内外比较的视角，因为充分与否需要在比较的过程中才能体现出来。在数据发展方面，前述提及的数据市场、数据产业、数据信用、数字税以及数字政府建设与政府数据开放共享等，国外与国内的实践在进程轨迹上基本趋同，两者间具有一定的借鉴意义。

2019 年我国数字经济增加值规模达到 35.8 万亿元，占 GDP 比重达到 36.2%，到 2020 年，我国数字经济规模已达到 39.2 万亿元，占 GDP 比重为 38.6%；数字经济增速达到 GDP 增速 3 倍以上，成为稳定经济增长的关键动力。⑤ 数字经济已成为继农业经济、工业经济的第三种形态，这其中数据成为数字经济的关键生产要素。习近平总书记指出，数据是新的生产要素，是基础

---

① "守门人"（Gatekeepers）是 2020 年 12 月欧盟颁布《数字市场法》（草案）中的核心概念，《数字市场法》本质上就是欧盟的反垄断法，即要求符合"数字守门人"的大型平台不得实行自我优待策略，并有义务与其他竞争对手、监管机构分享数据。参见王融. 中美欧个人信息保护法比较 [EB/OL]. 腾讯研究院，（2021-08-27）[2021-10-08]. https：//www.tisi.org/19493.

② ［美］凯文·韦巴赫，丹·亨特. 游戏化思维 [M]. 杭州：浙江人民出版社，2014.

③ 关于数据产权不平衡与数据霸权问题的研究将置于第七章展开，此处为引，暂且不论。

④ 李伟. 不平衡不充分的发展主要表现在六个方面 [EB/OL]. 中国网，（2018-01-13）[2021-10-09]. http：//cn.chinagate.cn/news/2018-01/13/content_50223130.htm.

⑤ 参见 2021 年 4 月中国信息通信研究院发布的《中国数字经济发展白皮书（2021）》。

性资源和战略性资源，也是重要生产力①，要发挥数据的基础资源作用和创新引擎作用，加快形成以创新为主要引领和支撑的数字经济，构建以数据为关键要素的数字经济。② 这其实就要求充分发挥数据的要素性，以助力数字经济的发展。并且这种效能的发挥还有赖于先进的信息基础设施和丰富的行业应用，因此，发展数据市场成为应有之义。

1. 数据要素市场化配置面临的挑战

在数据要素化进程中，或数据直接作为生产要素参与生产前，一般需要经过市场交换，这是数据要素作为商品的、内在的使用价值与价值矛盾解决的根本出路。当前，数据要素发展不充分的最大表征在于数据要素市场③发展不充分，以此为核心，相应的外延即配套制度也处于待发展状态。前文分析的数据要素在数字经济中的七个现实指向，也包含了发展不充分的问题。数据市场发展与完善成为数据要素化实现的关键一步。然而需要指出的是，当前各国在发展数据市场方面都面临一些共性问题，这表现在：第一，数据估值难。这突出表现在，随着应用领域、用户以及应用场景的不同，相应的价值评价也不同，而且使得价值评价更加复杂。第二，数据的稀缺性不足。在第三章的数据要素性质的分析中，本书指出，数据的稀缺性对应的是数据开发利用的手段是有限的。因为数据自身具有易复制、易传输等特点，一份数据可以被低成本地无限次复制，数据的稀缺性基本上被销蚀。第三，数据确权难。权属不清带来的利益关系紊乱，前述的不平衡分析已有涉及，此处不赘述。第四，数据交易与流通难。因其面临几个痛点问题有待解决，分别是数据权属不明晰、数据质量（假数据的问题）缺乏标准④、数据安全（个人隐私、企业专利、国家机密）待提高⑤和数据定价待讨论⑥。第五，数据共享难度大。这表现在不同地区、不同领域、不同部门、不同企业和不同机构之间的数据共享难，尤其在政府数据开放与共享的层面存在问题，如各单位的数据标准、数据接口和数据类型不同，

① 习近平带政治局集体学习　领导干部要学懂用好大数据 [EB/OL]. 共产党员网，（2017-12-10）[2021-10-08]. http://news.12371.cn/2017/12/10/ARTI1512889152086432.shtml.

② 审时度势精心谋划超前布局力争主动实施国家大数据战略加快建设数字中国 [EB/OL]. 人民网，（2017-12-10）[2021-10-08]. http://politics.people.com.cn/n1/2017/1210/c1024-29696388.html.

③ 方燕，隆云滔. 数据变革、数据理论与数据治理：一个简要述评 [J]. 东北财经大学学报，2021（3）：15-27.

④ 高质量的数据应该具有准确性、完整性、一致性和及时性。参见李纪珍，钟宏. 数据要素领导干部读本 [M]. 北京：国家行政学院出版社，2021.

⑤ 例如，2020年6月20日，科技巨头甲骨文公司（Oracle）的数据管理平台 BLueKai 因为在服务器上不加密码泄露了全球数十亿人的数据记录。

⑥ 熊巧琴，汤珂. 数据要素的界权、交易和定价研究进展 [J]. 经济学动态，2021（2）：143-158.

导致数据共享难度大。第六，市场监管难。数据要素作为一种新的生产要素，对应于新技术、新领域，在市场发展早期，相关的规则、法律不健全是必然，这势必导致数据市场处于一个没有标准、没有进出门槛和没有监管的状态，从而产生一些问题也在情理之中。不难看出，上述六个方面，每一个方面的缺失都会制约数据市场的发展。从国际的比较视角看，当前各国的数据市场发展参差不齐，也是应有之义。同样，其对应的数据权利保护、数字技术设施、数据产业、数据立法等也莫衷一是。针对上述的挑战，我国出台了《中共中央 国务院关于构建更加完善的要素市场化配置体制机制的意见》，指出要根据不同要素属性、市场化程度差异和经济社会发展需要，分类完善要素市场化配置体制机制。置于数据要素的语境看，就是要根据数据要素的性质有针对性地发展相关市场，以体现其价值，同时建立起与之配套的体制机制①，如数据产权交易机制、数据市场运营机制以及相应的报酬机制等。

2. 数据要素市场发展不充分的国际视角

此处以数据市场的发展水平比较为核心，并外延至各国的数据权利保护、数字技术设施、数据产业、数据立法等方面，以期从国际数据要素市场发展失衡的角度来理解国内数据市场发展的不充分，找出当前发展面临的关切点，以此作为治理改进的主要内容。具体言之，对于数据市场的比较分析，应包括国际比较和各自市场（规则）在国际市场扮演的角色（话语权）这两个方面，当然两者之间是具有联系性的。

首先，从要素市场化配置的一般性角度看，该过程涉及三个子系统，分别是进入市场的要素、一定产权制度约束下的要素供求双方和市场秩序。三个系统的有效性直接决定市场机制的有效性。② 从现实的实践上看，各国发展数据要素市场实际上（首要的目的）都是在推动"数据供给的市场化"。③ 从前述的数据生命周期（采集—存储—加工—传输—应用—清理、保存或删除）的角度进行理解，即数据供给的市场化就是要通过外部力量加快推动数据生命周期中的一个或多个环节的市场化进程。数据有效供给不足是数据要素市场发展不充分的一个重要特点。不难理解，交易标的物产权明晰是交易的前提，进入市场的数据要素必须是权属明确且不存在争议的，但是现实的情况是数据要素市场正掣肘于数据权属关系紊乱，数据要素化进程受阻，由此造成市

---

① 上述的六个层面共性问题，也说明数据市场无论是在生产力层面（要素效能发挥不够）还是在生产关系（产权制度、报酬机制不健全）和上层建筑层面（治理、监管难），都凸显了数据发展的不充分性。

② 洪银兴. 完善产权制度和要素市场化配置机制研究 [J]. 中国工业经济, 2018 (6): 5-14.

③ 杨锐. 培育数据要素市场的关键：数据供给的市场化 [J]. 图书与情报, 2020 (3): 27-28.

场的供求双方无序争夺数据资源，造成数据产权侵害现象。在提升数据要素的有效供给方面，美国与欧盟走在前列。需要指出的是，国内数据要素的有效供给与之相比虽存在一些差距，但应该形成自身特色的供给规则与服务体系，如在供给规则体系建设的方面，可以采取与欧盟不同的方式，依据数据自身的性质，采取所有权+用益权的方式。肯定处理、采集环节的数据所有权和服务、利用环节的用益权，从而建立有中国特色且又符合全球趋势的有偿共享规则体系。①

　　在解决数据有效供给的问题后，数据要素供求双方的存在以及市场秩序所维系的交易流通便成为重要环节，因为数据界权仅解决了数据来源有效的问题，要素性质的发挥与价值实现离不开后续的交易流通。在促进数据流通的问题上，国外举措多元，主要归结为三个方面②：一是赋予数据交易合法性。美国是推动数据交易合法化的典型国家，数据交易商（Data Broker）是典型代表。此外，前述提及的《加州消费者隐私法案》（CCPA）对于数据交易者的义务也进行了规定。二是官方给予数据流通指引法规或条例。如 2017 年 6 月日本制定的《数据使用权限合同指引》，针对数据提供类、数据产生类和数据共享类三类不同的数据合同明确了合同订立时需要考虑的一些关键性因素，与此同时还提供了相应的合同模板，以此促成相应交易的标准化，具有重要的参照意义。三是基于行业组织层面搭建起数据流通空间。有别于政府部门的举措，该途径主要是基于产业联盟或标准化组织的助力，设立统一数据标准促进数据流通，如日本工业价值链促进会于 2019 年 5 月发布的《互联产业开放框架》（CIOF）提供了一套"标准+技术+机制"的流通解决方案。

　　对比国外，我国在推进数据交易流通方面还处于探索期，尚未制定数据流通利用的法规，从而在相应的合法性、流通模式等方面还存磕绊。具体来看，在数据交易的合法性层面，现有的法律法规仅对数据处理的合法性做了明确规定，但对于可交易流通数据的范围、类型、标准尚未明确，从而导致供求主体的交易意愿不强；在具体的交易流通规则方面，数据要素定价、交易双方的权利义务以及对数据不正当竞争问题的规制也尚未明确，这势必导致数据流通的动力不足；在数据流通模式方面，目前已有的模式③即第三方交易平台（交易

　　①　姜奇平. 面向价值化探索数据要素市场化之路［J］. 互联网周刊，2021（6）：70-71.
　　②　参见 2020 年 11 月中国信息通信研究院、美团、北京市君泽君律师事务所发布的《数据治理研究报告（2020 年）——培育数据要素市场路线图》。
　　③　根据现有研究，有学者将当前的数据流通模式归纳为三种类型，分别是"政府数据平台+政企合作机制+精准治理"模式、"产业化联盟+产学研合作机制+协同治理"模式、"数字经济产业园+数据交易机制+迭代治理"模式。参见陶卓，黄卫东，闻超群. 数据要素市场化配置典型模式的经验启示与未来展望［J］. 经济体制改革，2021（4）：37-42.

所）和企业在实践中形成的交易流通模式也处于起步阶段，现有的流通规模掣肘于数据技术与数据标准的不成熟。

其次，从各自市场（规则）在国际市场扮演的角色（话语权）层面看，数据跨境流动、数字服务贸易成为主要关切点。各国进行数据立法的目的不仅仅是为本国国内数据市场发展扫清障碍，更是为了在国际市场抢占数据发展的先机并建立起自身的话语权规则体系。这就导致了国际数据市场上的利益冲突与合作并存的局面。具体来看，利益冲突体现在两个方面：一是美国对待数据流动的"双标"与"长臂管辖"和欧盟在数据流动方面的"内松外严"存在冲突。欧洲政策研究中心（CEPS）2019 年发布的研究报告表明，西方国家 94% 的数据都存储在美国公司的服务器上。这意味着欧洲在与美国的数字竞争中处于明显的劣势地位，这一方面体现了欧盟互联网企业在规模和市场份额上的相对弱势地位，另一方面体现了欧洲公民的隐私问题面临巨大的威胁，美国的"长臂管辖"更加重了欧洲的担忧。[①] 因此，不难理解欧盟的"内松外严"的应对举措——其 2020 年发布的《欧盟数据战略》旨在建立起内部的"单一市场"，促进数据内部自由流动，限制外部流动。与此同时，欧盟也出台了一些贸易保护措施，积极培育独立于美国的本地化的数据市场，以形成抗衡美国在信息技术和数字经济领域的支配性地位的力量，维护自身数据主权。二是美国的数据霸权地位遭到我国数字经济异军突起的冲击，中美两国也存在利益冲突。这表现在我国的科技与互联网企业给美国高科技企业的全球垄断地位与数据霸权带来了重要挑战。由此不难看出，各国在数据市场领域的国际博弈实质上也是对国际话语权、国际规则制定权的争夺。

当然，国际数据市场上利益共存的一面也不容忽视，这表现在，中国在"一带一路"发展背景下，构建"数字丝绸之路"，实现与沿线国家跨境数据流动的合作。在"一带一路"的数据市场中，我国扮演着重要角色。一方面，从我国自身的优势上看，我国与沿线国家跨境数据流动的相关产业合作密切，如在信息基础设施建设、跨境电商、"互联网+"等方面为各国提供助力，促进深度合作。另一方面，我国在与沿线国家跨境数据流动的合作中已经探索了多种机制，如在形成发展共识方面，达成《二十国集团数字经济发展与合作倡议》《"一带一路"数字经济国际合作倡议》等；在产业发展层面，通过签订备忘录等形式达成合作意向，合作前景广阔。[②] 总之，通过域内外比较与国际数据市场的博弈两个方面探讨数据要素市场的不充分问题，不难看出，整体的失衡与

---

① 面对这项主权的争夺，欧洲急了 [EB/OL]. 凤凰网，（2020-07-22）[2021-08-30]. http://news.ifeng.com/c/7yJJKRTFChF.

② 王金照，李广乾. 跨境数据流动——战略与政策 [M]. 北京：中国发展出版社，2020.

局部的不充分共同形成了当前的失谐格局。

3. 数据要素发展不充分的治理改进

针对前述关于数据要素市场不充分的分析表明，除了面临共同的问题外，我国也存在自身的特点。从治理的角度看，主要包括三个方面：一是要促进数据供给的市场化，增加有效供给；二是数据交易流通利用的规范化、标准化；三是积极参与推动数据要素的国际市场规则建设，维护本国数据主权。本节不执拗于具体问题的对策研究，而是从原则层面或者理论层面进行对策分析，与实际衔接的部分（数据估值、定价、交易模式等）将置于第八章展开。

在促进数据要素有效供给的问题上，相应的政策选择既要考虑本地化特点，也要有数据跨境流动的治理视野。不难看出，数据要素市场相比传统的要素市场，其灵活性有过之而无不及。首先，从本地化的视角看待数据要素的有效供给问题，围绕数据的生命周期而形成的产业链或者价值链，其每一个或者多个环节本身就能形成相应的商业模式，商业模式的本质就是价值实现的手段，这是离不开市场的。数据权属问题是关键，需要进行明确，这在前文不平衡的问题中已经说明，故不赘述。进一步地，需要在环节层面培育相应的供给主体，将各环节的服务分割与整合，从而让数据的供给具有切实的载体，如政府（作为主要数据源之一）提供共性需求的基础类数据库服务（涉及人口、信誉、知识产权等）或培育一批企业构建面向社会场景的消费者行为数据库等，对于一些主要的数据源头进行充分的整合。延伸到行业层面，除了在环节层面发力，还可以从需求侧发力，即不断扩展数据要素的应用领域、场景，从而形成规模化需求，反向加快数据供给方面的市场化进程。自下而上看，在顶层设计层面，可以考虑设置一个总的数据管理机构，形成制度调配的核心机制，可以有效降低交易成本。其次，从数据跨境流动的视角来看，数据的净流入也构成一国内数据供给的重要来源，那么，如何与国内数据市场接轨，不仅要考虑到数据流出国的数据管理制度，也要考虑数据处理的相关标准是否符合双方的法律法规。① 因此，在该层面，制度性接轨成为必然之路，这对于整合并完善一国的数据跨境流动管理体系形成了倒逼机制，既要通过组织管理体系的完善形成自主管理权，也要在数据跨境流动问题上，形成相互间的认可标准（如数据认证标准）。国内可以由点到面进行标准化试点，待成熟后转向国家地区之间，由小范围局部性转向大范围整体性。

在数据交易流通利用的规范化、标准化方面，国内当前的现实是尚未建立

---

① 相关案例参见谷歌违反欧盟用户信息条例，或将罚款全球利润 4% ［EB/OL］. 搜狐网，（2018-08-16）［2021-10-14］. https：//www.sohu.com/a/247538384_100144307.

起数据流通利用的法律体系。从我国自身的实际看，我国在发展数据市场方面具有巨大的优势：一则我国是数据大国，海量的数据资源为其发展提供巨大空间；二则在物质载体即基础设施方面，新基建的日益完善为数据流通打下坚实基础；三则在数字产业化趋势的带动下，催生了具有高创新力和发展潜力的大数据独角兽企业，这为数据的交易流通培育了产业基础。① 在这样有利的情形下，数据的交易流通成为必然之势。前述的美欧各国在数据交易流通方面的立法举措形成重要参考。我国对照国外的相关经验——赋予数据交易的合法性、官方给予数据流通指引法规或条例、基于行业组织层面（产业联盟）搭建起数据流通空间——形成相应的发力点：一是我国应积极鼓励和促进合法的数据交易，《中华人民共和国数据安全法》《广东省数字经济促进条例》② 的颁布已经开了好头，应遵循先试点、后推广的思路，逐渐把发展成果扩大。二是行业主管部门要对企业间的数据共享进行有序引导与规范，例如，2020 年工业和信息化部发布的《工业数据分类分级指南（试行）》③《工业和信息化部关于工业大数据发展的指导意见》④ 等政策文件对电子商务、工业数据共享流通进行了规范，该举措对于政府数据的共享与开放已然形成一种示范与互促效应。三是要积极发挥行业组织的自律性，一个包含内在动机的系统往往会产生自制力。中国广告协会互联网广告数据服务就是突出代表。⑤ 除此之外，企业自身也应自主开展数据流通合作，从目前已有的实践看，腾讯与京东进行的数据战略合作可视为代表，其"京腾计划 3.0"实现了三大突破升级，其中之一便是数据升级——多方数据沉淀、创造连接价值。⑥ 但是，在看到企业通过数据战略合作形成发展剩余的同时，还应考虑到数据垄断的问题，这是数据自由流动的主要障碍。

在积极参与推动数据要素的国际市场规则建设（数据跨境流动）、维护本国数据主权方面，当前美欧各国已然通过借助数据立法、数据战略等措施强化其在国际市场上的规则主导权，在此背景下，我国应适势与适时进行相关的制度建设与顶层设计，形成与我国自身发展相适应的数据跨境流动治理体系，从

---

① 从 2014 年以来，我国的数据交易平台已经超过 50 个。参见王伟玲，吴志刚，徐靖. 加快数据要素市场培育的关键点与路径 [J]. 经济纵横，2021（3）：39-47.

② 广东省数字经济促进条例 [N]. 南方日报，2021-08-11（A07）.

③ 2020 年 2 月 27 日，工业和信息化部办公厅印发了《工业数据分类分级指南（试行）》。

④ 工业和信息化部关于工业大数据发展的指导意见 [EB/OL]. 中国政府网，（2020-05-15）[2021-10-14]. http://www.gov.cn/zhengce/zhengceku/2020-05/15/content_5511867.htm.

⑤ 官方网址：http://www.china-caa.org/digital.

⑥ 京腾计划 3.0 打破边界，开启营销一体化时代 [EB/OL]. 腾讯网，（2018-04-17）[2021-10-14]. https://tech.qq.com/a/20180417/036815.htm.

而在国际市场上强化自身的规则主导权。主要包括以下方面：一是在顶层设计方面，应统筹规划，分级分类管理，形成数据跨境流动战略，确立相关原则与框架，原则方面如由传统的国家主权向数据数字经济相关的全球协助治理转变等，制度框架方面，欧盟模式是重要参考。① 二是以法的形式明确建立起数据要素的"长臂管辖"和贸易救济机制，一定程度上参照美国的策略机制，对数据的流向及使用进行限制。同时，为应对境外救济主体对我国数据安全造成的危害，还应该确立相关追究的司法和执法规则，辅之以司法解释，从而将"长臂管辖"法制化与规范化。② 另外一个思路也可借鉴欧盟的"白名单制度"，其实践指向是应对缺乏充分性认定的情况，欧盟为企业提供了遵守适当保障措施条件下的一种转移机制，也就是建立起局部性的自由流通区域，欧洲的数据"单一市场"是典型。三是积极开展数据领域国际交流与合作，广泛参与数据要素市场相关国际规则和标准的制定。如对"一带一路"国家实行分类合作策略，主要的思路是将跨境数据流动嵌入有关的贸易投资协定中。③ 通过双边谈判，以贸易协定或"安全协定"的方式，达成能够落地执行的合作策略，从而在实质上促成数据流动和沿线经济发展。此外，当前的数字税的问题不能忽视，因为在当前的全球数字经济格局下，数字税、贸易保护等措施的背后其实是落后国家应对国际市场冲击、维护本国数字经济发展成果和数据主权的必然选择。与美欧等发达经济体相比，我国位列其后。因此，对于数字税收的政策研究也应提前布局。④ 需要指出的是，征收数字税包含两个方面的含义：①从国内视角看，随着数字经济的发展，一些数字产业、数字化业务与商品的出现与发展，势必需要税收进行再分配调节，从而让发展成果惠及大众。②从国际视角看，在数字贸易层面征收数字税，一则避免税收流失，二则起到保护本国数字产业的作用。然而，从当前的发展实践上看，我国征收数字税的条件还不具备，一方面，征税会构成对现有的尤其是处于发展期的数字企业的发展阻力；另一方面，从国际合作方面看（如"一带一路"建设），如果征收数字税，对于正处于数字经济发展起步阶段的国家来说，势必带来反制作用。因此，提前对数字税的政策研究具有重要的前瞻性，这对当下税制的完善与包容性的提升具有重要意义。

　　总之，基于上述产权与治理两个方面的分析，可以看出，在数据本身映射的社会关系的复杂性上已经形成基本共识，数据要素问题很难借助单一的权属

---

　　①④　王金照，李广乾．跨境数据流动——战略与政策［M］．北京：中国发展出版社，2020．

　　②　周辉．加快数据法治建设　推进数据要素市场化改革［J］．中国信息安全，2021（1）：94-95+100.

　　③　张茉楠．跨境数据流动：全球态势与中国对策［J］．开放导报，2020（2）：44-50.

理论"一刀切"式地解决，同样，单一治理亦不是可选之策。应坚持"在实践中规范、在规范中发展"的原则①，对上述探讨的数据要素发展不平衡与不充分的总问题进行逐步纾困：明确权属、定分止争，以规制数据垄断，增加数据的有效供给；以匿名化的形式促进个人数据要素化进程，保护个人隐私，个人权益意识的提升、企业加强行业自律以及政府完善法规皆是应对之举；数据开放与共享，尤以政府数据开放为主，化解"数据孤岛"，加强数据整合与管理，以确保安全开放与共享；发展数据市场，促进数据交易流通与利用，以发挥数据在各行各业的提质增效作用，促成新业态，引领新发展；数据跨境流动涉及国家数据主权，是数据产权国际化的必然趋势，跨境管理与国别合作才能实现共赢。以上五个方面，也是数据治理的应有之义。②

---

① 田杰棠, 刘露瑶. 交易模式、权利界定与数据要素市场培育 [J]. 改革, 2020 (7)：17-26.
② 不难看出, 对于数据要素化进程所涉问题的治理, 既有制度层面, 又有技术层面, 只有两者结合才能真正实现数据要素的规范化发展, 这将在后续章节进一步深化, 此处为引。

第五章　数据要素产权实现的价值运动分析

　　第四章围绕数据要素的产权关系、法权关系以及数据要素与数字经济之间的关系问题进行了阐述，并给出了全书的分析架构。本章则集中回答两个问题：一是数据作为一种生产要素，是否创造价值？这是进行政治经济学研究绕不开的问题，必须予以解答，既是第四章的理论补充，也是对现代经济学中的要素价值论进行政治经济学批判，以此回应现有文献中"数据创造价值"的疑论。二是研究数据要素在价值运动中所扮演的角色，即从价值运动的总过程反观数据要素在数字生产方式中呈现的一些特点，比前一个问题更进一步，也是对第四章分析的深化。

第一节　"数据价值论"辨析

　　前文关于数据特征的分析表明，数据自身所映射的社会关系性与价值的社会关系性具有耦合关系，但不是同一关系。数据所含的社会关系不仅有经济的，也有政治的、文化的等诸多方面的关系，而价值是一种社会评价，是一种经济关系的体现。由此可以看出，两者并不等同。同时，这也表明数据为何商用获利的问题，因为其包含了这种经济关系。但是商用获利并不等同于数据创造价值，而是凝结在数据中的活劳动创造价值。抽象活劳动创造价值是马克思劳动价值论的核心观点，"数据创造价值"显然是一种泛价值化的研究，具有庸俗性，同时对价值论来源问题的分析不能脱离劳动（过程）。在数字生产力与数字生产关系形塑的数字生产方式下，传统的劳动过程已向数字劳动过程转变[①]，这一现实意味着对于数据价值创造与否的问题应结合数字劳动过程予以揭示。因此，在展开分析前，需明确劳动过程的一般性与数字劳动过程的特殊性。

---

　　① 韩文龙，刘璐. 数字劳动过程及其四种表现形式［J］. 财经科学，2020（1）：67-79.

一、劳动过程的一般性与特殊性

对于劳动过程，马克思在《资本论》及其手稿中有过专门的论述，从一般性的角度看，劳动就是指劳动力的使用过程，是制造使用价值的有目的的活动，是为了人类的需要而对自然物的占有，是人和自然之间的物质变换的一般条件，它为人类生活的一切社会形式所共有。① 劳动过程的基本要素构成为：有目的的活动或劳动本身、劳动对象和劳动资料。② 在特殊性方面，马克思考察了资本消费劳动力的过程，指出其除了具有劳动过程一般的规定性外，还具有两个显著的特点：一是工人在资本家的监督下工作，工人的劳动属于资本家（资本购买了劳动力一定期限的使用权）；二是工人的劳动产品为资本所有，而非直接生产工人所有。③ 在总的资本主义劳动过程的性质上，马克思指出，资本主义商品生产过程是劳动过程与价值形成过程的统一。④ 在进一步的再生产视角的考察分析中，马克思指出，其不仅生产商品，不仅生产剩余价值，而且还生产和再生产资本关系本身：一方面是资本家，另一方面是雇佣工人。⑤ 总之，马克思的劳动过程论着重揭示了资本主义劳动过程中劳动从属于资本（形式的转向实际的）、资本控制劳动过程，并由此引发剥削的现实。⑥ 此后的一些学者对资本主义下的劳动过程理论也进行了不同程度的研究，经历了研究范式上马克思理论传统的复归与研究内容上的工人主体性的缺失到复归这样一种研究的演进，但总的含义表明，资本在减少劳动过程的不确定性与使其成为自身的附庸上，也做了许多有意义的探索。⑦

数字经济的背景下，传统的劳动过程已向数字劳动过程转变。首先，研究数字劳动应该进行明确的定位，相关学者研究指出，资本主义劳动过程的发展呈现明显的阶段性，即"工厂手工业阶段—机器工厂阶段—福特主义大规模生产阶段—后福特主义大规模弹性生产阶段"⑧。发展到后福特时代，数字信息技术的大规模使用构成了劳动过程的重要内容，打破了传统生产、营销和管理过

①②③④⑤　马克思. 资本论（第1卷）[M]. 北京：人民出版社，2004.

⑥　王蔚. 数字资本主义劳动过程及其情绪剥削 [J]. 经济学家，2021 (2)：15-22.

⑦　[美] 哈里·布雷弗曼. 劳动与垄断资本——二十世纪中劳动的退化 [M]. 北京：商务印书馆，1979；Montgomery D. Workers Control in America: Studies in the History of Work, Technology and Labor Struggles [M]. Cambridge: Cambridge University Press, 1979；Friedman A L. Industry and Labour [M]. London: The Macmillan Press Ltd., 1977；Edwards R. Contested Terrain: The Transformation of the Workplace in the Twentieth Century [M]. New York: Basic Books, 1979；谢富胜. 从工人控制到管理控制：资本主义工作场所的转型 [J]. 马克思主义研究，2012 (12)：56-66+153-154.

⑧　谢富胜. 资本主义劳动过程与马克思主义经济学 [J]. 教学与研究，2007 (5)：16-23.

程中的一些沟通与监管障碍，尤其是对于劳动过程的不确定性的降低十分明显，而数字劳动过程正处于该阶段。其次，应从劳动过程的一般性构成要素来进一步认识数字劳动过程。在劳动的目的上，是要生产出满足人民多样化需求的产品和服务，这与一般劳动目的无异，但是在达成这个目的的过程中，其劳动的对象有了变化，主要表现为劳动对象的数字化——数字化的知识与信息以及传统劳动对象与前两者的结合部分。在劳动资料方面，为了将活劳动传导到劳动对象上，可能需要不同形式的劳动资料，可以是作为劳动对象的容器形式、生产工具形式、生产工具的辅助形式①，亦可以是整合劳动过程的信息。总之，一个劳动过程的完成需要各项劳动资料的助力。在数字劳动过程中，数据的重要性不断凸显，因其直接关系到资本对劳动过程的管理与控制。数据控制成为劳动控制的主要表现。

具体来看，一方面，数据控制促成了劳动者劳动时空的去同步化和灵活化，原有的传统的劳动时空具有线性的特点，但在互联网平台的技术赋能下，离散性趋势逐渐凸显。尤其在平台的零工经济中，形成了"中心—散点"结构。②但是需要指出的是，劳动空间的解放并不意味着劳动时间的解放，当劳动的空间延展至社会化大生产的格局下时，劳动者依然要依据相关的生产使用价值的社会必要劳动时间进行劳作。资本严控劳动时间的表现可从家政服务的时间管理的训诫和数字资本公司项目制下截止日的制度中窥见一斑。另一方面，数据控制除了利用劳动时间监督劳动过程以外，还渗透进具体的劳动过程之中，"引导"具体的劳动过程，通过规范化劳动环节，纠正"不合理"的劳动方式，降低出错概率，最终优化劳动过程。相关的例子在微软公司研发的 Workplace Safety 软件以及深圳 0glass 公司研发出的工业级 AR 眼镜的应用中得以窥见。

此外，还应看到数字劳动过程带来的去劳动关系化的问题，当前出现的"非雇佣制""众包""零工""玩工"等情形冲击了传统的雇佣劳动关系。去劳动关系化与去技能化甚至去保障化构成了当前数字劳动过程的负效应，因其解绑了传统劳动关系与社会保障的绑定关系，并且去技能化导致劳动者间的竞争普遍化，尤其对传统雇佣制下的数字劳动工人与平台零工而言③，这种趋势对其生存与发展构成了较大的威胁。

---

① 马克思. 资本论（第 3 卷）[M]. 北京：人民出版社，2004.

② 刘皓琰. 从"社会矿场"到"社会工厂"——论数字资本主义时代的"中心—散点"结构[J]. 经济学家，2020（5）：36-45.

③ 韩文龙，刘璐. 数字劳动过程中的"去劳动关系化"现象、本质与中国应对[J]. 当代经济研究，2020（10）：15-23.

不难看出，去劳动关系化扩大了资本占有无酬劳动的范围，使得多种具体劳动被纳入资本的围猎范畴，以非雇佣的产消者为例，有学者指出，资本通过将休闲活动劳动化进行利润的获取。① 若要实现这一过程，还需要一些条件，例如，改造传统的劳动形式，冠之以休闲的名义；消除工作日的概念，从而消除有酬劳动与无酬劳动的界限；进一步促进人的"数据化"，将休闲活动的副产品甚至休闲活动本身作为一种劳动产品等。由于资本通过前期投入，实现了对数字基础设施的垄断，从而在实际上占有了上述休闲活动的产品。休闲活动虽不是市场性劳动（有偿性），但却是生产性劳动，只不过被"玩"的消极意义所掩盖。因此，价值创造的范围也从雇佣劳动延展至自由劳动之中。理解的关键在于劳动对资本的形式隶属被销蚀，但实际隶属在加深。这将在后文去劳动关系的价值创造中进一步阐述。

总之，数字劳动过程覆盖的内容比较广泛，涉及两大类雇佣关系和四种形式的数字劳动，且核心生产资料主要以数字化的知识和信息为代表（数据作为载体）②，构成了数字经济时代的独特劳动过程。当然，数字劳动过程也存在生产性劳动与非生产性劳动的区分，界限在于是否与生产资料一起参与新价值的创造。③

二、要素价值论的误区

有别于劳动价值论的一元论，要素价值论是一种"多元价值论"，即认为除了劳动，资本、土地等生产要素都创造价值。从经济史的角度看，要素价值论最早可追溯到威廉·配第的《赋税论》，其著名的"土地是财富之母，劳动是财富之父"的论断构成了二元价值论。④ 在亚当·斯密的《国富论》中既有劳动价值论的合理观点，又有多元要素价值论的分析，前者的合理成分由大卫·李嘉图继承下来并由马克思发扬光大，进而被后来的马克思主义经济学家所传承；后者则由法国经济学家萨伊和英国经济学家马尔萨斯继承并完整提出，经由纳索·威廉·西尼尔（Nassau William Senior）、约翰·穆勒（John Stuart Mill）等进一步深化，构成了现代西方主流经济学的理论基础之一。⑤

---

① 刘皓琰. 玩劳动与玩工的剥削机制研究 [J]. 天府新论，2019（1）：11-18.
② 参见 2016 年 G20 杭州峰会发布的《二十国集团数字经济发展与合作倡议》中关于数字经济的定义。
③ 韩文龙，刘璐. 数字劳动过程及其四种表现形式 [J]. 财经科学，2020（1）：67-79.
④ 胡寄窗. 西方经济学说史 [M]. 上海：立信会计出版社，1991.
⑤ 蔡继明，陈臣. 论古典学派价值理论的分野 [J]. 经济学动态，2017（6）：143-154.

　　资本—利息、土地—地租、劳动—工资即"三位一体"公式构成了要素价值论的核心内容，其后的发展都在此基础之上。在《资本论》（第3卷）的第四十八章，马克思对上述三种"收入"逐一批驳，指明其矛盾性在于"让两个不能通约的量互相保持一种比例"①。在"资本—利息"的关系上，庸俗经济学家们抛开作为价值的资本，而关注于资本的物质形态，从而资本被理解为一定的、在货币上取得独立表现的价值额。②把利息看作是剩余价值转化而来的一部分，是社会关系。这样，一方是作为生产资料的资本，表现为使用价值，是物。另一方是剩余价值，是社会关系的特殊形式。从而把使用价值与价值放在一个比例关系中，显然是矛盾的。在"土地—地租"关系中，没有价值的使用价值土地和交换价值地租也出现了一种当作物来理解的社会关系竟被设定在同自然的一种比例关系上的情形。③在"劳动—工资"关系中，首先，用工资表示的劳动力的价格混同劳动力的价值，两者存在矛盾，因为价格只是价值的表现形式。工资的形式掩盖了工作日分为必要劳动和剩余劳动、有酬劳动和无酬劳动的一切痕迹。全部劳动都表现为有酬劳动。④现实的情况是，资本家付给工人的工资只是劳动力价值的一部分，而非全部，工人的无酬劳动没有获得相应的等价物，这就是资本家的秘密。其次，在该关系中，一方是劳动，另一方是劳动的价格，即工资。劳动虽是价值的实体和内在的尺度，但是它本身没有价值。⑤价格是价值的货币表现，如果说劳动本身有价格，那就要承认劳动本身也有价值。而该关系式现在说没有价值的劳动却有价格，这显然是矛盾的。然而，对于资本主义（庸俗经济学家）来说，这个公式的最大好处就是，人们已经看不出收入的真正来源，更看不出各种收入源泉之间的联系。

　　"三位一体"公式的症结在于把价值分配与价值创造相混淆。马克思通过对该公式的分析与批判指出⑥，工资、利息、企业利润和地租等这些分配形式都是生产要素所有制形式作用的结果，而所有制形式只是分配的依据，它们并没有创造这个新价值（V+M），因而不是收入的源泉。利息、企业利润和地租都是源自劳动者的剩余劳动所创造的剩余价值（M），而劳动者的收入即工资的源泉则是劳动者的必要劳动所创造的价值（V）。所以，劳动是各种收入的唯一源泉。然而，资产阶级的庸俗经济学家们通过把局限在资产阶级生产关系中的生产当事人的观念当作教义来加以解释、系统化和辩护⑦，形成"三位一体"的公式，把人与人的社会关系歪曲为单纯的物与物的关系⑧，从而掩盖资本主

---

①②③⑥⑦⑧　马克思. 资本论（第3卷）[M]. 北京：人民出版社，2004.

④⑤　马克思. 资本论（第1卷）[M]. 北京：人民出版社，2004.

义生产关系及其矛盾的真相。

"三位一体"公式（理论）发展至今，相继出现企业家、技术、管理甚至机器、自然资源等创造价值的论断①，试图"改造""嫁接"马克思的劳动价值论，在"发展"的名义下予以否定，如此种种，引发了学术界的论争。② 当前出现的"数据创造价值"的论点，不外是上述泛价值论的翻版。

三、数据助力价值创造

数据成为要素虽有历史必然性，但在价值创造的问题上，不具现实性或者理论根据。相反在协助价值创造或者转移旧价值上是有理论依据的，即劳动的二重性。③ 劳动二重性的基本观点认为，具体劳动创造使用价值，抽象劳动创造价值。④ 活劳动的自然恩惠就在于它既创造新价值又保存旧价值⑤，即新劳动的单纯追加，虽然不生产旧的价值，而只是给旧的价值创造一个追加额，只是创造一个追加的价值，但同时旧的价值会保存在产品中。⑥ 在劳动过程中，有的生产资料经由工人的活劳动实现原有的价值转移，有的就是协助新使用价值的形成，原因在于它本身不是劳动产品，不会向产品转移任何价值，只是充当使用价值的形成要素，而不是充当交换价值的形成要素。⑦

在数字劳动过程中，数据作为生产资料（数字化的知识和信息），一般是指经过采集的数据⑧，而采集存储过程势必需要耗费一定的劳动量⑨，因此，展现在人们眼前的数据，本身已经蕴含了一定的劳动量，因而是一种劳动产品，更何况数字化的知识和信息。因此，在数据作为生产资料参与到具体的生产过程时，在活劳动的作用下（尤其是脑力劳动），使得数据进一步与算法、模型得以结合⑩，数据中蕴含的信息得以显化，信息进一步转为知识，知识再转化

---

① 晏智杰. 应当承认价值源泉与财富源泉的一致性［J］. 北京大学学报（哲学社会科学版），2003（2）：24-26；刘有源，田辉玉，郭晓玲. 论机器、土地为什么创造价值暨泛价值论［J］. 经济评论，2004（5）：36-40.

② 蒋南平，崔祥龙. 不能脱离马克思的理论框架来发展劳动价值论［J］. 经济纵横，2013（10）：9-12+51.

③④⑤⑦ 马克思. 资本论（第1卷）［M］. 北京：人民出版社，2004.

⑥ 马克思. 资本论（第3卷）［M］. 北京：人民出版社，2004.

⑧ 能够作为生产要素的数据更多的是指由互联网互动所生成的具有海量异构、动态分布、即时更新、快速生成等特点的各种结构性与非结构性的数据记录。参见李纪珍，钟宏. 数据要素领导干部读本［M］. 北京：国家行政学院出版社，2021.

⑨ 朱方明，贺立龙. 搜寻、发现劳动与价值创造——兼论成为商品的自然资源的价值决定［J］. 教学与研究，2012（2）：19-25.

⑩ 数据生产效能需要与算法、模型相结合才能充分发挥。

为生产决策（数据服务）或者直接形成数据商品。这其中创造价值的仍然是人的活劳动。

　　然而，与传统劳动过程中生产资料参与生产导致其使用价值的旧形式消失观点[1]不同的是，数据的反复使用并不会导致自身资源的消耗或价值的贬损，反而有利于其迭代升级与即时更新。不仅如此，从生产资料转移给产品的价值方式的角度看，一般认为有两种形式：一是生产资料全部进入劳动过程，但只是部分地进入价值形成过程；二是一种生产资料能够全部进入价值形成过程，而只是部分进入劳动过程[2]。在数字劳动过程中，由于生产方式的不同，数据参与生产的形式也不同。有的数据是作为劳动资料，全部进入劳动过程，但只是部分进入价值形成过程，如企业的生产决策。而有的数据是作为劳动对象，全部进入价值形成过程，但部分进入劳动过程，如算法模型只是提取其中有用的信息与知识，这部分是进入劳动过程的。但是，作为劳动资料的数据还有以下趋势，从数据的技术性特征即无限复次使用的角度看，这种使用价值在劳动过程中能持续 N 天（N→+∞），这意味着它在每个工作日丧失它的使用价值的 $1/N$，因而把它价值的 $1/N$ 转给每天的产品，然而当 N 趋于无穷大时，$1/N$ 趋近于 0。意味着数据并没有丧失其使用价值（可复制性），其价值更是如此。如此，数据没有任何价值转移，俨然成为一种不会"磨损"、不会"折旧"的固定资本。数据的这种性质对于数字企业来说是极大的利好。正如马克思所说，真正的劳动资料（工具、机器、厂房和容器等），只有保持原来的形态，并且第二天以同前一天一样的形式进入劳动过程，才能在劳动过程中发挥作用。[3]不过，数据对于"真正的劳动资料"来说，更是如此。

　　马克思基于资本的不同部分在资本本身的价值增殖过程中（剩余价值的生产）所执行的不同职能，将其分为不变资本与可变资本。[4] 数据显然具有不变资本的性质。而且，在从生产资料转移给产品的价值的限度上看，不难看出，生产资料加到产品上的价值绝不可能大于同它们所参加的劳动过程无关而具有的价值[5]，这样的规律对于数据来说，显然也是适用的。

　　总之，无论数据是作为劳动对象还是劳动资料，其协助价值创造的特征是显著的，即助力使用价值生产的倍增（如提高某一生产效率）、优化资源配置（降低交易成本实现高效高质生产）等。当前出现的所谓"数据价值创造闭

---

①②③　马克思 . 资本论（第 1 卷）［M］. 北京：人民出版社，2004.
④⑤　马克思恩格斯文集（第 5 卷）［M］. 北京：人民出版社，2009.

环"① 和一些数据价值链②的观点，虽冠之以数据创造价值的名义，但实际上是揭示了数据生产力的发挥机制和数据对价值创造的协同作用，并未真正涉及价值论来源问题的探讨。因为如果事物的表现形式和事物的本质会直接合而为一，一切科学就都成为多余的了。③ 在数据产权的分析中，魏鲁彬的研究④并没有揭示数据的价值论来源问题。数据占有成为资本获取利润的主要手段，但数据本身并未产生价值。同样，对当下出现的平台企业数据垄断问题，它不是大资本平台公司创造剩余价值的来源，相反它可能是转移其他企业的剩余价值的依据。⑤ 这正是马克思劳动价值论在数字经济时代的释义。

四、去劳动关系化下的价值创造

数据产品或者数据服务的价值增殖的背后离不开活劳动的支撑。但是劳动者活劳动的耗费是在一定的雇佣关系下进行的。然而，在数字经济所催生的经济平台化的发展趋势下，去劳动关系化的趋势凸显，前述提及的"非雇用制""众包""零工""玩工"等情形冲击了传统的雇佣劳动关系。这就产生了一个问题：基于马克思科学劳动价值论，数据不创造价值，创造价值的只能是活劳动，即可变资本（V），那么，在去劳动关系化下，数字劳动是怎样为数字资本生产剩余价值的？对于该问题的回答，必须回到数字劳动过程中。

根据现有的数字劳动过程的分类研究，在广义层面，依据其差异大小，可将其分为四种类型，分别是：传统雇佣经济领域下的数字劳动、数字资本公司技术工人的数字劳动、互联网平台零工经济中的数字劳动和非雇佣形式的产消型的数字劳动。⑥ 不难看出，对于前两种类型的数字劳动过程来说，具有比较稳定的雇佣关系，相应的价值创造过程易于理解。但是对于后两者来说，需要做具体分析：对于互联网平台零工经济中的数字劳工来说，他们与平台之间并不存在标准的劳动合同，更多的是一种"注册式"的合作关系。平台与零工之间的形式隶属被淡化，但实际的隶属却在加强。这表现在：一是"中心—散点"结构的形成，导致零工的分散化，缺乏凝聚力，从而在集体性的议价能力

　　① 戚聿东，刘欢欢. 数字经济下数据的生产要素属性及其市场化配置机制研究 [J]. 经济纵横，2020（11）：63-76+2.
　　② 李晓华，王怡帆. 数据价值链与价值创造机制研究 [J]. 经济纵横，2020（11）：54-62+2.
　　③ 马克思. 资本论（第3卷）[M]. 北京：人民出版社，2004.
　　④ 魏鲁彬. 数据资源的产权分析 [D]. 济南：山东大学，2018.
　　⑤ 朱巧玲，闫境华，石先梅. 数字经济时代价值创造与转移的政治经济学分析 [J]. 当代经济研究，2021（9）：17-27.
　　⑥ 韩文龙，刘璐. 数字劳动过程及其四种表现形式 [J]. 财经科学，2020（1）：67-79.

上势弱；二是去技能化导致产业后备军加速形成，造成的就业替代效应也使得零工在与平台的博弈中处于不利地位；三是平台利用评价体系，转移劳资矛盾，使其多现于零工之间和零工与消费者之间。上述情形在外卖骑手、网约车司机、快递员等人的劳动过程中可见一斑。

有关形式隶属与实际隶属的问题，需要在理论上予以说明，从而更好地回答上述提出的问题。关于劳动对资本的形式隶属，马克思指出，这种隶属关系的形成是资本接管现有的劳动过程，使其附属于自身。在该阶段，资本只能依靠现有的生产方式进行自身增殖，这种增殖方式就是以延长工作日的方式进行绝对剩余价值的生产。① 但是这种形式隶属的形成，是以劳动者自由的"一无所有"且仅剩自身的劳动力为前提的，资本正是依靠这种经济形式的强制，才使得劳动隶属于资本。然而，这种形式的隶属不能无节制地强化，资本在将工人不断变为"人格化的劳动时间"过程中（全日工、半日工、换班制度的实行等)②，遭遇工人的反抗，为了迎合资本逐利的持续性，进而转向相对剩余价值的生产，相对剩余价值的生产就要求资本必须变革劳动过程的技术条件和社会条件，从而变革生产方式本身，以提高劳动生产力，通过提高劳动生产力来降低劳动力的价值，从而缩短再生产劳动力价值所必要的工作日部分。③ 劳动对资本的实际隶属正与之相对应，机器的使用、产业后备军的形成等都构成了实际隶属的物质基础。④

基于前述平台零工的劳动过程，平台经济作为新的组织形式，同时也是一种新的生产方式，它成为数字资本进行相对剩余价值攫取的主要手段。最突出的表现就是平台零工劳动强度的提升。在"中心—散点"结构下，平台零工虽有劳动资料，但面临着广泛的竞争。原因在于，一方面，平台的通用性与标准化扩大了社会生产的可能性边界和降低了进入门槛，从而导致零工面临一种长期性的劳动力买方市场。另一方面，产业后备军的替代效应导致平台掌握工资的决定权，竞争或将在一个低水平的层面激烈展开。从而零工要想实现自我再生产与生命的再生产（养育子女）就必须参与劳动，而且参与更多劳动（劳动的范围扩大），提高劳动强度。由此不难看出，在数字资本的逻辑下，资本通过变相压低劳动者工资来获得更多超额剩余价值。

对于产消者而言，其去劳动关系化最为彻底。他们的数字劳动并非完全的

① 马克思恩格斯文集（第8卷）[M]. 北京：人民出版社，2009.
② 马克思. 资本论（第3卷）[M]. 北京：人民出版社，2004.
③ 马克思. 资本论（第1卷）[M]. 北京：人民出版社，2004.
④ 谢富胜. 当代资本主义劳动过程理论：三种代表性表述 [J]. 马克思主义与现实，2012（5）：42-49.

非市场性。前述提及的平台将产消者的休闲活动劳动化的机制（数字劳动虽是非市场的但却具有生产性），对理解资本占有无酬劳动具有重要现实性。由于资本对数字基础设施的前期投入，形成了对数字平台的垄断。绝大多数社会性数据在实际上都为数字资本所占有，而对这一关键性数据资料的占有才使得资本将产消者休闲活动劳动化成为可能。

将上述提及的休闲活动劳动化的机制进行具体化来看：首先，对于产消者来说，劳动已经在观念上消失，随之而来的是自由创作、自由发挥、享受生活式的休闲形式。然而，相关的休闲活动多发于数字平台，这就为资本改造传统劳动提供了契机。由于劳动是具有目的性的，反映劳动主体的意志性，为了让休闲与劳动同一化，就需要平台培养以注意力为表现的有目的的意志，进而掩盖由实际劳动带来的器官紧张。休闲的内容及方式越能吸引产消者，产消者就越是把劳动当作自己的体力与脑力活动来享受。其次，"工作日"概念的消除，意味着不再有有酬劳动与无酬劳动的区分，在自由的休闲中，所有的一切在表面上都是个人的休闲的活动，而且随着休闲范围的扩大，对应的劳动强度却在暗处提升。最后，人的"数据化"问题，人作为数据之源，所产生的数据现已被平台无偿占有，甚至休闲活动的副产品以及休闲活动本身都成为资本获利的手段。① 例如，一些游戏平台的改编机制生成的新玩法、游戏攻略、游戏体验等，恰恰比游戏本身更有价值，而这些内容皆被平台无偿占有。然而，数字资本对产消者的无酬劳动的占有不是无条件的。这需要平台突破"临界规模"②，只有在形成需求方的规模经济和供给方的范围经济的基础上，才能实现对平台产消者的无酬劳动进行占有。这就存在一个先后过程，因此，在早期平台需要以免费的方式吸引其参与互动（如 Google、Facebook 等），通过培育和放大用户的网络效应，不断优化自身的服务水平，提高体验度，从而锁定和吸引更多用户③，直到突破临界规模。

总之，对于去劳动关系化下的两种数字劳动过程的分析表明，数字资本并没有放弃对剩余价值的攫取，而是借由数字技术赋能，垄断数据资料，利用平台的经济效应，在去劳动关系化的同时，加紧对劳动过程的控制，以更隐秘的方式进行相对剩余价值的攫取。这也从另外一个方面说明，数据无论

---

① 刘皓琰. 信息产品与平台经济中的非雇佣剥削［J］. 马克思主义研究, 2019（3）：67-75+160.

② ［美］戴维·埃文斯. 平台经济学——多边平台产业论文集［C］. 北京：经济科学出版社, 2016.

③ 黄再胜. 数据的资本化与当代资本主义价值运动新特点［J］. 马克思主义研究, 2020（6）：124-135.

是在雇佣关系下还是去雇佣关系下，只是助力价值创造（攫取），而非创造价值。[①]

第二节　价值运动视域下的数据要素产权实现

展开分析之前，需要明确价值运动的研究史，便于把问题引向深入。在已有的学术研究中，关于价值运动问题的探讨基本寓于"财富论""货币论""价值论""价值形式论与转形论""信用论""收入分配论"以及"经济增长与危机理论"中[②]，囊括了西方经济学与马克思主义政治经济学等诸多流派。既显见于早期的经典文献著述中，如亚当·斯密的《国富论》、大卫·李嘉图的《政治经济学及赋税原理》和马克思的《资本论》，又发展于当代的学科、理论中，如以保罗·克鲁格曼为代表的新经济地理学（又称"空间经济学"）[③]和以克里斯蒂安·福克斯为代表的传播政治经济学对该问题的研究。[④]理论上以劳尔·普雷维什（Raúl Prebisch）、伊曼纽尔·沃勒斯坦（Immanuel Wallerstein）、萨米尔·阿明（Samir Amin）为代表的"中心—外围"理论[⑤]以及西方马克思主义者大卫·哈维（David Harvey）关于资本的城市化、新帝国主义问题的探讨等[⑥]，基本上是从资本主义生产关系的视角考察了价值运动的侧面或全过程，围绕的主题是"价值与积累"和"剥削与异化"。

从一般的角度看，价值运动包含价值创造、价值实现与价值分配三个主要环节，内嵌于社会生产与再生产过程中，其中价值增殖是价值运动的根本遵循。在数字生产关系中，价值运动依然处于主导地位。而今数据成为一种要素，作为一种产权出现，丰富了价值运动的内容。本章前述也已论及价值创造的问题，

---

① "数字剩余价值"也不能说明数据创造价值，其本意也只是说明在数字经济时代，资本通过网络平台可以更快、更多地获取剩余价值。参见何哲．数字剩余价值：透视数字经济体系的核心视角及治理思路［J］．电子政务，2021（3）：17-27.

② 顾海良．新编经济思想史［M］．北京：经济科学出版社，2016.

③ 黄基伟，鲁莹．保罗·克鲁格曼——新经济地理学开创者［M］．北京：人民邮电出版社，2009.

④ ［瑞典］克里斯蒂安·福克斯，［加］文森特·莫斯可．马克思归来（上下）［M］．上海：华东师范大学出版社，2017.

⑤ ［埃及］萨米尔·阿明．全球化时代的资本主义——对当代社会的管理［M］．北京：中国人民大学出版社，2005.

⑥ ［美］大卫·哈维．资本的城市化［M］．苏州：苏州大学出版社，2017；［美］大卫·哈维．新帝国主义［M］．北京：中国人民大学出版社，2019.

明确数据本身不创造价值而是协助活劳动创造价值,其"降本提效"的能力能够助力数字生产力的发挥。与此同时,在平台经济中,数字资本通过占有数据,不仅对生产领域的劳动过程进行控制(传统雇佣工人劳动),而且也延伸至流通领域(外卖骑手送餐、网约车载客等),即资本通过数据控制,既控制价值创造又控制价值实现,从而整个价值运动都在资本的控制之下。

一、数据要素产权实现的价值运动逻辑

由于市场经济是产权经济的同义语,从产权的视角来看待数字经济的发展,不难看出,数字经济依然是产权经济,平台经济的兴起并未改变产权经济的实质。接下来,从要素产权的价值运动着手,通过分析价值创造、价值实现与价值分配三个方面的内容,在揭示其一般逻辑的基础上,引向数据要素,结合数字经济,揭示其特点。

生产过程同时也是再生产的过程,价值生产过程亦是。价值生产(创造)需要生产条件或生产要素的助力。因此,各要素的市场交换成为必要。交换能够实现,需以产权明晰为前提。这里有几个方面需要予以明确:第一,交易过程不仅是商品和服务的转移,同时也是权利的转移,即对客体产权的让与和取得。第二,交易的实现是需要成本的,交易的过程是一个讨价还价的过程。第三,要素的流动乃至产权的流动(资源配置的另一重含义)应该是自由的,人为的限制不利于产权从价值低评价的人流向高评价的人手中(即阻碍价值流向),从而不利于实现产权增值。第四,从总体上看,生产要素或生产条件的分配情况(分布或者占有情况),由生产方式本身的性质决定。例如,马克思在《哥达纲领批判》中指出,在资本主义私有制和雇佣劳动制下,生产的物质条件以资本和地产的形式掌握在非劳动者手中,而人民大众所有的只是生产的人身条件,即劳动力。[①]

生产要素既包括物的要素又包括人的要素,即劳动力与生产资料的结合才使生产成为可能。在价值生产中,非劳动要素通过"活劳动的恩惠"使得原有价值得以转移与保存[②],劳动要素在生产新的使用价值时注入了新的价值。劳动与非劳动要素共同协作生产出商品或服务,从而为价值的分配提供了物质基础。

生产出来的商品或服务,其价值实现量的多寡可从马克思在《资本论》

---

① 马克思恩格斯选集(第3卷)[M]. 北京:人民出版社,2012.

② 前文的分析表明,没有价值的要素参与生产,只是充当使用价值的形成要素,而不是充当交换价值的形成要素。

（第3卷）提出的另一种意义的社会必要劳动时间中得到解释。由于价值实现离不开社会需要，因而这种社会规模的使用价值对社会总劳动时间的分配具有重要的决定意义，因为只有当全部产品是按必要的比例生产时，它们才能卖出去。① 而超过比例的部分不会形成相应的市场价值，也就是说这部分的劳动被浪费，进而投入的要素也没有收回的可能。使用价值（社会需要）虽然不能决定商品价值量的大小，但它是劳动能否转化为价值的前提。因此，只有符合社会需要的劳动投入，才能参与价值决定的社会必要劳动时间的形成，进而在市场上实现价值②，从而非劳动要素投入才有收回的可能。

关于分配，包括两层含义：一是生产条件的分配，二是消费资料的分配。对于前者，由生产方式的性质决定。对于后者，它的任何一种分配，都不过是生产条件本身分配的结果。③ 因此，价值分配的讨论更多地侧重于后者。价值分配作为收入分配的重要内容，其分配的依据问题在当前依然存在争论，显见于按劳分配与按生产要素分配的论争中。在非劳动要素参与分配的问题上，第三章曾作了部分阐述，指明其参与分配的合理性与现实性。④ 此处有必要进一步指出的是，价值创造与价值分配两者在关系上并不是有的学者所谓的"相统一"，即认为劳动价值论是价值分配（或分配制度）的理论基础。

这种"统一论"存在两个层面的理解：一个层面是从政策实施的角度，促成要素价值论的复辟，以否定马克思科学劳动价值论。这表现在，把劳动创造价值的事实同我国当前的分配制度联系起来，以劳动价值论不"适应"当前分配制度改革的现实为由，推论出非劳动要素也参与了价值创造，从而为要素价值论正名。另一个层面是坚持劳动价值论，且着眼于劳动者的利益，在该层面，这种"统一论"也是不具有现实性的。真正实现"统一"的只有在个体商品经济形式中，除此之外，在任何的商品经济乃至市场经济中都不可能实现。因为按此逻辑，只有物质生产劳动才创造价值，相应的劳动者获得所创造的所有价值，其余非物质劳动者便不参与任何价值分配，这显然不符合现实。⑤

应当明确，价值创造与价值分配是两个不同层面的问题。前者居于价值论的核心层面，是对价值论元问题的回答，旨在揭示价值源于何物、由何产生的问题，价值创造的条件构成其自身的约束。相比于使用价值创造所反映的人与自然的关系，它主要反映的是人与人之间的社会经济关系。对于后者，它旨在

---

① 马克思. 资本论（第3卷）[M]. 北京：人民出版社，2004.

② 吴宣恭. 吴宣恭文集：产权·价值·分配 [C]. 北京：经济科学出版社，2010.

③ 马克思恩格斯选集（第3卷）[M]. 北京：人民出版社，2012.

④ 参见第三章"数据要素参与分配的必要性"小节的具体论述。

⑤ 卫兴华. 关于价值创造与价值分配问题不同见解的评析 [J]. 经济学动态，2003（1）：29-32.

说明由劳动创造出的价值量如何分配、流向何处的问题，虽然也反映人与人的关系，但其制约条件来源于所有权和生产关系。从而不难看出，劳动价值论并不构成价值分配（分配制度）的依据，其分配以产权制度为条件。[①] 在肯定非劳动要素按产权分配的基础上，分配量的多寡需要依据现实情况而定。

总之，从价值运动的总过程看，当要素作为生产投入时，就形成谁投入要素，就是谁的产权，谁就该获得相应的产权收益。在社会主义中国，尤其在当前的社会主义初级阶段的现实背景下，诸要素并非公有，而是各有属主。为了实现社会财富的涌流，就必须激励要素（劳动的与非劳动的）所有者积极投入要素，因而在收入分配上就必须承认要素报酬，即根据诸要素在生产过程中的投入与贡献给予相应的报酬。但是要明确的是，这种贡献的对应物不是指对所生产出的商品的价值的贡献，而是指对产出的物质财富的贡献。

二、数据产权实现的价值运动表征

结合前文的分析与当前我国的分配制度来看，数据要素作为非劳动要素，其参与分配是多种分配方式制度迎合时代发展的结果。承接上述分析，数据作为要素投入，就有了谁投入数据要素，就是谁的数据产权，谁就该获得数据产权收益等问题。在整个价值运动过程中，数据从流通进入生产到再进入流通，呈现哪些特点呢？有必要作出说明。

在价值生产的准备上，数据作为生产要素之一从流通领域进入生产领域，一般也需要市场交换，对于我国来说，由于目前还未形成真正意义上的数据交易市场环境，因此，诸如贵阳大数据交易所这样的互联网交易平台的设立运行有利于疏解数据交易中各方的困惑。若要实现交易，交易的对象必须是产权清晰且经清洗脱敏的数据，从而数据确权构成交易的关键一步。同时还应看到，数据交易并非一类数据只交易一次，其可复制传递的物理性质（"一就是多"）决定了其交易的形式多以交易频次呈现，同一类数据，使用权可以多次转让，且彼此之间具有非竞争性。因此，对于数据供应方来说，可能出现"无本万利"的情况。这也从反向引出数据确权的重要性。就目前我国的数据占有情况来看，绝大多数数据默认为互联网平台企业所有，对于数字基础设施的垄断成为实现数据占有的关键手段。平台企业利用占有的各类数据，通过技术分析提取有价值的知识信息，从而形成生产决策（内容的、产品的、服务的），使用

---

① 徐国松. 新生产方式变革背景下价值创造和价值分配问题探讨 [J]. 马克思主义理论学科研究，2016, 2 (3)：39-48.

户锁定于平台，进一步固化平台的垄断地位，而对于采集到的数据，平台企业并未对此付费。前文分析的产权流动的效率原则表明，产权是从低价值评价流向高价值评价的方向，但是平台的数据垄断可能并没有完全实现产权的"价值差"，因此，数据垄断问题对数字经济、数据市场的发展或将是一种经济的负效应。

对于进入生产领域的数据要素，其参与生产的方式存在前文指出的两种形式。但无论是作为劳动对象还是劳动资料（两者合称为生产资料），数据要素从始至终并不创造价值，而是参与价值创造。正如有的学者指出的那样，在"数据→信息→知识"的转化过程中形成一种"精神生产力"[1]，作用于物质生产力并推动其向高级化发展，[2] 从而更好地助力价值创造。

生产出来的产品和服务只是价值的物质承担者，其内在价值的实现过程还需要流通领域的交换与消费。价值量实现的多寡与社会需要密切相关。数据要素有别于其他要素的特点在于，其投入能够使企业快速地对市场需求和潜在机会进行响应，进而形成敏捷的生产能力，减少甚至消除不参与市场价值决定的劳动耗费，从而助力企业商品价值量的完全实现。[3]

在数据参与分配的内容上，包含两个部分：一方面，数据在成为要素之前是作为劳动产品出现的（数据生产、创造、加工、传播等），所以相关的分配是以按劳分配的形式；另一方面，数据作为要素参与生产过程并获得报酬则是按要素分配的形式，其本质是要素所有权的经济实现。此处重点分析后者，即数据作为要素参与剩余价值（M）的分配。由于数据要素与其他要素一道，对M的增加有积极的促进作用，从而数据所有者凭借对数据的所有权形成对M的分配权，这是十分明确的，但是随之而来的问题就是：数据要素参与分配时，该分得的报酬的量是多少？这个份额如何确定？或者说确定的标准是什么？

党的十九届四中全会《决定》指出，要健全劳动、资本、土地、知识、技术、管理、数据等生产要素由市场评价贡献、按贡献决定报酬的机制。[4] 这为明确数据要素参与分配的份额问题提供了依据。要让市场评价数据要素的贡献，

---

① 马克思恩格斯全集（第30卷）[M]. 北京：人民出版社，1995.

② 戚聿东，刘欢欢. 数字经济下数据的生产要素属性及其市场化配置机制研究 [J]. 经济纵横，2020（11）：63-76+2.

③ 在定制化尤其是个性化生产中，由于产品的唯一性，生产该使用价值的社会必要劳动时间仅由企业自身，而非社会平均的劳动条件决定，此时单个企业的个人劳动时间就是社会必要劳动时间，两者实现重合。此时不会出现劳动耗费的浪费情况，供需是一致的。

④ 中共中央关于坚持和完善中国特色社会主义制度 推进国家治理体系和治理能力现代化若干重大问题的决定 [EB/OL]. 人民网，（2019-11-06）[2021-04-20]. http：//cpc. people. com. cn/n1/2019/1106/c64094-31439558. html.

首先，要有比较完备的数据市场体系，这样才能确定数据要素的价格（要素的使用费用或要素报酬），相应的市场机制如供求机制、价格机制、竞争机制等，都有助于提升数据资源的配置效率。其次，数据的类别与用途或将对数据的重要性、可获得性以及排他性程度造成影响，进而影响（有价值）数据的稀缺性，而这种稀缺性反过来又会进一步影响价格，从而决定数据要素所有者在市场中的议价能力。总之，市场对于数据要素贡献的评价与数据要素的稀缺性这两个方面内容构成了其报酬的决定性依据。①

应当指出的是，数据要素参与分配目前还存在一些问题尚待重视与疏解，主要表现在两个方面：一是数据的权属问题，数据从生产、采集、存储到分析等，涉及多个主体，而在每个环节各主体都投入了一定量的劳动，这就导致参与分配的主体也具有多元性，涉及的主体按照何种形式分配有待探索——是按照技术要素的分配方式（技术入股等）抑或管理要素的分配方式（津贴制）进行？② 二是数据成为生产要素，势必涉及数据的利用问题，而利用与保护两者之间需要权衡，应该明确权责。因为当数据与经济主体相互关联涉及隐私（机密等）时，数据将会产生极大的负外部性，一定程度上催生了数据滥用等违法犯罪行为，更有甚者，将对国家安全造成不利影响。③

---

① 李政，周希祯. 数据作为生产要素参与分配的政治经济学分析 [J]. 学习与探索，2020（1）：109-115.

② 赵刚. 数据要素——全球经济社会发展的新动力 [M]. 北京：人民邮电出版社，2021.

③ 庄子银. 数据的经济价值及其合理参与分配的建议 [J]. 国家治理，2020（16）：41-45.

第六章 数据要素产权与经济增长

本章围绕"产权与增长"的研究进路，探讨数据要素产权对经济增长的作用机制。首先，对产权与增长的一般作用机理进行分析，指出其关键在于产权制度的功能性发挥，并结合数据产权的发展现实，阐明其对经济的增长效应在于全要素生产率的提升；其次，对数据资产的适用性进行分析，基于马克思主义唯物辩证法的基本观点，明确了数据资产通用性与专用性的辩证逻辑，进一步说明其对于全要素生产率提升的重要意义；最后，立足我国发展实际，从企业数据产权的界定与保护和维护国家数据主权内外两个角度，阐明数据产权制度助力我国经济增长的路径。

第一节 数据产权与经济增长的内在联系

一、产权与经济增长的作用机制

经济增长与发展问题一直是经济学研究的重点领域，相关著述众多。这其中对生产要素的重视贯穿了经济增长理论发展的始终。从已有的经济发展理论的脉承层面看，现代经济学的递进性凸显：早先的古典增长理论奠定了经济增长源泉研究的思想基础，主要是将劳动和资本要素纳入对经济增长源泉的考察中（亚当·斯密、大卫·李嘉图、马尔萨斯等）。新古典增长理论在将古典增长理论模型化的同时（如哈罗德–多马模型），将外生的技术要素纳入增长源泉的范畴。内生增长理论则进一步将技术进步内生化（阿罗–谢辛斯基模型、新熊彼特增长模型、卢卡斯式的人力资本模型等），对经济增长源泉的研究也从要素数量的增加深化到要素质量的提升。[①] 马克思主义政治经济学中也有对经济

---

① 左大培，杨春学. 经济增长理论的模型的内生化历程 [M]. 北京：中国经济出版社，2007.

增长问题的论述，其社会资本再生产和流通理论体系构成了经济增长理论的主要内容。通过比较不难理解，宏观经济层面的零增长对应社会资本的简单再生产的形式，而正增长则对应资本的扩大再生产，同样负增长意味着原社会资本进行缩小再生产。① 现有的关于前述两者的比较研究揭示了各自的理论基础、分析框架、假设条件、研究工具、技术与制度在经济增长中的作用以及总量生产函数的作用等方面存在分歧。②

结合本节的产权与增长的主题，不难看出，上述列示的技术与制度在经济增长中的作用这一方面与之直接相关。根据马克思产权思想和社会基本矛盾理论，产权源于生产力，但实质内容是生产关系，而在经济增长的表面之下是生产力的提升与发展。因此，从马克思主义政治经济学的视角来看待产权与增长的关系问题，其实质是生产力与生产关系的决定与被决定、作用与反作用的过程。③ 在具体的作用机制层面，现有研究汗牛充栋，聚焦于知识产权④、技术进步与经济增长的探究：国内刘小鲁基于罗默的中间产品内生增长模型讨论了知识产权保护在后发国家技术进步模式的决定机制、自主研发比重对技术进步率和经济增长的影响过程中的作用，表明自主研发的投入和技术增长率与知识产权的保护程度呈现倒"U"形关系，其实践指向表明，对于知识产权的保护应适应我国当前的技术水平。⑤ 董雪兵等立足于发展中国家转型时期的现实背景，运用"知识—生产"两部门理论模型实证分析了我国知识产权制度对经济增长的影响，指出知识产权保护的强弱选择不能离开技术发明创新所需要的积累性这一现实，不然会造成在长短期层面出现强弱的不同结果，但核心要义仍是认为知识产权的保护程度应与经济发展水平相适应。⑥ 此外，张

① 吴易风.马克思的经济增长理论模型 [J].经济研究，2007（9）：11-17+48.
② 吴易风，朱勇.经济增长理论：马克思经济学与西方经济学的比较 [J].当代经济研究，2015（4）：32-40+97.
③ 在现代产权经济学的研究中，其主要观点是将私有产权视为经济增长条件，而不是经济增长的结果。分析的思路是把产权与交易成本理论结合起来考察产权的演进，并指明产权制度的发明与创新能够使社会经济体制运转的交易费用达到最小。参见张军.现代产权经济学 [M].北京：生活·读书·新知三联书店，上海：上海人民出版社，1994.
④ 知识产权是权利人对其智力劳动所创作的成果和经营活动中的标记、信誉所依法享有的专有权利的总称，包括商标权、著作权、专利权等。参见黎长志.中国知识产权制度 [M].北京：中国民主法制出版社，2019.
⑤ 刘小鲁.知识产权保护、自主研发比重与后发国家的技术进步 [J].管理世界，2011（10）：10-19+187.
⑥ 董雪兵，朱慧，康继军，等.转型期知识产权保护制度的增长效应研究 [J].经济研究，2012，47（8）：4-17.

杰等①、朱东平②等都对该主题进行了理论分析或实证检验。国外的研究视角基本同上，相关研究学者有 Gould 和 Gruben③、Gancia 和 Bonfiglioli④、Furukawa⑤ 以及 Cysne 和 Turchick⑥ 等，分别考察了知识产权制度保护程度在不同类型（开放与封闭、发达国家与发展中国家）、不同收入水平的国家在经济增长方面所呈现的作用效应。不难看出，在知识产权与经济增长的问题上，知识产权保护强弱问题其实是对保护产权所产生的垄断这一问题的探讨，其作用机制虽关注的是行为与效果，但更进一步看，其实立足的是产权制度的功能性，即产权制度的功能性构成了产权与经济增长的作用机制。这与马克思主义社会基本矛盾理论中生产关系反作用（适应）于生产力的观点具有一致性。关于产权制度的功能，本书在第三章已作具体阐述，主要包括经济激励、资源配置、行为约束与稳定预期的功能，基本涵盖了产权的界定与保护的全过程。不仅如此，产权在本质上是讲究效率的，即产权本身就表示一种效率产权，相应的产权安排在实际上就是效率要求的结果，而效率恰恰是生产力发展的体现，因此，两者在效率层面实现了耦合。

二、数据要素产权的经济增长效应

数据要素作为数字化的信息与知识，在当前已然成为数字经济发展的关键要素。在大数据发展的现实背景下，数据要素对于经济增长具有重要的理论与实践意义，现有的关于数字经济的目录制定、测度与核算甚至国际比较都离不开数据，而且相关研究本身也是在用数据说话。因此，对于产权与增长主题的研究必然延伸至数据要素产权与经济增长的问题上。在数据要素产权的语境下，虽出现了新的数据产权制度这一形式，但在增长的内在逻辑层面，仍是制度这一生产关系的法律用语对生产力的促进作用。从数据—信息—知识—智慧的

---

① 张杰，高德步，夏胤磊. 专利能否促进中国经济增长——基于中国专利资助政策视角的一个解释 [J]. 中国工业经济，2016（1）：83-98.

② 朱东平. 外商直接投资、知识产权保护与发展中国家的社会福利——兼论发展中国家的引资战略 [J]. 经济研究，2004（1）：93-101.

③ Gould D M, Gruben W C. The Role of Intellectual Property Rights in Economic Growth [J]. Journal of Development Economics, Elsevier, 1996, 48 (2): 323-350.

④ Gancia G, Bonfiglioli A. North-South Trade and Directed Technical Change [J]. Journal of International Economics, 2008, 76 (2): 276-295.

⑤ Furukawa Y. The Protection of Intellectual Property Rights and Endogenous Growth: Is Stronger Always Better? [J]. Journal of Economic Dynamics and Control, 2007, 31 (11): 3644-3670.

⑥ Cysne R P, Turchick D. Intellectual Property Rights Protection and Endogenous Economic Growth Revisited [J]. Journal of Economic Dynamics and Control, 2012, 36 (6): 851-861.

DIKW 阶梯模型①中不难看出，数据产权构成了前述知识产权的底层逻辑。作为制度与技术的融合，数据无论是从要素层面还是产权层面，都凸显了其对经济增长的助推作用，而这具体表现在全要素生产率②的提升上。

在数据要素助推经济增长的问题上，本书第四章分别从微观、中观和宏观层面初步探讨了数据要素所带来的生产的协同性、产业升级以及两者在宏观层面的放大效应对提升全要素生产率的重要意义。此处将进一步结合数字经济的主要内容，即产业数字化和数字产业化，来具体揭示其增长效应。作为数据化的信息，数据对于传统企业（产业）的数字化转型具有重要的意义，可以从降低市场交易成本与企业运行成本这两个角度进行理解：在市场交易成本的节约问题上，企业与市场的"二分法"凸显了交易成本的界区性，在当前数字技术革新与数据化实践激增的情形下，数据生命周期的全流程（采集、存储、分析与应用等）的成本大大降低，企业通过数据要素投入（自有的或者购置的）可以获得其所在市场的全部（大样本）市场信息，这将十分有利于其参与已有的市场交易、发掘潜在的市场交易以及释放"成本阻碍型"交易，而且交易规模的扩大反过来对企业的资源配置效率又提出要求，即扩大生产规模以满足市场需要。在企业运行成本的节约上，数字化的信息传递能够有效疏解企业内外部的信息不对称，促成生产、管理、决策与反馈的闭环，不仅有利于自身业务的数智化，如设置首席数据官（Chief Data Officer，CDO）③，而且能够有效捕捉市场需求信息，从而有效降低企业的运行成本。作为数据化的知识，数据对于数字技术（企业）产业的发展也具有重要的推动意义，可以从规模经济与范围经济的角度进行理解，前者关注的是投入产出的关系，后者关注的是投入成本的关系。从规模经济的角度看，由于数字企业注重数字化的产品和服务（软件、研究报告等），数据要素的重要性不言自明。但是数据具有"复次利用"的经济技术性特征使得"无本万利"成为可能，这让数字企业具有很强的扩大生产规模的动机。不仅如此，在平台化组织的趋势下，平台的多边市场效应能够汇集大量的数据，辅之以数据挖掘技术，市场需求的"可视化"或将成为现实，成规模的需求必然带来相应的规模化生产，不过这种规模化生产更多的是基于个性化需求的汇总。从范围经济的角度看，主要体现在平台"归一"的运转逻

---

① 参见 2021 年 11 月中国信息通信研究院和蚂蚁科技集团股份有限公司发布的《数据价值释放与隐私保护计算应用研究报告》。

② 全要素生产率（Total Factor Productivity，TFP）一般的含义为资源（包括人力、物力、财力）开发利用的效率。从经济增长的角度来说，生产率与资本、劳动等要素投入都贡献于经济的增长。现代经济学的增长模型中，全要素生产率对应"索洛剩余"（Solow Residual）。

③ 张宏云．大数据领导：首席数据官［M］．北京：高等教育出版社，2019．

辑带来的全球性交易的互联互通、精准营销的实现和"利基市场"的繁荣。① 平台企业通过数据要素的投入，一则能够实现全球性有效供需的匹配，促进企业业务的全球化运作；二则基于用户数据所形成的用户画像将有助于精准营销（甚至大数据杀熟），增加用户黏性，从而扩展双边市场效应；三则助力"利基市场"走向繁荣，通过对小众化需求进行全面覆盖实现自身业务类型的多元化，最终形成范围经济的增长机制。② 总之，数据要素作为数字化的信息与知识，一方面，通过交易成本的降低助力资源配置效率的提升，促进了企业（产业）数字化转型；另一方面，通过规模经济与范围经济，助力数字平台企业的技术革新，从而促进数字产业化进程。两者最终在全要素生产率的层面上形成合力，共同推动数字经济的增长与发展。③

在数据产权助推经济增长的问题上，前述的资源配置效率的提升和数字技术进步的实现离不开数据产权制度完善这一前提。正如本书第四章对于数据要素的产权分析，其观点之一就是数据要素化进程离不开相应的产权基础。建立数据产权制度的必要性体现在，它在应对围绕数据而形成财产关系所引致的利益矛盾问题上具有重要的防范与化解功能，而这对于经济的增长效应的实现同样具有基础性意义。首先，从世情、国情与社情三个层面明确数据产权制度设立面临的现实背景：在世情层面，数字经济当前已然成为各国竞先发展、重塑国际秩序、抢夺国际话语权的重要抓手，这导致数据要素地位凸显，但其权属不明造成了诸多国际争端，如数据跨境流通出现的"以邻为壑"的问题。在国情层面，发展中国家与发达国家之间在数据政策立法上也存在诸多争议，当前正在形成一种数据"中心—外围"的体系，数据成为抢夺的焦点资源（数据产权的公共领域），进而数据产权、数据主权问题进一步凸显。在社情方面，由于数据是对社会关系的映射，致使其应用场景广泛，并且在数字技术与数据化实践的条件下，数据要素化进程加速，关于数据的交易流通也逐渐成势。总之，数据生产力的发挥虽然离不开算法、算力和平台的组织基础，但其利用及使能性④的发挥有个前提，那就是权属清晰。因为只有权属明晰，才能回答数据要素归谁所有、谁可以使用以及收益归谁的问题。

---

① 利基市场是在较大的细分市场中具有相似兴趣或需求的一小群顾客所占有的市场空间。

② 王颂吉，李怡璇，高伊凡．数据要素的产权界定与收入分配机制 [J]．福建论坛（人文社会科学版），2020（12）：138-145.

③ 本节主要是从理论逻辑层面进行分析，在实证分析层面，有关研究主要侧重于全要素生产率中的数据贡献度测算。参见徐翔，厉克奥博，田晓轩．数据生产要素研究进展 [J]．经济学动态，2021（4）：142-158.

④ 王建冬，童楠楠．数字经济背景下数据与其他生产要素的协同联动机制研究 [J]．电子政务，2020（3）：22-31.

其次，从产权制度功能层面来看数据产权制度确立对于一国的经济增长效应。将前述论及的四种功能分别展开：从产权的经济激励功能层面看，数据产权制度的设立与执行以法的形式提供数据确权与保护，使数据产权主体可以利用数据资产获取利益，并且能够形成将这种利益不断最大化与内在化的激励，从而促进社会财富的创造（如数据产品和服务的多元化）。从产权的资源配置功能上看，数据产权制度的设立与执行可以形成对数据要素使用的经济社会秩序。从一般意义上看，资源配置的关切点在于资源的稀缺性，由于稀缺而产生的资源争夺与冲突，使各参与主体需要寻求一种稳定的社会秩序（如财产秩序）来确认相关资源的归属，从而确保人们对资源的有效与稳定的利用。然而，需要指出的是，数据要素作为数字化的信息与知识，其稀缺性的产生不在于数据本身的稀缺，而对应于数据资源开发利用的手段或技术是有限的，这种可行能力并不为社会成员所共有，从而会产生保护数据产权的垄断问题和侵害数据产权的垄断问题，数据产权制度的设立正是对前述问题的权衡与规制，以确保数据要素化进程畅通，助力经济增长的实现。从产权的行为约束功能上看，主要体现在产权明晰各主体的行为界限、减少纠纷及侵害等方面——既包含对非产权主体的约束，又包含对现有产权主体的权责约束——因为产权一经确立，产权主体的权利范围（边界）也就对应确定。相对地，非产权主体的边界也确立了（产权的排他性）。数据产权制度的设立与执行对于数据产权主体能够形成有效约束，尤其是在数据要素的市场化配置中，数据控制者、数据处理者以及数据需求者作为市场主体（见第八章分析），其数据产权主体的地位也必须予以承认，从而各自之间的交易执行能够得到保障，有效降低市场的交易成本，提升经济运行效率。从产权制度的经济预期功能上看，主要体现在它能提升未来预期的准确性以及预防和抵御风险。由于当前大部分的经济活动具有跨期的性质，产权主体在财产运用过程中（如投资）将考虑跨期带来的收入不确定性，而且在面临风险前后，亦可以通过获取有关产权（期货、期权）来预防和抵御风险。从整个社会层面上看，良性的产权制度使人们形成对未来良好的预期，从而有利于长期经济活动的谋划，进而积累更多的社会财富，促进社会经济的增长与发展。数据产权制度的设立与执行，在平滑数据保护、交易流通的风险问题上也有着稳定预期的功能，尤其对于数字企业来说，数据产权制度的确立能够增强其积极利用数据、投资数据产业的动机，从而促进数字生产关系朝向系统化方向发展，进一步扩大数据要素的利用领域，以实现数字经济的快速增长。

最后，立足我国当前的数据产权发展现实，应当明确企业数据产权在经济增长中的重要地位。在数据生产力的发挥上，数字（平台）企业是主力，前述的全要素生产率的提升也都是置于企业层面。因此，在研究个人数据产权保护的基础上，还应该注重企业数据产权的保护问题，这事关数字经济制度建设的全局与根本（本书第四章对该问题已有阐述）。① 当前以美国为首的发达国家，十分重视企业产权制度建设，相关制度体系比较完善，在其企业的利润结构中，以知识产权为代表的"无形资产"已成为利润的主要来源。② 在国内，于 2016 年 11 月出台的《中共中央　国务院关于完善产权保护制度依法保护产权的意见》③、2019 年 11 月出台的《关于强化知识产权保护的意见》以及 2021 年 10 月出台的《知识产权强国建设纲要（2021-2035 年）》与《"十四五"国家知识产权保护和运用规划》④ 等，为企业数据产权保护提供了重要的政策参照。

总之，数据要素产权融合了经济、制度与技术，反映出数字经济条件下数字生产关系与数据生产力之间的相互作用关系，主要通过提升全要素生产率助力经济增长。在厘清数据产权与经济增长内在逻辑的基础上，下文将着重分析数据产权问题中涉及的数据资产适用性（通用性和专用性）的问题，并结合企业数据产权与政府数据产权的发展现实，阐明其对于经济增长的意义。

第二节　数据资产的适用性与经济增长

当前关于数据要素的特征研究中，都或多或少论及数据资产的通用性问题⑤，如"复次利用""无本万利"的特点。在已有的关于资产"适用性"的研究中，尤以资产专用性（Asset Specificity）研究为显。根据马克思主义唯物辩证法的基本观点，概念或者问题之间具有相互性，例如，研究失业问题从另一角度看也是研究就业问题，因此，本节将通过回溯资产专用性的有关研究，来对资产通用性（Asset Homogeneity）以及具体化层面的数据资产通用性问题进行分析。

---

①⑤　姜奇平. 完善数据要素的产权性质［J］. 互联网周刊，2020（10）：70-71.

②　卢现祥. 论产权制度、要素市场与高质量发展［J］. 经济纵横，2020（1）：65-73+2.

③　关于完善产权保护制度依法保护产权的意见［N］. 人民日报，2016-11-28（001）.

④　相关政策文件来源于中国政府网（http：//www.gov.cn/index.htm）。

一、资产专用性的一般逻辑

关于资产专用性的研究寓于制度经济学家对市场经济或资本主义经济制度的研究中，尤其是对企业性质问题的研究。在理论溯源方面，主要是一些经济学家对人力资本研究的副产品。资产专用性含义的最早表达见于弗里德里希·李斯特的《政治经济学的国民体系》①一书中，他指出，人的经验、习惯以及技术在其失去本业后，大部分将不复存在。在后续的人力资本研究中，马歇尔·阿尔弗雷德（Alfred Marshall）、加里·贝克尔（Gary S. Becker）、雅各布·马尔沙克（Jacob Marschak）等在深化人力资本理论的同时，将资产专用性思想融入就业、劳动力市场激励以及职业可替代性问题的研究中，但是他们并没有认识到资产专用性对于交易的重要性。这其后奥利弗·威廉姆森（Oliver E. Williamson）对于交易的系统性分析，正式将资产专用性概念化②，以解释交易成本的起源，即不同的资产具有不同的专用性，这导致人们之间存在不同的交易行为，从而产生不同的交易成本，进一步延伸出治理结构的选择问题。其具体的含义是：在不牺牲其生产价值的前提下，某项资产能够被重新配置于其他替代用途或是被替代使用者重新调配使用的程度。③其类型主要有六种，分别是：场地专用性（Site Specificity）、物质资产专用性（Physical Asset Specificity）、人力资产专用性（Human Asset Specificity）、专项资产专用性（Devoted Asset Specificity）、品牌资产专用性（Brand Asset Specificity）和临时专用性（Temporary Specificity）。④关于资产专用性的系统化应用见于其著作《资本主义经济制度》一书，其基本逻辑如图6-1所示，这也使其成为交易成本经济学的核心概念之一。

不难看出，其核心观点认为，随着资产专用性的增强，交易者所选择的契约安排（最小交易成本的）将倾向于往内部组织（企业）或关系性契约的方向移动，资产专用性的强弱决定了企业制度与市场交易的取舍选择，纵向一体化

① ［德］弗里德里希·李斯特. 政治经济学的国民体系 ［M］. 北京：商务印书馆，2011.
② 资产专用性的初始概念是由 Klein 等提出的，它指只有当某种资产和某项特殊的用途结合在一起时，该资产才具有价值，否则它的价值就不能完全体现出来，即出现损失甚至完全丧失。参见 Klein B, Crawford R G, Alchian A A. Vertical Integration, Appropriable Rents, and the Competitive Contracting Process ［J］. Journal of Law and Economics, 1978, 21（2）：297-326.
③④ ［美］奥利弗·威廉姆森. 治理机制 ［M］. 北京：中国社会科学出版社，2001.

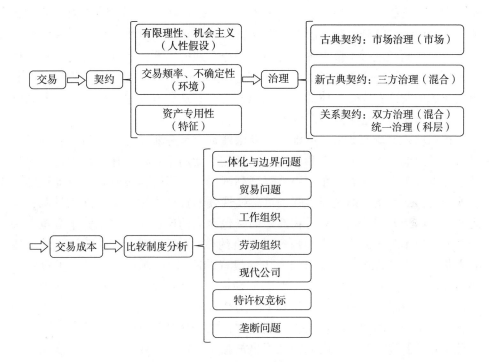

图6-1　《资本主义经济制度》逻辑架构

资料来源：[美] 奥利弗·E. 威廉姆森. 资本主义经济制度 [M]. 北京：商务印书馆，2002；聂辉华. 交易费用经济学：过去、现在和未来——兼评威廉姆森《资本主义经济制度》[J]. 管理世界，2004（12）：146-153.

成为其重要结论之一。继威廉姆森之后，经 Grossman 和 Hart[①]、Hart 和 Moore[②] 的发展，形成了资产专用性理论的基本框架，即不完全契约理论（简称 GHM 理论），其核心思想是：在契约不完全的条件下，为保护交易过程中专用性资产投资者的利益免受机会主义行为的侵害（如敲竹杠），并且使交易成本最小化，应让专用性资产所有者取得企业所有权，从而保证企业契约的效率性。[③] 在此基础上，之后的理论与实证分析又对此进行了扩展与反思。在扩展层面，阿尔

[①]　Grossman S J, Hart O D. The Costs and Benefits of Ownership：A Theory of Vertical and Lateral Integration [J]. Journal of Political Economy，1986，94（4）：691-719.

[②]　Hart O，Moore J. Property Rights and the Nature of the Firm [J]. Journal of Political Economy，1990，98（6）：1119-1158.

[③]　牛德生. 资产专用性理论分析 [J]. 经济经纬，2004（3）：18-21.

奇安和伍德沃德①、玛格丽特·M.布莱尔②、郭继强③、王文胜④等对既有模型或概念的内涵与外延进行了研究；在反思层面，熊德章和刘乔乔⑤、牛德生⑥等对该理论的困境进行了反思性研究——在与实践的不断比照中，观点与内容也在不断丰富。如果把资产专用性看作是生产力的一种特殊形式，把治理关系和由此形成的制度看成是具体的生产关系，那么，从研究的整体性上看，前述学者正是在研究资本主义的生产方式。⑦

根据前人的研究成果，不难推出专用性资产具有两个显著的特征：一是它必须由特定的经济主体拥有和控制；二是它只能用于特殊用途，转为他用时价值会降低或消失。进而，在专用性程度刻画层面，可以通过资产的流动性和可转换能力进行考察，即流动性强、可转换性强的资产专用性差但通用性强；反之则反。由于专用性资产既有物的层面又包含人的层面，并且企业本身也是一个由人力资本与非人力资本组成的特殊合约⑧，从而不难理解企业的经济本质其实是"一个难以被市场复制的专用性投资的网络"，而且是"围绕关键性资源而生成的专用性投资的网络"。⑨ 在明确这一认识的基础上，进一步看专用性资产对于经济增长的意义：伴随着生产力与生产关系的相互作用，技术进步与革新带来生产力质的突破、社会化大生产带来的分工与合作的广化与深化以及由此引发的制度变革三者之间相互促进与强化，使得专用性资产的广度和深度得以延展，经济社会中专用性资产越多，那么，资产专用性的程度越强，从而作为"专用投资网络"的企业，其自身的专业化水平就越高，而专业化基础上的分工与合作对于经济的增长效应也就越强。不仅如此，经济增长又反向促进和强化了分工与合作。⑩ 在如此正反馈机制的作用下，经济增长的势头将越来越强。

但是需要指出的是，资产的专用性是与资产自身的用途范围绑定的，具有

---

① 阿尔奇安，伍德沃德. 对企业理论的思考 [M] // [德] 埃瑞克·G. 菲吕博顿，鲁道夫·瑞切特. 新制度经济学. 上海：上海财经大学出版社，1998.
② [美] 玛格丽特·M. 布莱尔. 所有权与控制：面向21世纪的公司治理探索 [M]. 北京：中国社会科学出版社，1999.
③⑩ 郭继强. 专用性资产特性、组织剩余分享与企业制度 [J]. 经济学家，2005 (6)：69-75.
④ 王文胜. 资产的"他专用性"和"自专用性"——一个交易成本经济学与企业能力理论整合的视角 [J]. 中南财经政法大学学报，2010 (5)：23-27+43.
⑤ 熊德章，刘乔乔. 资产专用性理论的回顾与反思 [J]. 现代管理科学，2010 (5)：75-78.
⑥ 牛德生. 资产专用性理论分析 [J]. 经济经纬，2004 (3)：18-21.
⑦ [美] 奥利弗·E. 威廉姆森. 资本主义经济制度 [M]. 北京：商务印书馆，2002.
⑧ 周其仁. 市场里的企业：一个人力资本与非人力资本的特别合约 [J]. 经济研究，1996 (6)：71-80.
⑨ 杨其静. 合同与企业理论前沿综述 [J]. 经济研究，2002 (1)：80-88.

一种锁定效应，不难看出，这种专用性对应的是一种"类特征"，反映不同的情形（前述的分类）。但在某一类情形下，这种专用性恰恰又变成了该类型下的通用性，也即马克思主义的普遍性（共性）与特殊性（个性）的辩证法中，普遍性寓于特殊性之中的观点。因此，如果从马克思主义唯物辩证法的观点来看待资产的通用性与专用性的关系，不难得到两者关系的完整图景：一是资产的通用性和专用性是相互区别的，有着各自的内容，如前所述。二是资产的通用性与专用性又是相互联系的：一方面，资产的通用性离不开专用性，且通用性寓于专用性之中；另一方面，资产的专用性也必须与通用性相联系而存在，不存在纯粹的专用性资产。三是资产的通用性与专用性的区别是相对的，在一定条件下可以转化。在一定条件下作为通用性的资产，在另一种特殊情况下则变为专用性资产，反之亦然。上述的辩证关系可以从美元与人民币的"货币战争"中得以窥视。下文将具体结合数据资产的通用性问题进行分析。

二、数据要素作为通用性资产

前述对资产专用性的研究更多的是对生产关系的探讨，体现在不完全契约的现实性让资产专用性问题凸显。本小节在厘清通用性与专用性辩证关系的基础上，结合生产力与生产关系的互动逻辑，将对以下三个问题进行分析：

1. 数据资产通用性的辩证分析

首先，应当对数据资产的通用性进行分析。这可以从数据要素自身的特点与外在的应用环境两个层面进行认识：一是从数据要素自身来看，它作为数字化的知识和信息，离不开其底层的大数据助力（DIKW阶梯模型），而对于数据要素的经济技术性特征，本书第三章分析指出，其遍布于"公共品—私人品"的光谱上，当其作为公共物品时，具有共享性、再生性、扩散性以及边际收益递增等特点，并且其数量的增加不是通过投入，而是通过低成本的复制或传输。这其实构成了数据资产通用性的底层逻辑。二是从数据成为新的生产要素的历史性层面看，马克思主义唯物史观揭示了数据成为要素的历史必然性，即在各个历史时期都会出现新的生产要素，并且在对应的时期，新生产要素都发挥着主导作用[①]，以适应经济社会向高阶段发展的现实需求。而生产要素主导性的体现正对应其演化过程中出现的竞用性逐渐降低、通用性不断增强的趋势。三

---

① 宋冬林，孙尚斌，范欣. 数据成为现代生产要素的政治经济学分析［J］. 经济学家，2021（7）：35-44.

是从外部环境上看，技术进步与需求的升级成为促进数据资产通用性的重要助推器。一方面，它们是加速数据要素化进程的助推器；另一方面，它们也是加速其通用性的重要体现，这表现为数据技术的通用性①扩大了数据资产的应用范围——不仅能够满足社会物质财富生产的需要，也能够满足人类自我实现的精神需要。②

其次，明确数据资产的通用性并不意味着数据资产的专用性被掩盖。当前，数据要素来源于各类数据，而各类数据有着明确的行业壁垒（如教育数据与医疗数据之间），相互之间的通用性程度较低。现有论及的数据资产的通用性，如"复次利用""无本万利"③，其实论述的是既定行业内部的通用性，是一种"类特征"下的通用性。当然，不能否认全局性通用数据资产的存在性，如政府所辖的公共数据（如疫情防控数据）可以视作一种通用资产。但从整体层面看，行业内的通用性与行业间的专用性并存（见图 6-2 的行业分布）。不仅如此，当前的一些数字企业多元化的发展现状正是数据资产专用性的体现，通用性是发展的基础，而专用性为数字经济中的领域细分、产业细分和市场细分提供了重要参照（见表 6-1）。当前诸如教育大数据、金融数据、医疗数据等，行业内部通用性寓于行业间专用性之中，而非截然分开，如公共服务数据，其通用性特征明显；电商行业的数据因为专用性强，才能够形成一定的商业模式。这就导致两者的交易模式存在差异。当数据作为通用性资产时，其流动性与可转换能力较强，市场是其首选的治理手段；当数据更多地表现为专用性资产时，流动性与可转换能力弱，则主要依靠统一治理的手段，科层制（企业）为首选；介于其中的可采用混合方式进行治理，从而能够以最小交易成本的方式实现资产的最佳利用。

最后，应当区分数据资产的通用性和数字技术的通用性。前者是数字技术"做功"的对象，而后者是"做功"的手段，两者并不相同但相互绑定。在专用性与通用性的两两组合下，可以形成四种"做功"类型，分别是通用数据资产与通用数字技术、通用数据资产与专用数字技术、专用数据资产与通用数字技术和专用数据资产与专用数字技术，四种类型都是做功，但最终的效果可能不尽相同。"两通"与"两专"的情况形成结果的两极：前者近乎公共产品，但生产能力的发挥需要相应的支撑能力；后者几近专有，构成

---

① Bresnahan T F, Trajtenberg M. General Purpose Technologies "Engines of Growth"? [J]. Journal of Econometrics, 1995, 65 (1): 83-108.

② 戚聿东，刘欢欢. 数字经济下数据的生产要素属性及其市场化配置机制研究 [J]. 经济纵横，2020 (11): 63-76.

③ 姜奇平. 完善数据要素的产权性质 [J]. 互联网周刊，2020 (10): 70-71.

数字企业核心竞争力的源泉。而介于其间的"专通"与"通专"情形，对于一个（数字）企业来说，可能对应原有业务的拓展或整体营业半径的扩大。这里需要进一步指出的是，通用性资产具有两种情形：一种是全局性或全行业性质的通用性，这意味着它更多地体现为非数字企业的资产，因为对于数字企业来说，通用性数据资产本身并不能为其带来专有性收益，可能需要数字技术的助力，使其转化为体现数字企业自身特色的专用性数据资产；另一种是在行业内外之分的情形下，即专用性类特征下的通用性，但此时更多地凸显其专业化特点。

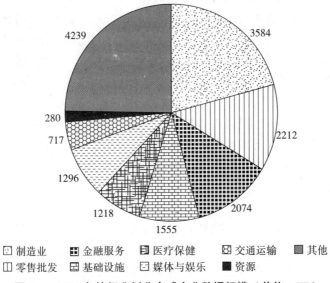

图 6-2　2018 年按行业划分全球企业数据规模（单位：EB）

注：①基础设施包括公用事业和电信业；②资源包括石油和天然气、通过管道或航运的石油和天然气运输、资源行业、石油和煤炭制造/精炼。

资料来源：陈维宣，等.宏观经济增长框架中的数据生产要素：历史、理论与展望［EB/OL］.腾讯研究院，（2020-06-12）［2021-10-04］. https：//www.tisi.org/14625.

表 6-1　数据资产化细分领域的头部企业

数据采集	数据存储	数据处理	可视化	决策应用	营销变现	综合解决方案
阿里	阿里	阿里	阿里	阿里	阿里	阿里
百度	华为	华为	华为	华为	华为	华为
华为	微软	腾讯	腾讯	腾讯	天眼查	微软
腾讯	腾讯	金蝶	京东科技	微软	腾讯	IBM

续表

数据采集	数据存储	数据处理	可视化	决策应用	营销变现	综合解决方案
微软	百度	微软	东软	东软	微软	京东科技
金蝶	IBM	百度	明途科技	百分点	IBM	腾讯
日志易	天翼云	东软	观远数据	GrowingIO	GrowingIO	百度
明途科技	金蝶	百分点	微金时代	观远数据	天翼云	东软

资料来源：2021 年 3 月海比研究院发布的《2021 年中国数据资产化工具市场研究报告》。

2. 数据资产的适用性对经济的增长效应

经济增长离不开各类生产要素的投入，前文主要回溯了专用性资产对于经济增长的助推作用，凸显了专用性资产带来的专业化升级在成本节约和效率提升方面的积极作用。置于数据资产的语境下看，对于专用性的数据资产，能够通过投资某类行业或者某类数据产业链获得专有性收益，最终实现市场细分，延展数字生产关系；而对于通用性的数据资产而言，则可能在全行业或者全产业链层面发挥普惠效应，促进整体性的生产协同和升级。在专业化与普惠性两者的协同下，有助于提升数字生产关系对数字生产力的适用性，从而促进数字经济发展迈向更高的层次。接下来，将结合企业数据资产与政府数据资产两个实例进行分析。

对于企业来说，其自身所拥有的（或通过交易获得的）数据资产具有一定的专用性，主要与自身的业务或者发展战略相绑定。因为数据资产的行业特点在无形中划定了各自的专用领域。进一步看，在每一个专用领域，又有延展细分的可能。前述的资产专用性理论立足于交易层面的分析，旨在确保专用性收益并不会耗散或被攫取。此处进一步从应用层面看，专用性数据资产在企业内部实现了通用性与专用性的耦合。以 Facebook、微信等企业所拥有的社交大数据为例，海量的社交数据通过平台不断汇集于企业内部，成为其实质性的资产。企业可以选择将部分的数据流量（注意力经济）卖予其他广告商直接变现（当然也可以直接出租平台层的"展台"），也可以自己进行数据挖掘，拓展自身的具体业务，但业务的开展总是以汇总的社交大数据作为起始点，之后才逐步细化精准，形成具有针对性的数据产品和服务。推而广之，在当前的各类数据海量化的现实情形下，数据资产的专用性对于各类数据产业具有积极的推动作用，各类企业利用数据资产投资于各类数据产品和服务，延展自身数据资产专用的细分领域。从社会层面看，专用性资产越多，资产的专用性程度也就越强，从而整个数字产业的专业化程度越高，这对于数字经济的增长具有正向的助推作用。

对于政府来说，其所辖的公共服务数据（包括政务数据）具有通用资产的特点，当前数据开放已成为国际趋势（见图6-3）。公共服务数据的开放利用不仅能打破"数据孤岛"、整合资源、提升政府工作效率，而且还能被社会组织和民众使用，从而有效提升数据的再利用价值。目前，世界各国正通过完善国内数据政策法规、组建数据管理机构、编制目录清单、设置开放许可和鼓励开放应用等方式，积极开展公共数据（政务数据）的开放共享与价值利用，从而推动其从理论层面向实践层面纵深发展。[1]

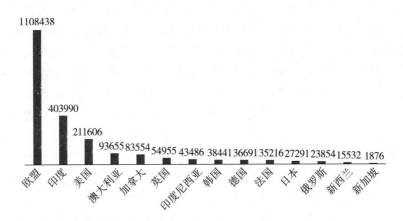

图6-3　世界主要国家和地区数据开放平台公共数据集数量（单位：个）

资料来源：2021年4月天府大数据国际战略与技术研究院发布的《全球大数据发展分析报告2020》。

作为通用资产的公共服务数据，其开放所带来的普惠性显著。此处以欧洲开放数据市场为例，阐明其对经济增长的重要意义。根据国际数据公司IDC 2019年的估计，欧盟27国的数字经济（直接和间接影响）将在2020年达到3880亿欧元，而其中约有12%是由开放数据直接创造的，约45%的价值是受开放数据影响创造的。欧洲有关开放数据的多项研究表明，开放数据是对经济的推动力，但对经济明显的影响是渐进的，而非立即见效。开放数据主要通过提高政府的工作透明度，通过应用程序和网站形式的服务，通过改进产品和流程，来提高生产力和生产效率以刺激经济增长。

---

① 参见2021年12月中国信息通信研究院和重庆市大数据应用发展管理局发布的《数字规则蓝皮报告》。

3. 数据产权制度助力数据资产适用性的发挥

需要指出的是，前述论及的企业数据资产的专用性与政府数据的通用性对经济增长的助力作用，是在数据产权制度相对完善的前提下所做的一些推论或实践。因此，数据资产适用性的发挥离不开数据产权制度的助力。对于企业来说，作为市场经济的基础性制度的数据产权制度能够增强其积极利用数据、投资数据产业的动机，从而促进数字生产关系朝向专业化与系统化方向发展，进一步扩大数据资产的利用领域，以实现数字经济的快速增长。对于政府来说，数据产权制度的确权与保护功能能够为政府数据的共享与开放提供保障，实现数据管理的规范化与标准化，从而提高普惠性的覆盖面。但是立足现实的发展情况看，由于数据产权制度当前正处于起步探索阶段，企业数据产权与政府数据产权还有较大的发展空间。对于企业来说，数据产权不明晰将对其专用性造成影响，因为一旦锁定，相应的风险将由专用资产的所有者完全承担。由于专用性数据资产本身的底层逻辑是数据要素生成的成本高昂但复制传递成本几乎为零，一旦发生同业竞争，引发扩散效应，那将对数据资产的原有者造成毁灭性打击。在这种专用性视域下存在的通用性威胁需要相应的数据产权制度进行约束。但是不容忽视的是，对这种专用性资产的权利界定是有成本的，这种专用性程度越高，所有者对资产的认识的专用性越大，那么界定的成本就越高。不难理解，因为专用性资产的所有者比其他人更熟悉自己的资产，而后者（如国家）在评估这种资产（资产估值难题）以及给予相应保护的努力将遇到困难。专用性资产界定并不具备通用性资产界定带来的规模经济。① 所以在经济产权的意义上，当前的一些数字独角兽，大都试图将数据的整个生命周期纳入企业内部，在业务层面实现纵向一体化，以防止由产权公共领域（Ⅰ或者Ⅱ）的存在而催生的攫租行为。

对于政府来说，中央与地方之间的层级性导致公共服务数据的通用性被抑制，专用性特点突出。根据有关研究，（地方）政府跨部门的数据共享存在资产专用性的问题，具体表现在数据共享中的技术壁垒与职能壁垒，前者对应于执行困境，后者对应于协作困境②：技术壁垒的原因在于数字技术的运行逻辑被科层制的理念所覆盖，其使用也并未遵循工具理性，而是掣肘于技术使用者所处的结构与制度环境，导致数字技术被组织制度俘获③，从而产生资产专用

---

① ［美］约拉姆·巴泽尔. 国家理论——经济权利、法律权利与国家范围［M］. 上海：上海财经大学出版社，2006.

② 锁利铭. 府际数据共享的双重困境：生成逻辑与政策启示［J］. 探索，2020（5）：126-140+193.

③ 张燕，邱泽奇. 技术与组织关系的三个视角［J］. 社会学研究，2009，24（2）：200-215+246.

性。职能壁垒对应于科层制度下的组织专业分工与条块化治理结构，这也是导致政府数据的资产专用性的原因之一。一方面，组织专业分工将导致"各自为政"的局面，带来统筹难题；另一方面，条块化治理导致数据分布呈现碎片化。因而在总体层面表现出，缺乏相应的顶层设计来形成完备的数据共享和数据所有权分配制度，以促进政府内部部门间协作的达成。① 综合前述两方面的问题，如何在技术层面实现兼容性和在组织层面平衡激励与保障之间的关系，将成为数据产权制度在政府数据共享开放方面的重要着力点。

第三节　数据产权助力我国经济增长的路径

在明确了产权与增长的内在机制以及数据资产适用性的基础上，将结合国内外数字经济发展的现实背景，着重阐述数据产权制度助力我国经济增长的具体路径，为后续章节具体问题的分析提供国内外视角。

一、数字经济发展的全球定位

当前数字经济已然成为世界各国竞先发展的主流经济形态，其中数据也成为各国获取竞争优势的关键性资源，近年来世界主要国家或地区纷纷推出相应的发展战略，导致国际数字市场关于数据权利与数据主权的争端不断。因此，本小节侧重于发展趋势的描述性分析，旨在明确我国在数字经济全球化发展背景下的定位，从外部压力的视角看待建立与保护数据产权和维护数据主权的必要性与重要性。主要归结为以下几个方面：

1. 积极推进数字经济战略，谋取发展主动权

表 6-2 初步梳理了 2016～2021 年全球主要国家和地区出台的数字产业战略，可以看出，随着第四次工业革命的到来，数字产业战略在各国综合国力竞争中地位凸显，其聚焦点体现在 AI、5G、量子计算等前沿领域，并且战略部署涵盖战略政策、科技研发以及国际合作等诸多方面。反观国内（见表 6-3），2015～2019 年出台的关于大数据的政策数量激增，政策覆盖度也在逐年提升，政策框架性凸显，表明了我国大力发展数字经济的决心。

---

① 参见张亚楠. 政府数据共享：内在要义、法治壁垒及其破解之道［J］. 理论探索，2019（5）：20-26；许鹿，黄未. 资产专用性：政府跨部门数据共享困境的形成缘由［J］. 东岳论丛，2021，42（8）：126-135.

表 6-2　2016~2021 年全球主要国家和地区出台的数字产业战略

年份	2016	2017	2018	2019	2020	2021
美国	2016-2045 年新兴科学与技术趋势	人工智能与国家安全	美国先进制造领导力战略	数字现代化战略	关键与新兴技术国家战略	2021 年美国创新和竞争法案
	国家人工智能研究与发展战略计划	国家机器人计划 2.0	国家网络战略	国家人工智能倡议	2020 年美国 5G 及下一代安全保障法	先进技术制造法案
		自动驾驶系统 2.0	国家量子倡议法案	联邦云计算战略	量子网络战略愿景	民主技术合作法案
欧盟	欧洲工业数字化战略	欧盟新工业政策战略	"地平线"欧洲（FP9）	欧盟 2030 工业愿景	欧洲数据治理	欧盟新工业战略
	5G 行动计划	打造欧盟数据经济	通用数据保护条例	未来新兴技术旗舰计划与大型研究计划	—	2030 数字罗盘
			建立欧洲高性能计算联合计划	可信赖人工智能道德准则		
中国	智能制造发展规划（2016-2020 年）	新一代 AI 发展规划	工业互联网发展行动计划	国务院办公厅关于促进平台经济规范健康发展的指导意见	新时期促进集成电路产业和软件产业高质量发展若干政策的通知	"十四五"规划纲要
	大数据产业发展规划（2016-2020 年）	网络安全法	关于发展数字经济稳定并扩大就业的指导意见	数字交通发展规划纲要		
	"十三五"国家战略性新兴产业发展规划	云计算发展三年行动计划				
德国	数字化战略 2035	智能服务世界	人工智能战略 2018	国家工业战略 2030	—	6G 技术研究倡议
	中小企业未来行动计划		高科技战略 2025			量子系统 2030 议程

续表

年份	2016	2017	2018	2019	2020	2021
英国	国家网络安全战略 2016-2021	英国数字战略	数字宪章	数字服务标准	—	—
英国	人工智能：未来决策制定的机遇与影响	政府转型战略（2017-2020）	人工智能行业新政	数字服务标准	—	—
英国	人工智能：未来决策制定的机遇与影响	数字经济法案	产业战略：人工智能领域行动	数字服务标准	—	—
日本	日本再兴战略2016	人工智能产业化路线图	量子飞跃旗舰计划	人工智能战略2019	科技创新"六五计划"	超越 5G 促进战略—迈向 6G 路线图
日本	科学技术创新综合战略2016	科学技术创新综合战略2017	日本制造业白皮书 2018	科学技术创新综合战略2019	后 5G （6G）技术综合战略	超越 5G 促进战略—迈向 6G 路线图
俄罗斯	俄罗斯联邦关键信息基础设施安全法	俄罗斯联邦数字经济规划	人工智能发展计划	2030 人工智能战略	—	—
俄罗斯	俄罗斯联邦科学技术发展战略	技术网络之先进制造技术方向路线图	2024 年前俄联邦发展国家目标和战略任务	2019-2030 年国家科技发展计划	—	—
印度	—	—	2018 年国家数字通信政策	个人数据保护法案（草案）	—	—
印度	—	—	人工智能国家战略（讨论稿）	2019 年国家软件产品政策	—	—
法国	—	人工智能战略	—	—	—	—
韩国	智能信息社会战略	—	—	—	—	—

资料来源：2021 年 12 月中国信息通信研究院发布的《全球数字产业战略与政策观察（2021 年）》。

表6-3　2015~2019年我国大数据政策数量统计　　　　　单位：个

年份	国家层面	省级政府	县级政府	政策总数
2015	4	33	11	48
2016	12	55	38	105
2017	10	75	47	132
2018	9	27	19	55
2019	1	10	暂未全面统计	暂未全面统计

资料来源：2019年赛迪顾问统计。

2. 发展数字经济，助推经济增长

从国际层面来看数字经济发展趋势，可以看出：一是数字经济已经占全球经济近半数，未来发展趋势可期（见图6-4）。二是从不同国家组别的角度看，高收入国家和发达国家在各自的组别内体现出独特的优势，具体体现在：第一，数字经济规模已占其一国经济的半数以上（见图6-5）；第二，各自在经济增速方面虽受新冠肺炎疫情影响，但数字经济拉动经济增长效应不减（见图6-6）；经济结构上产业数字化趋势显著，凸显数字技术带来的改造革新效应，数字产业化占比较低的原因可能在于经济全球化背景下跨国数字企业的全球布局（见图6-7）；第三，在数字经济对三次产业的渗透方面，服务业>工业>农业，从而反映出数字化改造的着力点（见图6-8）。

从国内的视角看，当前我国数字经济发展势头不减，数字经济增速远高于GDP增速，其拉动效应显著（见图6-9）。在数字经济的渗透率上，紧贴发达国家且远在发展中国家平均水平之上（见图6-10）。在数字经济结构层面，与中高收入国家趋同。在具体的产业区域布局与行业应用层面，不平衡特征显著但市场增长潜力大。简以行业应用为例，如图6-11所示，可以看出互联网、政府、金融和电信合计规模占比为77.6%，成为引领大数据产业发展的先导，并且其中的互联网、金融和电信三个行业，由于信息化水平高，研发力量雄厚，在业务数字化转型方面处于领先地位。余下的部分，如政府大数据现已成为近年来政府信息化建设的关键环节，在数据开放共享、民生服务、社会治理、市场监管等方面需求不减；再如工业大数据和健康医疗大数据作为新兴领域，数据量大，产业链延展性高，未来市场增长潜力大。在大数据专利层面，据赛迪顾问统计，2008~2019年我国大数据专利总量持续增长，部分国内骨干企业已经具备了自主研发产品的能力，一批大数据领域的独角兽企业也在快速崛起。当前机器学习、数据采集、数据存储、分布式等均为大数据专利技术

领域的热门词汇，我国大数据技术创新不断取得突破，这些热门技术分支下的专利申请几乎都呈直线上升的状态（见图6-12），置于全球视角看，在数字产业研发投入层面，全球主要经济体的研发投入持续增加，我国仅次于美国（见图6-13）。然而，数据中心的重要地位不容忽视，它是大数据产业发展的基石，也是数字经济发展的关键支撑。作为新基建的重要组成部分，大数据中心作为数据收集、处理和交互的中心，成为信息化发展的基础设施和数字经济的底座。加速布局数据中心旨在通过建设新型数字化、智能化基础设施，支撑产业转型与发展。随着国家相关政策陆续落地，数据中心发展的势能有望得到进一步释放。

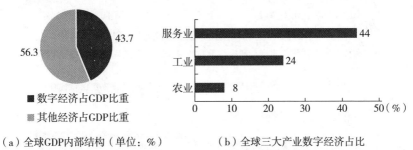

（a）全球GDP内部结构（单位：%）　　　　（b）全球三大产业数字经济占比

图6-4　2020年全球 GDP 内部结构

资料来源：2021年12月中国信息通信研究院发布的《企业数字化转型蓝皮报告》。

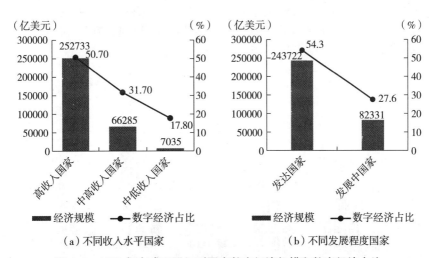

（a）不同收入水平国家　　　　　　　（b）不同发展程度国家

图6-5　2020年全球不同组别国家数字经济规模和数字经济占比

资料来源：2021年8月中国信息通信研究院发布的《全球数字经济白皮书》。

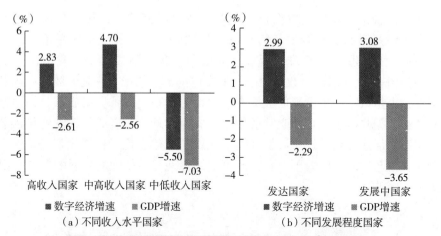

图 6-6　2020 年全球不同组别国家数字经济和 GDP 增速

资料来源：2021 年 8 月中国信息通信研究院发布的《全球数字经济白皮书》。

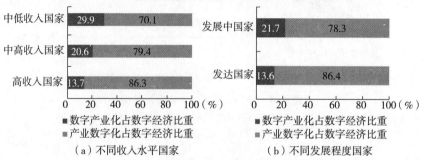

图 6-7　2020 年全球不同组别国家数字经济结构

资料来源：2021 年 8 月中国信息通信研究院发布的《全球数字经济白皮书》。

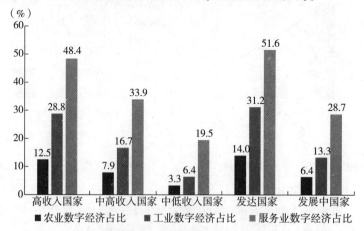

图 6-8　2020 年全球不同组别国家数字经济在三次产业渗透率

资料来源：2021 年 8 月中国信息通信研究院发布的《全球数字经济白皮书》。

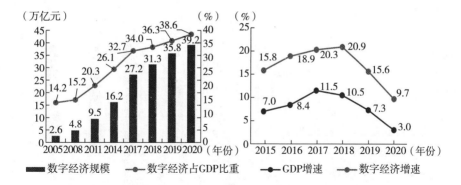

图6-9 2005~2020年我国数字经济规模占比与增速

资料来源：2021年4月中国信息通信研究院发布的《中国数字经济发展白皮书》。

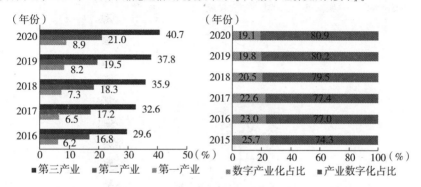

图6-10 2015~2020年我国数字经济渗透率与内部结构

资料来源：2021年4月中国信息通信研究院发布的《中国数字经济发展白皮书》。

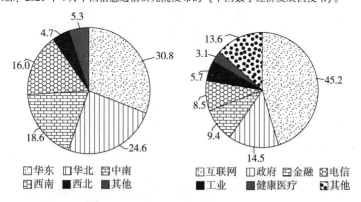

图6-11 2019年与2020年我国大数据业务区域分布与行业应用结构（单位：%）

资料来源：2020年9月中国大数据产业生态联盟发布的《2020中国大数据产业发展白皮书》；2021年7月大数据产业生态联盟发布的《2021中国大数据产业发展白皮书》。

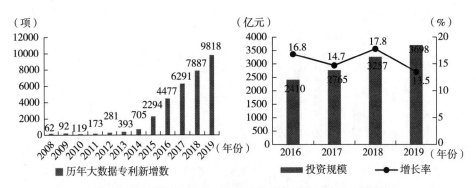

图6-12 我国历年大数据专利新增数与数据中心投资规模

资料来源：2020年9月中国大数据产业生态联盟发布的《2020中国大数据产业发展白皮书》；2021年7月大数据产业生态联盟发布的《2021中国大数据产业发展白皮书》。

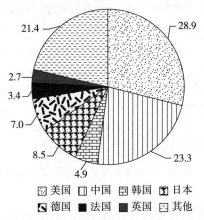

图6-13 2019年全球主要国家和地区数字产业研发投入占全球比重（单位：%）

资料来源：2021年12月中国信息通信研究院发布的《全球数字产业战略与政策观察（2021年）》。

二、数据产权与数据主权的内外兼修

立足前述数字经济发展的国内外实际，在经济增长的语境下，企业数据产权的界定与保护和国家数据主权的维护问题——内部企业数据产权不明，外部数据主权受损——一内一外构成了我国经济增长面临的制度约束，因此，应从两个方面采取纾困之策：

1. 完善企业数据产权制度，发挥资产适用性，以助力经济增长

根据本书第三章与第四章关于数据产权的特点与企业数据产权的分析，应将企业数据产权视为一种新型无形财产权益的客体，明确其在内容上所包含的用户个人数据利益、企业自身财产利益甚至是公共利益。当前关于企业数据产权的理论与实践——财产权的劳动理论、"额头滴汗原则"以及相关的司法实践——基本可以构成企业数据财产权益的正当性。① 因此，在具体的实操上，一方面，要允许作为数据控制者的企业对匿名化的数据享有限制性的所有权。当前我国的数据法律中，关于匿名化数据的应用存在留白（产权公共领域），以往的"法无禁止皆可为"与"负面清单"的理念或做法虽有参考意义，但在具体的实操上，对于数字平台企业甚至政府来说，还有一定的不确定性，在没有法律明确规定的情况下，一些平台企业表面上作为数据控制者，即作为匿名数据的占有者，形成数据垄断，但在实际上，这种垄断又是不稳定的，不仅可能"败于用户"，更可能"败于法律"。另一方面，应赋予企业数据（非个人商业数据）生产者所有权，促进企业数据的切实流通与应用。虽然企业数据事实上归企业所有且控制，但由于缺乏法的明示，也存在不确定性，这对企业间数据共享乃至数据产业的发展构成了阻碍。因此，应明确赋予企业数据生产者对合法收集或数据挖掘的非个人数据享有所有权，且如果是多个企业共同生产的商业数据，应共同所有，以形成明确的激励机制，促进其进行数据的收集、存储和利用。进一步看，在数据资产化背景下，权属的明晰也能够形成显著的投资激励，对数据产业链、价值链的形成具有重要的推动作用，带来数据产品与服务的多元化，促成数字生产关系的系统化，最终在全要素生产率的意义上带来提升，助力经济增长。

2. 积极参与国际数字秩序建设，以维护自身数据主权

数据主权是指一个国家对本国数据进行管理和利用的独立自主性，不受他国干涉和侵扰的自由权，包括所有权与管辖权两个方面。② 在国际层面，对于数据主权的维护应当从三个方面考虑：第一，形成符合自身发展的数据法律体系是基础。当前世界各国在拟定数据发展战略的同时，出台了诸多配套政策与法律条文，不仅针对国内，更是针对国外，美国与欧盟等当前在数据立法上走在世界前列，可以为我国提供实践参照。我国陆续出台的《中华人民共和国个人信息保护法》与《中华人民共和国数据安全法》等也体现了应对国内外数据争端的一种立法思想。第二，应积极参与数据跨境流动的治理过程。该问题凸显了数据主权的重要性。在万物互联互通时代，数字技术的突破实现了数据流动的便捷化，网络空间中法律的弱约束性使得一些数据强国能够利用自身的优

---

① 袁文全，程海玲. 企业数据财产权益规则研究［J］. 社会科学，2021（10）：96-106.
② 徐晋. 大数据经济学［M］. 上海：上海交通大学出版社，2014.

势地位，占有别国的数据，造成国际数据资产的贫富差距。相关的实践如当前美国在网络空间宣传"去主权化"，在数据跨境问题上积极宣传数据存储的去本地化；再如欧盟"内松外严"的数据流通政策，试图构建起单一的数据市场，对数据的跨境流动实行"长臂管辖"等。在此情形下，我国应当审时度势，对内不断完善数据跨境流动的安全管理机制，统筹兼顾解决个人信息、重要数据以及国家机密的出境问题。在具体的实践方面，也应有序推进数据跨境流动的区域试点工作（如上海临港、海南等），逐步积累经验再行推广。对外应积极参与到国际数据跨境治理过程中，构建多边的数字规则，营造数据生态圈，当前尝试发起的"数据丝绸之路"计划，在"一带一路"倡议下推动与形成数据跨境流通与管理多边合作机制是重要举措。而对于损害本国数据主权、国家安全的行为应依据有关的司法和执法规则，进行"长臂管辖"。第三，反对数据霸权。在大数据时代，数据在当前已然成为国家竞争优势的关键资源。发达资本主义国家的数据霸权问题在当前的国际数据市场格局中凸显，目前已有学者关注并进行了研究①，这将在本书第七章具体阐述。需要指出的是，在应对数据霸权的问题上，数据要素所形塑的生产力及其所决定的数字生产关系是主要关切点，数字基础设施、国际社会关系以及数据治理的国际机制将成为应对数据霸权的主要路径。

三、数据要素纳入国民经济增长核算

明确数据权属为下一步数据要素或数据资产的评估核算提供了制度激励。根据中国信息通信研究院 2021 年 4 月发布的《中国数字经济发展白皮书》，数字经济主要包括四个部分，分别是数字产业化、产业数字化、数字化治理和数据价值化。其中，数字产业化对应于信息通信产业，包括电子信息制造业、电信业、软件和信息技术服务业等；产业数字化对应于传统产业应用数字技术所带来的产出增加和效率提升的部分，如工业互联网、两化融合、智能制造以及平台经济等融合型新产业、新模式和新业态。如何衡量数据资产在经济增长中的贡献将成为后续的主要工作之一。需要指出的是，数据生产要素的统计核算对于厘清数据资产状况、优化数据资源配置尤为重要，但现行的国民经济核算体系并没有将数据生产要素作为资产纳入核算范围，亟待理论与实践层面的破题。

---

① 刘皓琰. 数据霸权与数字帝国主义的新型掠夺 [J]. 当代经济研究, 2021（2）：25-32；刘皓琰. 当代左翼数字殖民主义理论评介 [J]. 当代世界与社会主义, 2021（2）：112-117；高海波. 数字帝国主义的政治经济学批判——基于数字资本全球积累结构的视角 [J]. 经济学家, 2021（1）：24-31.

根据有关学者的梳理研究①，当前国内外对于数据要素的国民经济核算研究已初显成效，为"现代生产率悖论"提供了一定的解释。② 立足我国的理论研究与实践探索，理论方面的有益探索如许宪春等基于 2008 年国民经济核算体系（System of National Accounts，SNA）关于"资产"和"固定资产"的界定标准，指出数据资产应作为生产性资产纳入国民经济核算，其价值应采取调整的成本法进行核算。在此基础上，进一步结合国民经济核算国际标准和我国既有的统计调查制度，尝试探索建立我国数据生产活动职业分类，并对统计资料来源问题进行厘定。③ 在实践方面，当前深圳市数据生产要素统计核算试点工作取得阶段性进展，目前统计试点已完成了《数据生产要素统计核算研究》《深圳市数据生产要素统计报表制度》和《数据生产要素纳入 GDP 核算方法》，"深圳经验"为在全国层面开展数据要素统计核算工作，早日将其纳入国民经济核算体系，提供了有益的探索和实践。④ 此外，对包含数据要素的经济增长模型的研究也将成为学术热点，如以数据生产要素驱动的经济增长与传统的经济增长的比较研究、增长机制或效应的研究等都是笔耕要地。

---

① 徐翔，厉克奥博，田晓轩. 数据生产要素研究进展 ［J］. 经济学动态，2021（4）：142-158.

② Beaudreau B C. The Dynamo and the Computer：An Engineering Perspective on the Modern Productivity Paradox ［J］. International Journal of Productivity and Performance Management，2010，59（1）：7-17.

③ 许宪春，张钟文，胡亚茹. 数据资产统计与核算问题研究 ［J］. 管理世界，2022，39（2）：16-30.

④ 郭驰. 深圳市数据生产要素统计核算试点工作取得阶段性进展 ［N］. 深圳特区报，2021-11-30（A07）.

第七章　数据要素产权发展失衡探析

当前 Google、Facebook、百度、腾讯等数字巨头占有了社会大量的数据，引发了新一轮的"圈地运动"，在此情形下，数据垄断和数据霸权等问题逐渐显露。数据占有的不平衡所引发的数据利益失衡进一步加剧了社会分化与国际贫富差距。本章将延续第四章的治理分析，在厘清产权失衡的一般性基础上，结合数据要素产权的相关实践，着重探讨产权与信用、产权与霸权两个问题，以此形成我国应对数据产权发展失衡的政策启示。

第一节　产权不平衡的表征

关于产权不平衡问题的研究，按照本书归纳的发展脉络，应放在产权演进部分的研究中，前文的梳理并未进行针对性的展开，故在此处单独谋篇，全面考察数字经济内部与外部所涉及的产权不平衡问题，以期实现对有关研究文献的"地毯式"覆盖，为本章研究提供背景参照，主要总结为以下几个方面：

第一，对产权本身的权能结构的不平衡的研究。一般认为，产权与广义所有权同义，其基本的权能结构包括狭义的所有权、占有权、支配权和使用权，即人们通称的"四权"。在该权能结构中，狭义的所有权占据主导地位，其余的权利由其所派生而来。数字经济的发展，推动产权表现形式与运作方式的变革，促使"所有权中心"制度经济学转向"使用权中心"制度经济学，继而带来产权理论、企业理论和组织理论的变革。① 数字经济中财产所有权正在全面弱化——数据产品低成本、可复制性促成无限供给的特征，用户更多关注的是消费功能的实现，而不是产品的归属。② 杰里米·里夫金在《使用权时代》一

---

① 张曙光，张弛．使用权的制度经济学——新制度经济学的视域转换和理论创新 [J]．学术月刊，2020，52（1）：40-51+83．

② 易宪容，陈颖颖，位玉双．数字经济中的几个重大理论问题研究——基于现代经济学的一般性分析 [J]．经济学家，2019（7）：23-31．

书中指出，在"速度经济时代"，所有权观念已不合时宜，原因在于所有权让渡模式将转向使用权租赁模式，最终所有权体制将转向使用权体制，"所有权引起的骄傲"将在使用权时代消失不见。①

　　第二，对产权主体的不平衡问题的研究。一是劳资产权的不平衡研究。除前文综述论及的数字劳工与数字资本（家）间的产权问题之外，现实世界中劳资产权关系问题（劳资问题的核心）的研究者众多，但基本的价值取向是从对立走向统一，主张劳资由冲突走向和谐，并提出了相关的政策建议，以促成劳资和谐互利的结果。鉴于此，遂有选择性地加以概述。马克思在其《资本论》中阐述了在资本主义雇佣劳动制下，资本产权对劳动力产权的侵蚀，揭示了在该制度下资本产权的实质始终是资本整体对劳动整体的权利侵蚀，劳动力产权是"形式上的平等和事实上的不平等"。②约里斯·范·鲁塞弗尔达特和耶勒·菲瑟研究了包括英国、法国以及德国在内的11个国家的劳资关系的演进及相关对策，为旨在研究国外劳资关系问题的学者提供重要参考。③此外，专注一国研究的还有：瓦尔特·缪勒延奇和彼得·依特曼研究德国劳资关系④，T. 特雷乌研究意大利劳资关系⑤等。放眼国内，研究劳资关系问题的主要有马艳和周扬波、荣兆梓等、罗宁、罗润东等多位学者，在我国社会主义制度框架内探索劳资互利的平衡问题。⑥二是本国产权（"民族产权"）与外国产权的不平衡问题研究。这突出了国别产权的不平衡问题，涉及的面比较广泛，基本的不平衡关系可分为三类，即发达国家与发达国家之间、发达国家与发展中国家之间以及发展中国家与发展中国家之间，其中，发达国家与发展中国家之间的国家产权不平衡问题相对突出，主要表现在知识产权的国际垄断以及"新型"帝国主义的"掠夺式积累"方面。随着经济全球化的发展，资本主义发展出现了新特点，对于前一问题，主要表现在发达国家的跨国公司知识产权输出和垄断，发达资本主义国家采取知识产权国际垄断策略的实质在于从发展中国家攫取高额

---

① ［美］杰里米·里夫金. 使用权时代［M］. 郑州：河南人民出版社，2018.

② 马克思. 资本论（第3卷）［M］. 北京：人民出版社，2004.

③ ［荷］约里斯·范·鲁塞弗尔达特，耶勒·菲瑟. 欧洲劳资关系——传统与转变［M］. 北京：世界知识出版社，2000.

④ ［德］瓦尔特·缪勒延奇，彼得·依特曼. 德国劳资关系：数据、时序及趋势 1950-1999［M］. 北京：知识产权出版社，2013.

⑤ ［意］T. 特雷乌. 意大利劳动法与劳资关系（第2版）［M］. 北京：商务印书馆，2012.

⑥ 马艳，周扬波. 劳资利益论［M］. 上海：复旦大学出版社，2009；荣兆梓，等. 通往和谐之路：当代中国劳资关系研究［M］. 北京：中国人民大学出版社，2010；罗宁. 中国转型期劳资关系冲突与合作研究——基于合作博弈的比较制度分析［M］. 北京：经济科学出版社，2010；罗润东，等. 和谐社会建构中的劳资关系与就业［M］. 北京：经济科学出版社，2012.

垄断利润，掠夺其社会财富，限制甚至扼杀发展中国家的科技创新，以实现遏制发展中国家的发展甚至生存。① 对于后一问题，大卫·哈维基于权力的领土逻辑与权力的资本主义逻辑的分析框架，揭示并解释了资本积累在"时间—空间修复"过程中，对处于"非资本主义状态的地区"所进行的掠夺②，这在某种程度上与伊曼纽尔·沃勒斯坦所阐述的维持世界体系运作的动力即不平等交换与资本积累有着异曲同工之意。③

第三，对不同形态（范畴）产权间的不平衡问题的研究。一是以物质形态切入可分为物质产权与数字产权，首先分析各自内部的不平衡：在物质产权中，人力资本产权与非人力资本产权之间，前者发挥的作用越来越大，受到的关注也逐渐增多，人的主体性作用得到肯定。④ 在数字产权内部，主要是围绕数据产权中所有权与使用权分离造成的收益不平衡展开研究。⑤ 再回到物质产权与数字产权间的不平衡问题上，这更多地体现在数字经济与工业经济（为主）、农业经济之间发展的不平衡上，以历时性视角观之，数字经济是继农业经济与工业经济的第三种经济形态，在经济形态的成熟度上不及前两者，进而才有数字产权及其制度变革与创新的问题出现。二是从所属范畴上看，产权作为沟通经济学与法学的"桥梁式"概念，可分为经济产权与法律产权。对两者的不一致问题的研究主要放在产权、法与政策一致性这一框架下进行。国外对此问题的研究，例如：赫尔南多·德·索托指出，法定产权制度与事实上产权结构不一致将导致穷人缺少财产权表述，致使其只有财产而无资本，从而无法获益。其政策主张是建立"正规所有权制度"，通过法律创造资本的转化过程。⑥ 青木昌彦等分析指出，法律环境的不确定性将导致个人采取特定经济策略，以应对法治缺乏所带来的产权的不确定性，意在表明产权制度的建设和完善与法律和政策的有效实施是紧密相关的。⑦ 国内关于此问题的研究，可见于纪坡民、刘

① 杨云霞．资本主义知识产权垄断的新表现及其实质［J］．马克思主义研究，2019（3）：57-66+159-160．

② ［美］大卫·哈维．新帝国主义［M］．北京：中国人民大学出版社，2009．

③ ［美］伊曼纽尔·沃勒斯坦．现代世界体系［M］．北京：社会科学文献出版社，2013．

④ ［美］舒尔茨．论人力资本投资［M］．北京：北京经济学院出版社，1990；任洲鸿，刘冠军．从"雇佣劳动"到"劳动力资本"——西方人力资本理论的一种马克思主义经济学解读［J］．马克思主义研究，2008（8）：120-125．

⑤ 魏鲁彬．数据资源的产权分析［D］．济南：山东大学，2018；朱宝丽．数据产权界定：多维视角与体系建构［J］．法学论坛，2019，34（5）：78-86；费方域，闫自信，陈永伟，等．数字经济时代数据性质、产权和竞争［J］．财经问题研究，2018（2）：3-21．

⑥ ［秘鲁］赫尔南多·德·索托．资本的秘密［M］．北京：华夏出版社，2017．

⑦ ［日］青木昌彦，奥野正宽，岗崎哲二．市场的作用国家的作用［M］．北京：中国发展出版社，2002．

守英、邓大才等的著述中，① 都揭示了这种不一致对经济运行以及发展产生的阻碍作用。

第四，对不同所有制性质的产权不平衡问题的研究。在该层面所指代的研究就是公有制与私有制之间的产权不平衡问题。需要明确，所有制性质是由其相应的产权主体的社会属性所决定，此类研究应类属产权主体不平衡之列，但在此处进一步深化。国内关于所有制层面的产权不平衡的研究主要是在"国退民进""国进民退"问题的争论上，即国有经济与民营经济（一般包括个体与私有企业）发展的"进退选择"问题。"国退民进"的提法有着深刻的政策意图，实质上是要国有经济从竞争性的领域退出，全面推行私有化。② 党的十八届三中全会明确提出积极发展混合所有制经济，但并不意味着要销蚀国有资产，推动"国退民进"，而是要使其既有利于国有资本功能放大，增强其活力，提高其影响力和控制力，也有利于非公有制经济更好地发展。③ 我国在从计划经济转向市场经济的过程中，所有制结构发生调整是不争的事实，但是在非公经济的繁荣与发展过程中应保持公有经济的主体地位④，应坚持公有制为主体，绝不搞私有化。应坚持多种所有制共同发展，绝不搞单一公有制。⑤ 应摒弃"零和"思维，坚持"两个毫不动摇"。从我国所有制结构演进总的历史趋势上看，所有制结构在规模和质量上呈现的是"国进民进"的历时性时空演绎总体特征。⑥ 国外关于所有制层面的产权不平衡的研究主要体现在新自由主义倡导下的私有化理论与改革实践，相应的理论溯源（晚近以来）可从以弗里德曼、布坎南、科斯等为代表的货币学派、公共选择学派、新制度经济学学派等的理论建构中找寻，在具体实践上，如里根、撒切尔夫人在美国与英国的实践，"芝加哥小子"（Chicago Boys）在拉美的实验以及"华盛顿共识"的形成。在新自由主义的语境下，私有产权是自由市场的前提，私有制比公有制更有效率，反映到政策主张上便是推行私有化，并且将该主张教条化、极端化，给在新自由

① 纪坡民.产权与法 [M].北京：生活·读书·新知三联书店，2001；刘守英.产权，行为与经济绩效 [J].经济社会体制比较，1992（2）：12-18；邓大才.农村土地集体所有权的实践悖论、诠释与出路 [J].岭南学刊，2002（3）：38-41.

② 刘国光."国退民进"争论的实质与发展私营经济的正确道路 [J].南京理工大学学报（社会科学版），2008（3）：1-6.

③ 卫兴华.怎样认识混合所有制经济——兼评"国退民进"论 [J].人民论坛，2015（27）：71-73.

④ 荣兆梓."国退民进"与公有制为主体 [J].财贸研究，2014，25（1）：17-21.

⑤ 周新成.毫不动摇地坚持公有制为主体、多种所有制经济共同发展——兼评"国进民退"、"国退民进"的争论 [J].当代经济研究，2010（4）：29-34.

⑥ 盖凯程，周永昇，刘璐."国进民进"：中国所有制结构演进的历时性特征——兼驳"国进民退"论 [J].当代经济研究，2019（10）：15-27+2+113.

主义影响下所推行改革的国家造成巨大灾难，苏联解体就是惨痛教训。

第五，对地域性产权不平衡问题的研究。从国内视角看，这种地域性产权的不平衡主要体现在城镇化过程中，城市国有产权与农村集体产权之间的不平衡问题，其焦点是关于土地产权制度的"城乡二分"。从具体层面上看，即农村土地的非农开发使用的开发权以及开发后的权益分配问题①，与此同时，也引发对"征地补偿""土地财政""小产权房""宅基地入市""城乡建设用地同地同权"等伴生性问题的研究。② 国外关于此类的研究主要以普雷维什的"中心—外围"理论，以及以伊曼纽尔·沃勒斯坦和萨米尔·阿明为代表的"依附学派"所构建的世界体系理论阐述的"中心—半边缘—边缘"的层级结构分析框架为主要代表。③ 需要明确，他们研究所关注的是资本主义的世界体系。出现中心区与边缘区结构是由在世界规模上资本积累过程的不平衡所致。生产结构异质性与否成为划分体系内国家是属于中心区还是边缘区的重要依据。由资本主义世界体系所构建的全球商品生产链条成为中心与边缘连接互动的纽带，不平等交换与资本积累构成了该体系运行的动力，以上种种客观上加剧了不平衡的程度。由此可以进一步延伸，不难发现，地域间（内）经济结构的不平衡也会导致产权不平衡问题。综观国内相继提出的"经济新常态"、供给侧结构性改革、新发展理念、经济高质量发展、构建现代化经济体系等重要论断与政策主张，在一定程度上可以看作应对此类产权不平衡的举措。

第六，关于产权理论进路不平衡的研究。上述的五个方面侧重于现实性角度进行相关的文献梳理，此处侧重于产权理论与产权制度研究的不平衡揭示。这主要有两个方面：一是产权研究范式的不平衡问题。邓大才研究并揭示了产权与政治关系的三种进路：①产权与阶级、革命研究进路；②产权与法律国家研究进路；③产权与市民社会、民主研究进路。在此基础上，尝试构建产权政治学的研究框架，并且从研究的内容、对象、假设、内涵及落脚点详细考察了产权政治学与产权经济学的异同。④ 关于上述第二种研究进路，可以从史蒂芬·哈伯等对于处于政治稳定和动荡时期的墨西哥经济增长问题研究中得以窥探，

---

① 华生. 城市化转型与土地陷阱 [M]. 北京：东方出版社，2013.

② 贺雪峰. 地权的逻辑：中国农村土地制度向何处去 [M]. 北京：中国政法大学出版社，2010；张曙光. 中国制度变迁的案例研究（第8集）[M]. 北京：中国财政经济出版社，2011；刘守英. 土地制度与中国发展 [M]. 北京：中国人民大学出版社，2018.

③ [阿根廷] 普雷维什. 外围资本主义危机与改造 [M]. 北京：商务印书馆，2015；[美] 伊曼纽尔·沃勒斯坦. 现代世界体系 [M]. 北京：社会科学文献出版社，2013；[埃及] 萨米尔·阿明. 世界规模的积累——欠发达理论批判 [M]. 北京：社会科学文献出版社，2017.

④ 邓大才. 产权与政治研究：进路与整合——建构产权政治学的新尝试 [J]. 学术月刊，2011，43（12）：5-14.

基于"垂直政治一体化体制"的分析框架，阐明了政治动荡不会给经济发展造成系统性的破坏，形成了（提出了）针对欠发达国家的产权制度理论。① 从产权经济学到产权政治学这样一个重大的范式转变，显然会带来产权研究范式间不平衡——前者内部体系、逻辑及架构相对完善，后者虽有明显的研究进路，但尚未系统化，有待进一步完善。二是产权（制度）体系的不平衡问题。这体现在，我国现阶段的产权体系具有两重性——我国社会主义产权体系在本质上已实现了现代产权制度的同时还存在部分古典产权制度的痕迹，从而导致经济在高速增长过程中产生一些宏观缺陷，制约了我国经济的发展。因此，必须加强现代产权制度建设，消除古典产权制度痕迹，从而完善我国社会主义产权体系，克服相关宏观经济缺陷。②

总之，产权不平衡表现多样——从客体权能结构到产权主体自身，从同类产权到异质产权，从国内"产权势"到国外"产权势"，从产权实践到产权理论分析范式等。但正如第四章分析指出的，在唯物辩证法的视角下，不平衡与平衡是对立统一的，是事物矛盾运动的两种状态。在平衡中存在着不平衡的因素，在不平衡中存在着平衡的因素，不平衡是绝对的，而平衡是相对的，两者在一定条件下又相互转化。并且，从不平衡与不充分的辩证关系看，不平衡（各部分间的结构失衡）有着深刻的不充分（单个部分的发展不足）原因。以此为引，接下来着重探讨数据要素占有与利益分配的失衡问题。

第二节 数据要素占有与收益分配的不平衡

从生产关系层面看，一般认为，生产资料的占有经历了农业、工业等漫长的资本原始积累时期——生产资料与生产者相分离，在相应的历史阶段都有印证（如"圈地运动"等）。但在当前的数字经济时代，与传统要素相比，不难发现，对于数据（要素）的占有，基于数据自身的经济技术性特征、数字化技术和基础设施的助力，积累时间变得极为短暂，导致一些数字独角兽公司③能够在短时间内崛起，尤其是与数据库相关的公司（见图7-1），更是"数据红

① ［美］史蒂芬·哈伯，阿曼多·拉佐，诺埃尔·毛雷尔. 产权的政治学［M］. 北京：中信出版社，2019.

② 白暴力. 现阶段产权制度的两重性与现代产权制度建设［J］. 社会科学研究，2015（6）：30-34.

③ 独角兽公司（Unicorn）的概念由硅谷风险投资者 Aileen Lee 在2013年撰文讨论后首次进入大众视野。在风投行业与商业语境下，独角兽公司指的是那些估值超过10亿美元的私有/初创公司。

利"的受益者——俨然出现了一种数据资本的原始积累模式，即数据与经济主体相分离。从分配关系层面看，出现了从最初的资本家—工人贫富两极分化转变为资本家—工人、资本家—资本家和工人—工人三重两极分化，这在平台经济的语境下能够得到直观的揭示，即原有的"资本家—工人"关系转变为"平台（资本）—个人"关系，而后者恰好包含上述的三重两极分化，这在前文章节中已有论述，如平台之间的"高覆盖性"竞争、平台与个人之间的去劳动关系化、个人之间（如平台零工）的低工资率的竞争带来的过度劳动等。

383 systems in ranking, January 2022

Rank			DBMS	Database Model	Score		
Jan 2022	Dec 2021	Jan 2021			Jan 2022	Dec 2021	Jan 2021
1.	1.	1.	Oracle ➕	Relational, Multi-model 🛈	1266.89	-14.85	-56.05
2.	2.	2.	MySQL ➕	Relational, Multi-model 🛈	1206.05	+0.01	-46.01
3.	3.	3.	Microsoft SQL Server ➕	Relational, Multi-model 🛈	944.81	-9.21	-86.42
4.	4.	4.	PostgreSQL ➕ 🌐	Relational, Multi-model 🛈	606.56	-1.66	+54.33
5.	5.	5.	MongoDB ➕	Document, Multi-model 🛈	488.57	+3.89	+31.34
6.	6.	↑7.	Redis ➕	Key-value, Multi-model 🛈	177.98	+4.44	+22.97
7.	7.	↓6.	IBM Db2	Relational, Multi-model 🛈	164.20	-2.98	+7.03
8.	8.	8.	Elasticsearch	Search engine, Multi-model 🛈	160.75	+3.03	+9.50
9.	↑10.	↑11.	Microsoft Access	Relational	128.95	+2.96	+13.61
10.	↓9.	↓9.	SQLite ➕	Relational	127.43	-1.25	+5.54

图 7-1　2021~2022 年全球最受欢迎的数据库排名

资料来源：https：//db-engines.com/en/ranking.

根据马克思主义政治经济学的观点，资本具有双重属性：一方面是资本的物质属性，即表现为一系列的使用价值，如生产资料和劳动力的生产要素；另一方面是资本的社会属性，即资本是能够带来剩余价值的价值，它是以物为中介的人和人之间的社会关系。[①] 资本积累在本质上就是资本主义生产关系的扩大再生产。[②] 在以互联网数字平台为主要经济组织模式的数字经济中，大量的社会性数据——用户的衣、食、住、行、游、购、娱等数据向平台集中，成为数字平台公司实质性的数据资产。不仅如此，平台资本通过对数据的控制，能够实现"大数据杀熟"、基于用户画像的"精准营销"，实现对劳动过程的控

---

①　韩文龙.平台经济全球化的资本逻辑及其批判与超越 [J].马克思主义研究，2021 (6)：134-145.

②　蒋南平，汤子琼，刘方健.马克思主义经济学中国化研究 [M].成都：西南财经大学出版社，2015.

制，即"井然有序的外卖骑手"①，甚至将所有经济运行逻辑转化为平台运行逻辑，以服务于资本增殖这一价值运动的总目标。然而，正如第四章分析指出的，数据要素存在垄断与开放的矛盾：一方面，资本的逻辑主导了平台的运行逻辑，使得各类经济运行逻辑"归一"，资本的逐利性导致其总有不断强化数据垄断的倾向。与此同时，数据的生产又具有路径依赖和"蜂聚效应"，即越是个人或者用户在一个平台上使用和"贡献"数据，就越容易依附于这一平台继续使用和"贡献"数据，导致平台可以源源不断地获取数据，进而更容易形成数据垄断。另一方面，数据的价值性体现需要通过最大化的共享才能实现，即利用规模经济和网络效应才能让数据的价值密度更好地体现出来。因而，无论是生产数据还是生活数据，只有多维度的、综合性的应用才能发挥数据的价值性。②

结合当前的数据格局看：第一，在个人层面，当下的各种社交网络（Facebook）、视频平台（YouTube）、电商软件（亚马逊）、搜索推荐引擎（Google）等在大数据和算法的助力下，构建起基于用户的"注意力经济"③，一切活动依托用户，将其视为流量，形成一种"楚门效应"④，例如，一些手机 App 通过向用户索要更多的数据权限⑤——电话号码、真实照片、家庭住址、银行卡号、身份证号以及社交关系，并且用这些数据去推断用户个人的经济能力、社会信誉、兴趣爱好或者风险偏好，最终形成用户画像，进而导致所谓的"个性化推荐""新客优惠"变成"精准营销""大数据杀熟"的手段。⑥ 与此同时，在与一些平台的互动过程中，用户的社会关系资本即"社交货币"也在此消彼长中波动，用户自身的创意内容、商品或将遭到平台的算法降权。在"隐私换便捷"的逻辑下，用户个人对自身的数据以及衍生数据只是一种"没有控制权的所有权"。

---

① 陈龙."数字控制"下的劳动秩序——外卖骑手的劳动控制研究［J］.社会学研究，2020，35（6）：113-135+244.

② 杨虎涛.社会—政治范式与技术—经济范式的耦合分析——兼论数字经济时代的社会—政治范式［J］.经济纵横，2020（11）：1-11+136.

③ 关于注意力经济学，其内涵是从注意力的角度分析和探索经济实践中的问题，从中找出注意力和经济的各种联系，发现并总结其内在规律以服务于社会经济实践的一门科学。相关研究遍及国内外，参见张雷.注意力经济学［M］.杭州：浙江大学出版社，2002；［美］托马斯·达文波特，约翰·贝克.注意力经济［M］.北京：中信出版社，2004；吴修铭.注意力经济——如何把大众的注意力变成生意［M］.北京：中信出版社，2018.

④ "楚门效应"指用户自以为是的决定（自主判断和选择的能力）是被操纵的决定，但自身对此全然不知。

⑤ 仲田.向过度索权的手机 APP"开刀"［J］.智慧中国，2019（6）：72-73.

⑥ 例如，一些网约车、旅游平台、视频网站等根据消费者的消费记录、搜索历史甚至手机型号的不同而对同种商品进行差别性定价。

第二，从（平台）数字资本公司的角度看，正是基于对数字基础设施的占有，才实现了对社会性数据的把控，这在"服务协议"的问题上可见一斑：在大多数情况下，软件、网站和线上商户用户协议上的内容虽具体说明了用户个人拥有其发布的任何东西的"所有权"，但在协议（通知）背后，（平台）公司对它有无限、永久、可转移的实质性权利。在某些情况下，如优步，其美国用户协议甚至暗示可以修改用户的信息——这也是 Facebook 花费 190 亿美元收购 WhatsApp 背后的主要原因：每天 300 亿条信息和 7 亿张图片可以尽情获取，以及不受限制的变现能力。① 其背后的逻辑正对应于多克·希尔斯在其《意愿经济》一书中所论及的"服从契约"的观点。② 之所以说它是服从契约，是因为它限制了服从方，而给予主导方自由变更协议的权利，即主导方——提出所有条款的一方能够在任何时候改变协议，而服从方除了默认或拒绝之外没有任何其他的选择。这也是为什么苹果公司可以每隔几个星期就更改 iPhone 超过 55 页的使用条款，而用户的唯一选择就是点击"同意"。这还仅就服务条款而言，不难推断，隐私政策方面就算不是更坏也至少一样糟糕。进一步延伸，"服从契约"还可能导致"数字封建秩序"，即一旦权利被集中到大企业手里，单边协议和强制合约就只能是名义上的自由，特别是标准合同，能够在工业强权和商业霸主的手中变成更为有效的手段，帮助它们建立一种新的建立在大量消费者或用户基础上的自主封建秩序。③ 数字独角兽企业的迅速崛起离不开"服从契约"的助力。此处简要回顾一下当前独角兽企业的行业分布，以明确数据占有对数据独角兽企业崛起的重要意义：根据 CB Insights 发布的《2021 年全球独角兽研究报告》，截至 2021 年 7 月，在全球独角兽企业的行业排序中（见图 7-2），位居前五的是金融科技（18.3%）、互联网软件与服务（15.8%）、电子商务（10.9%）、人工智能（8.2%）和医疗健康（7.4%）。分地区看（见图 7-3 与图 7-4），中国独角兽企业数量位列前五的是电子商务（19.2%）、人工智能（10.9%）、硬件（9.6%）、汽车与交通（9.6%）和移动通信（9.0%）；美国独角兽企业数量最多的五个行业是互联网软件与服务（23.3%）、金融科技（18.7%）、医疗健康（10.3%）、人工智能（7.7%）和其他行业（6.7%）。不难看出，美国在互联网软件与服务行业独角兽企业占比较高，一方面得益于相关的人才储备，

① 案例参见［美］道格拉斯·B. 莱尼. 信息经济学［M］. 上海：上海交通大学出版社，2020.
② "服从契约"也被称为模板合同和标准合同（Boilerplate and Standard Form Contracts），是商业中最普遍的合同，几乎囊括了用户在网上所有可能碰到的协议。网站把这些称为"协议""点击授权合同""服务协议"和类似的名称。法律层面也把它们称为"点击授权合同"和"浏览授权合同"（Browse Wrap）。
③ ［美］多克·希尔斯. 意愿经济——大数据重构消费者主权［M］. 北京：电子工业出版社，2016.

另一方面也表明美国国内外对互联网软件与服务的巨大需求。同时，根据胡润《2021 全球独角兽榜》所揭示的前 100 名，"新上榜"数在其中占据近半数，且多为电子商务、金融科技以及软件服务等类型的企业，中美两国是"新上榜"独角兽企业的重要来源。①

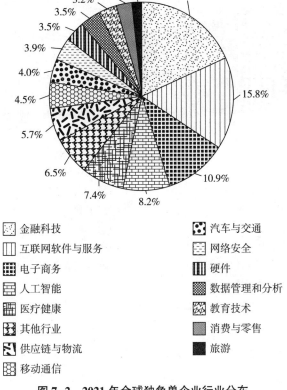

图 7-2 2021 年全球独角兽企业行业分布

资料来源：CB Insights 发布的《2021 年全球独角兽研究报告》。

第三，从社会层面看，此处着重于探讨平台数据资本与劳动者群体之间的利益矛盾。在平台经济的助力下，尤其是平台的资本主义应用下，传统的劳资关系、劳动过程发生了改变，前者表现为劳资关系由紧密雇佣型向松散雇佣型转变，也即去劳动关系化；后者主要体现在传统劳动过程向数字劳动过程的转变和平台资本对劳动过程的数据控制。不难看出，形式虽然发生了变化，凸显

———————————

① 2021 年胡润全球独角兽企业排行榜：字节跳动位居榜首，美国上榜企业最多［EB/OL］. 产业信息网，（2021-12-31）［2022-01-02］. https：//www.chyxx.com/top/202112/991379.html.

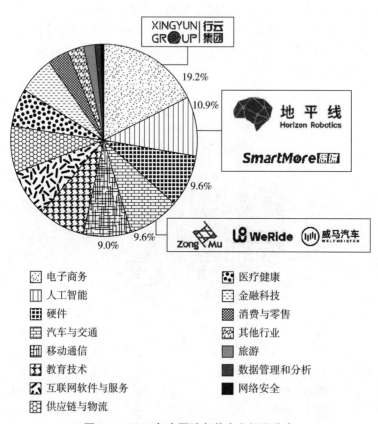

图7-3 2021年中国独角兽企业行业分布

资料来源：CB Insights 发布的《2021年全球独角兽研究报告》。

了时代性，但这只是剩余价值规律朝数字化平台化扩展的结果，并未改变资本逐利的本质，数据控制成为资本实现增殖的重要手段。平台资本对劳动者的价值攫取，本质上仍是资本对无偿劳动（成果）的占有，是剩余价值规律运动的结果，这其中数据的重要性愈发凸显。

以数字资本公司技术工人的劳动为例，软件开发者是其主要代表。他们具有专业的数字技能，且劳动具有创造性，需要相对稳定的工作环境以示激励，迎合了当前数字劳动的主要趋势。数字资本公司对软件开发者的价值攫取的机制体现在：首先，通过垄断数字基础设施，瓜分数据公共领域，形成数据开发的标准，从而降低技术门槛。这是重要一环，旨在消蚀软件开发者的技术垄断地位。其次，通过"分包"与"外包"的方式，以低于正常的研发支出水平，将一些研发项目推送给全球客户，构建起外部竞争市场。最后，在外部的竞争压力下，公司内部软件开发者不得不提高劳动强度，内化各种不确定性，努力

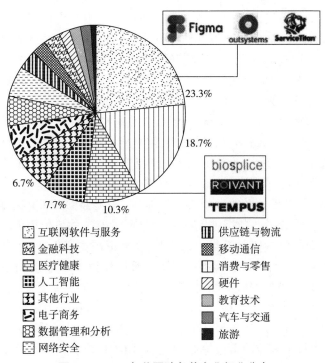

图7-4　2021年美国独角兽企业行业分布

资料来源：CB Insights 发布的《2021 年全球独角兽研究报告》。

让自己的劳动成果被认可。需要指出的是，即使软件开发者的智力劳动在竞争中获胜，也只是得到部分认可，因为剩余价值规律的存在使得数字资本公司的支付只能是部分而非全额。与此同时，还应指出，软件开发者的智力劳动在与外部的竞争中也出现了不同程度的"贬值"，即工资水平有下降的趋势。因为软件开发者如果长期处于一种超出社会平均劳动时间和强度的就业状态，在导致同业、同行竞争加剧以及个人工资水平提高到平均水平以上的同时，也把这种平均工资水平本身降低了。不仅如此，对于数字资本公司来说，众包模式的推广带来的外部竞争，还能进一步减少正式的劳动合同，节约开支。不难看出，数据产权公共领域的存在（第四章已作分析），成为加强劳动者对平台资本实际隶属的利器。

　　当然，平台资本对劳动者的价值攫取不仅体现在劳动层面（生产领域），在意识形态层面也有所体现①，如新型消费观念的形成（消费领域）。劳动者对

---

① ［美］赫伯特·马尔库塞. 单向度的人——发达工业社会意识形态研究［M］. 重庆：重庆出版社，2016.

生活资料的需要，不仅再生产出劳动力，而且也再生产出数据。这种对生活资料的需求，在数字经济条件下被数据化并为平台所掌握。平台通过对数据的占有分析，形成"用户画像"，构建起群体性的市场信息，同时进一步塑造"关键意见领袖"，构成消费观念传播的重要节点，通过"意见"影响劳动者对消费的认知、态度和行为，进而"制造需求"。

第四，从国际层面看，平台经济依靠"数据+算法+算力"所形成的数据生产力，实现了跨时空、跨国界地集成社会生产、分配、交换与消费各个环节，从而将社会经济运行逻辑"归一"。平台经济的全球化发展使得价值攫取在"数据强国"与"数据弱国"之间尤为突出——由于平台经济的"中心—散点"结构①与资本主义世界体系的"中心—外围"②相契合，再加上数据产权公共领域的去国界化，导致了"数据强国"对"数据弱国"的价值攫取。主要有两种情形：一是知识产权的国际垄断，二是"数字帝国主义"的"掠夺式积累"。对于前者，"数据强国"的跨国平台公司通过知识产权输出和垄断，旨在从"数据弱国"攫取高额垄断利润，掠夺其社会财富，限制甚至扼杀其科技创新，从而遏制后者的发展甚至生存。③ 对于后者，表现为在权力的领土逻辑与权力的资本主义逻辑的运动规律下，资本积累在"空间—时间修复"过程中，对"数据弱国"进行全方位的价值掠夺。④ 上述两种情形，仅是形式上的区别，其实质上依然是资本逐利的体现。

总之，前述四个方面揭示了当前数据占有的失谐格局，涉及"数据控制—数据垄断—数据霸权"等多方面的问题，不仅影响一国之内的数据产权，而且对国际数据主权也有波及。加尔布雷思认为，人类社会中的生产要素在经济中的重要性会不断发生变化，在不同的社会或者同一社会的不同阶段或时期，谁掌握了最重要的生产要素，谁就掌握了权力，从而使其在收入分配中占有优势以获得更多的收益。⑤ 本章接下来要分析的问题是：在这样的一种非均衡配置下，数据垄断（数据霸权）的"滚雪球效应"是如何形成的，或者说背后的逻辑是什么，以及会带来哪些后果？下文将围绕"产权与信用"和"产权与霸权"两个主题，分别探讨数据信用问题和美国的数据霸权问题——一个是经济运行的"润滑剂"，另一个是经济问题的集中体现——以此作为上述问题的回应。

---

① 刘皓琰. 从"社会矿场"到"社会工厂"——论数字资本主义时代的"中心—散点"结构 [J]. 经济学家, 2020 (5)：36-45.

② [阿根廷] 普雷维什. 外围资本主义危机与改造 [M]. 北京：商务印书馆, 2015.

③ 李萍. 论跨国公司知识产权输出与垄断——现阶段资本主义的一个新特征 [J]. 马克思主义研究, 2011 (5)：58-63.

④ [美] 大卫·哈维. 新帝国主义 [M]. 北京：中国人民大学出版社, 2009.

⑤ [美] 约翰·肯尼思·加尔布雷思. 新工业国 [M]. 上海：上海人民出版社, 2012.

第三节　数据产权与数据信用控制

前文第四章在数据要素的现实指向中，明确了数据由于对社会关系的映射形塑了经济主体的"数据身份"（用户画像、数字孪生等），同时也是对其信用的一种数据化反映这一认识。本节在此基础上，进一步探讨产权与信用的关系问题，并结合数据要素的语境进一步阐明两者的互动关系所带来的数据征信、信用数据开放等问题，从而明确现有实践的不足，为我国（大数据）征信业的发展建言献策。

一、产权与信用的内在联系

关于信用，我国古代就有十分经典的场景，如曾子杀猪、商鞅立木建信等，信用文化在我国源远流长。发展至今，便民、兴业、优政都离不开信用这一社会性质的润滑剂。关于信用或者信誉，本书在第四章已经作了初步的讨论（概念、经济功能等)①，其与产权的内在联系可以通过考察信用及其机制的产生条件或过程进行揭示，而其中最关键的纽带在于"交易"。关于信用（信誉）的产生，现代经济学中的博弈论提供了一个理解视角，通过回顾已有的博弈分析法（重复博弈、合作博弈等），不难揭示信用其实是一种博弈的均衡状态，即它是人际互动中（尤其是交易互动）合作的产物。用博弈论的术语来看，即追求最大化的个人在重复博弈过程中，自然会形成博弈主体间的信用机制，产生合作均衡解。这种"自然性"在本意上其实是指条件成熟时的必然，但在诸多条件中，基础性条件或者前提性条件是产权制度。在经济学的语境下，产权之所以是信用的前提，关键在于信用主体所具有的产权基础。因为从主体角度看，在当前的市场经济条件下，市场主体不一定是信用主体（失信主体存在的现实性），也即市场主体既包括信用主体也包括失信主体，但市场主体都必须是产权主体。② 从而不难推断，信用主体一定是产权主体。进一步从实践层面看，信用主体可置信承诺与履约能力的体现离不开主体产权的保障，如担保、抵押和质押等。同时，在交易性互动过程中，更是基于各自所拥有的产权，产权在实

---

① 程民选. 信誉与产权制度 [M]. 成都：西南财经大学出版社，2006.
② 刘诗白. 主体产权论 [M]. 北京：经济科学出版社，1998.

质上构成了交易性互动的决定性因素。我国古代"有恒产者有恒心"这一产权命题也揭示了产权与信用的内在联系。因此，两者的基本关系可以归纳为：产权—交易性互动—信用。①② 由此，不难看出，在信用机制发挥的过程中——奖励守信者，惩罚失信者——产权制度也扮演了重要角色。

此外，信用（信誉）形成之后，相应的强化与扩展也体现出一定的规律性，根据有关学者的研究，信誉强化有三种路径，分别是信誉主体的自我强化——信誉生成后的自强化机制、传播机制对信誉的强化——守信失信的正反馈机制以及不同信誉主体的信誉叠加——"强强联合"；信誉扩展则体现为信誉在不同主体之间由此及彼的扩散，包括信誉在个人、组织之间的有条件的转移——无形资产化语境下的"借用"与"盗用"和信誉主体的延伸——从个人到组织到共同体甚至国家。③

在厘清产权与信用一般关系的基础上，还需正视当前数字经济发展的现实，数据信用④的发展成为必然趋势，这可以从历次工业革命的产生与发展中得以窥视：第一次工业革命促进了资本主义信用制度的形成，借贷资本的出现催生了银行信用；第二次工业革命使得信用资本与产业资本结合加速，促进了金融垄断的形成，金融信用逐渐成为金融寡头控制经济社会的重要手段；第三次工业革命尤以互联网技术为显，促成了金融信用的全球化扩张，金融证券化程度加深，并且随着第三方支付和结算体系为信用安全提供保障，有力促进了信用消费⑤；发展到当下的数字经济时代，数字技术的发展所带来的社会数据化实践，催生了数据信用生态圈，如移动支付、互联网理财与手机银行等。⑥ 因此，不难看出，信用制度的演进与社会生产力的发展具有高度的相关性，在数字经济时代，数据信用关系或制度化表达，在本质上仍是生产关系对生产力的适应，体现为信用关系对互联网数字技术的适应性改变。⑦

一般来说，数据的核心价值之一就在于提供信息、疏解信息不对称，这

---

① 程民选. 信用的经济学分析［M］. 北京：中国社会科学出版社，2010.

②③ 程民选. 信誉与产权制度［M］. 成都：西南财经大学出版社，2006.

④ 当前的学术研究中，多以数字信用表述，其内涵是一种在数字技术的助力下形成的，以数据为基础、利用数字工具搭建数字化场景、作用于数字经济要素的数字化经济关系。本书认为，在当前数据化实践的背景下，经济主体信用的数据化呈现，凸显了数据的重要性，故以数据信用列示。参见马艳，刘泽黎，王琳. 数字技术、数字信用制度及其共生性研究［J］. 当代经济研究，2020（9）：104-113.

⑤ 孙光林，李金宁，冯利臣. 数字信用与正规金融机构农户信贷违约——基于三阶段 Probit 模型的实证研究［J］. 农业技术经济，2021（12）：109-126.

⑥ Gomber P，Kauffman R J，Parker C，et al. Special Issue：Financial Information Systems and the Fintech Revolution［J］. Journal of Management Information Systems，2018，35（2）：12-18.

⑦ 马艳，刘泽黎，王琳. 数字技术、数字信用制度及其共生性研究［J］. 当代经济研究，2020（9）：104-113.

与信用或信誉具有天然的耦合性。然而，需要指出的是，随着数字技术的发展，信用制度的基础逻辑——交易的产权、信用逻辑面临数据化重塑，这或将成为数据信用制度的新特点。对于传统信用关系，主要表现为过去经验积累下的稳定关系（熟人社会的特点突出），面临分工程度低、交易品种少、空间范围狭小的约束，即受到人格、人际和地域的约束。而在数据化重塑下，信用关系逐渐走出了前述人缘与地缘的约束，可以从以下几个方面来看：第一，数字技术的发展对交易模式（方式）本身的改变。这体现在：一是促成交易的去中心化和去中介化，数字技术带来的数据化重塑，使得交易实现了去时空化，交易各方能够迅捷实现交易流程，在提升交易效率的同时也降低了交易成本；二是进一步衍生新的商业模式（新产品、新服务、新业态），促进全球市场的形成，供求的有效性（个性化定制、柔性生产等）得到提升；三是进一步降低了交易的门槛，让众多市场主体（中小企业甚至个人）参与全球贸易，同时也进一步挖掘了潜在需求，有利于资源整合，促进产业链或价值链的重组。①

第二，数字技术对信用强化及扩展能力的提升。置于数据化实践的语境中，从信用强化的角度看，一是传播机制发生改变，即信用数据（信用信息）从传统社会的口口相传转向现代社会的基于互联网的数据化信用评分。不仅如此，经济主体的信用覆盖面也得到提升，相关的信用认知也在全社会普及。二是信用叠加更为便捷，这可从数字技术带来的平台化交易中窥见一斑，如某些电商平台的"刷单客""差评师"等，不难看出，这也是信用变现的重要手段。从信用扩展的角度看，一方面，在信用的主体间转移的问题上，更多地体现在主体信用的多应用、多场景的扩展。当前的一些平台所提供的用户协议，若从信用的角度看，也是一种信用的绑定，用户授权的同时也是在授信，这也会产生借用或者盗用的问题，如贷款式的电信诈骗。另一方面，在信用主体的延伸问题上，上文论及的"关键意见领袖"就是佐证（如拼多多上的行家心得），消费者在信任这些"行家"的同时也是在信任其背后的商家。此外，从交易的意义上看，数字技术在实现信用强化与扩展的同时，也对信用交易、信用支付产生了重要影响。作为更高级的交易方式，信用交易能够软化资金限额，对交易的规模与效率的提升和成本的降低都有积极作用，如电商行业的蚂蚁花呗、京东白条就是典型代表——买方可以在有限资金的条件下购买到更多的商品和服

---

① 韩家平. 数字时代的交易模式与信用体系 [J]. 首都师范大学学报（社会科学版），2020（4）：59-66.

务——消费信贷（信用背书式的需求）越来越普及，而这其中信用评分①扮演了越来越重要的角色。

第三，数字技术催发数据产权矛盾，信用数据也在其列。从数据的经济技术性特点看，数据在一定程度上实现了经济、技术与制度的融合。在当前的情况下，数据成为财产、作为要素的背后有生产力的助推，数据本身也成为交易的标的物，但是在数据产品的原材料来源上，数据权属不明带来的利用不佳、流通不畅又制约了数据要素市场的发展。从信用数据的层面看，它除了具备一般数据所具有的经济技术性特征外，更加突出其强关联性与强渗透性的特点，因而适用范围更加广泛且能够带来链式的资源整合。② 不难看出，信用数据的归属、开放、利用与保护的问题也需引起重视，并且这在信用评分（模型）的问题上尤为凸显，如数据获取困难（掣肘于权属、"数据孤岛"）、涉及隐私、数据质量不高（缺乏权威性甚至难以被量化）。③ 当前，对于信用评分的需求已成全球之势，它在实际上构成了数据信用的主要内容。

总之，数字技术的发展催生了数据信用及相应的制度体系，实现了原有信用活动以及信用关系的数字化与技术化。与此同时，信用数据的爆炸式增长，为大数据征信提供了条件，而且也进一步催生构建信用数据库的现实需要。④然而，正如前文分析指出的，现今的数据分布与占有呈现失谐局面，数据控制及垄断成为资本实现增殖的重要手段，服从于资本的运动逻辑。在信用数据的问题上，依然不能忽视资本逻辑对信用数据的支配——虽然用产权制度制约失信行为是必要的也是重要的，但在数据控制（垄断）的语境下，资本利用产权制度（产权的公共领域）进行信用支配的问题也需引起重视，如信用的强化与信用的扩展机制被资本逻辑裹挟（尤其是在信用数据成为征信机构实质性的"生产要素"的情况下），或将带来一定的社会性风险，下文将针对有关问题具体展开分析。

---

① 信用评分是利用基于数据挖掘技术和统计分析方法的数学模型，将经济主体的人口特征、信用历史记录、行为记录以及交易数据等转化成某个数值来指导信贷决策。参见陈建. 信用评分模型技术与应用 [M]. 北京：中国财政经济出版社，2005.

② 在概念界定上，信用数据是能够反映个人、组织或政府（国家机关）遵守法律规章制度、履行法定义务或者约定义务状况的可观察、可度量、可识别的客观数据记录。在分类上，其依据主要有数据主体、数据内容、数据属性和数据来源四个方面。参见蒋冰晶. 数据要素供给视角下的信用数据开放研究 [J]. 征信，2021，39（9）：37-42.

③ 郑建华，黄灏然，李晓龙. 基于大数据小微企业信用评级模型研究 [J]. 技术经济与管理研究，2020（7）：22-26.

④ 马艳，刘泽黎，王琳. 数字技术、数字信用制度及其共生性研究 [J]. 当代经济研究，2020（9）：104-113.

二、数据控制下的数据征信实践

从一般性的角度看，征信主要是指对企业、事业单位等组织的信用数据和个人的信用数据进行采集、整理、保存和加工，并向信用数据需求者提供包含信用评分、信用评级以及信用报告等内容的活动。不难看出，征信的主要目的在于解决商业或者金融交易中存在的基于信息不对称而产生的信用风险。① 在数字经济大发展的背景下，数据的爆发式增长所引致的大数据体量为征信业带来了新的发展机遇，如信用数据来源的广泛性、数据所含内容的多维性、数据处理技术及能力提升的飞跃性以及征信场景的延展性等方面。这其中信用评分是重要的征信产品之一，也是信用数据应用的绝佳场景。但是需要指出的是，虽然大数据（技术）给征信业带来了前述的发展机遇，但是在商业模式层面，可能并没有产生颠覆性的变化，其基本逻辑是：征信机构通过采集消费者（机构用户）的信用数据，依据一定标准、模型将其加工成不同层次的数据商品，从而提供多元化的服务。其预期效果体现在两个方面：一是可以帮助商业机构防范信用风险，降低交易成本，促进市场营销，提高决策效率；二是服务于消费者本身，保护个人信用数据以及辅助金融理财，同时提供信用教育。②

在厘清概念的基础上，进一步分析其发展所形成的征信服务模式。根据一些学者的研究，国内外当前主要形成了四种类型，分别是：美国的市场主导型模式——私人公司市场化运作全国的企业和个人征信、评级调查，向社会提供全方位、有偿的商业征信服务——美国、加拿大、英国和北欧国家采用这种社会信用体系模式。欧洲的政府主导型模式——央行建立信贷登记系统（包括企业信贷信息、个人消费信贷信息）的全国数据库和网络系统，然而，该系统是非营利性的，其系统信息主要供银行内部使用，服务于商业银行防范贷款风险和央行进行金融监管及执行货币政策——该模式主要践行于法国、德国、比利时、意大利、奥地利、葡萄牙和西班牙七个国家。日本的会员制模式——在全国建立会员制征信机构，客户的信用信息由会员银行义务如实提供。③ 我国的征信服务方式与欧洲的相类似，当前我国的征信体系的构建还是由国家主导、

① 需要说明的是，征信服务并不限于金融（信息不对称问题突出），还可以进一步延伸至医疗、零售以及就业等领域。

② 刘新海. 征信与大数据——移动互联时代如何重塑"信用体系"［M］. 北京：中信出版社，2016.

③ 彭君梅. 信用经济［M］. 北京：中国商业出版社，2019；高丽萍. 国外征信体系模式［EB/OL］. 中宏网，（2019-06-19）［2021-11-28］. https：//www.zhonghongwang.com/show-382-143383-1.html.

以公共征信为主、市场化信用机构参与、互联网大数据技术发挥参考作用的体系，这将在下文个人征信的问题上论及，此处暂且不论。

从征信的对象上看（个人、机构和国家），消费者（用户）个人是最大的受众群体，个人征信构成了征信业务的主要内容。从前述的发展模式或者成效上看，美国具有相对完善的个人征信体系，根据已有研究，其主要包括三个层次，分别是：全国性征信机构，如益博睿（Experian）、艾贵发（Equifax）和环联（TransUnion）；专业征信机构，具有领域化的特点，主要提供行业性的信用数据产品；征信服务公司，如信用报告分销商、代理商或其他相关征信服务公司（见图7-5）。

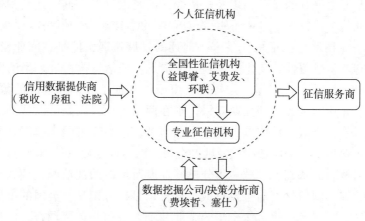

图7-5　美国个人征信业的基本框架

注：箭头代表信用数据流向。

资料来源：刘新海.征信与大数据——移动互联时代如何重塑"信用体系"［M］.北京：中信出版社，2016.

这里简以益博睿公司为例，一窥信用数据控制在个人征信业务上的重要性。作为世界上最大的个人征信机构，该公司的发展壮大离不开收购与兼并的助力，即从传统的信用数据服务向外围延伸，分为四个方向：一是通过收购海外征信机构的方式实现空间的扩展，从而进行全球布局；二是收购数据公司以保持信用数据来源的可持续性，丰富信用产品且为征信业务开展提供动力；三是收购高科技公司以保证自身掌握征信业最先进的科技，从而提升自身的技术实力；四是收购新兴的征信服务公司以拓展新的业务领域，不断细分市场，满足多元化的信用服务需求。总之，益博睿通过收购兼并，使其征信业务渐成体系——信用数据来源广泛且渠道多元，自身的技术水平走在行业前列，从而助力其征信服务覆盖全球。不难发现，每一次的收购兼并离不开资本的助力，资本的逐利性使得"高覆盖性"成为数字征信公司发展的必然选择。由于信用数据的强关联性与强渗透性，辅之以资本自身的强资源调配性，在信用数据资本的语境下，不难看出前述的高覆盖性发展策略实际上也是在形成信用支配这样一个局面。由于数据产权公共领域的客观存在性，信用数据也不例外，这导致具有攫取公共领域租金能力的经济主体将公共领域的局部实现私有化，将信用数据的潜在收益归为已有。不仅如此，在经济交往中，信用交易或者信用支付也已然成为当下经济流通（国内消费、国际贸易）的最主要方式。这就导致前述信用强化与扩展机制也成为信用数据资本增殖的重要途径。

在个人征信中，信用评分使用得最为广泛。国内关于个人征信的市场化发展起步较晚，目前具有代表性的是芝麻信用评分（模型）——它的核心数据来源于支付宝数据以及和阿里系合作的金融消费场景，主要基于用户信用历史、行为偏好、履约能力、身份特质和人脉关系这五个维度，按照一定的计量标准进行赋权给分，最终形成个人的"芝麻分"。而根据分值高低（与信用好坏呈正相关性），个人在日常生活（衣、食、住、行、游、购、娱）中可以享受到不同的经济优惠。然而，从空间的分布上看，由于发展起步晚，"芝麻分"的适用范围还具有地域性。从国外看，费埃哲评分（FICOScore）模型在全球具有广泛的影响力，它主要基于对用户信用偿还历史、信用账户数、信用的使用年限、正在使用的信用类型以及新开的信用账户的考量，此外，负面的公共记录也被纳入其中。FICO 评分的全球化适用，信用数据的共享是重要的推动力。然而，需要指出的是，信用的量化一方面降低了社会成本，使得信用可以被即刻分析、存储，并作为享受优惠和利益的"社会通行证"；另一方面也可能产生一些风险，这体现在：基于数据的信用评分会侵犯消费者的隐私，信用评分的规则易被操纵以及信用评分被滥用。对于侵犯隐私的问题，2012 年的"罗维邓白氏"案是代表。[①] 对于信用评分规则操纵的问题，如费埃哲评分通过增加消费者信用卡账户中信用额度的办法提高信用，此外，由于费埃哲只是作为数据挖掘公司（见图 7-5），并没有受到征信机构性质的监管。在滥用的问题上，主要是将其与雇佣审查、租住房、保险申请等挂钩，人为设置门槛。

立足于我国大数据征信的发展现实，在个人征信层面尤其是在市场化运作上，典型的实践是 2018 年 1 月首张个人征信牌照被授予百行征信有限公司，但是相比于中国人民银行征信中心的服务群体（传统的信贷机构，其服务人群特

---

① 罗剑华. 罗维邓白氏买卖信息案开庭　涉个人信息 9065 万条［EB/OL］. 搜狐网，（2012-11-09）［2021-10-03］. http：//news. sohu. com/20121109/n357123476. shtml.

点表现为持牌信贷机构的消费者），百行征信主要关注"次级"贷人群的征信问题。从信用评分开发与开放的层面看，国内央行对自身所拥有的征信数据开发信用评分产品种类不多，而且个人征信系统的信用评分只是限制性开放，这就导致信用评分并不能完全发挥作用。因此，进一步开放十分必要，而且考虑到央行信用评分在信贷市场风控的基础性地位，在信用评分产品的开发上可以立足于基础性产品开发，推广其应用场景。① 除此之外，市场化信用机构（百行征信）参与和互联网大数据技术所发挥的参考作用对于丰富信用评分产品种类的积极作用也不能忽视。虽然与发达国家成熟的征信体系相比，我国的个人征信业起步较晚，但是目前正迎来绝佳的发展机遇，这体现在：政策环境——《征信机构管理办法》《征信业管理条例》《关于加强 P2P 网贷领域征信体系建设的通知》②，数字技术的革新——大数据、移动互联、云计算等数字技术的推广带来的海量信用数据的处理挖掘能力的提升，社会需求培育——普惠金融与共享经济的助推，资本市场的推崇——对个人征信牌照的含金量评价高以及与个人征信相关的创业项目获得投资，最后是《社会信用体系建设规划纲要（2014—2020 年）》的出台——社会信用体系③建设为个人征信业的发展提供了制度性激励。④

除了个人征信业务，企业的信用评级与主权信用评级也是数据征信的重要内容。⑤ 虽然信用主体不同，但"信用引擎"的运行始终离不开数据的助力。然而，前文的分析表明，信用数据在现实情形下并不为数据主体所掌控，相反在路径依赖、"蜂聚效应"以及资本逻辑加持之下不断向数字公司或数字平台集中，争夺信用数据的控制权成为当前征信机构或信用评级机构的重要目标，信用数据本身也成了控制的工具。进一步看，既然数据是对社会关系的映射，那么，信用数据也是对信用关系的一种映射，但是由于信用不仅对主体自身具有价值，而且对任何与自身有业务关系的人都有价值，因而具有社会公共性，

---

① 刘新海. 数字金融下的消费者信用评分现状与展望［J］. 征信，2020，38（5）：65-72+81.

② 中国人民银行征信中心官方网址：http：//www.pbccrc.org.cn/zxzx/zhengcfg/list.shtml。

③ 相关的社会信用实践包括：南京市适时推出"市民诚信卡"、杭州市诚信市民乘车可享先乘车后付款以及图书馆借书免押金的服务、苏州在探索市民信用评价上推出了"桂花分"；上海浦东等地为了支持政府诚信建设，开始着手研究"政务诚信指标体系"。

④ 刘新海. 征信与大数据——移动互联时代如何重塑"信用体系"［M］. 北京：中信出版社，2016.

⑤ 信用评级则是对评级对象履行相关合同和经济承诺的能力和意愿的总体评价。从广义层面上看，信用评级与信用评分均可归为征信业务，但在狭义层面上还存在明确区分，本书是从广义的视角进行阐述的。参见中国人民银行征信管理局. 现代征信学［M］. 北京：中国金融出版社，2015.

但是在数据控制的语境下，不难看出，这将导致"公权私有化"的问题。①

此处以信用评级（机构）为例。本书的第四章分析指出，当前国际三大评级机构——美国标准普尔公司、穆迪投资者服务公司和惠誉国际信用评级有限公司控制着全球95%以上的评分（评级）市场，基本上形成了对全球数据征信的绝对权力。这导致评级机构在全球治理中成为"准政府实体"，而且权力比实体国家更为强大。因为从性质上看，它们是具有公共目的的私人公司，在全球经济领域，由于全球层面上监管的缺失（上述三者皆是跨国组织，机构遍布世界各地），这些公司能够制定自己的标准，从而决定全球经济的管理规则，导致私人行为者成为真正的参与者，俨然成为"全球公共政策私人制定者"。这带来的危害是明显且巨大的，如评级机构降低信用评分可能造成恶性循环②——对于借款国来说，评级下调将对其获得信贷与借贷成本产生负面影响，不仅使该国的利率上升，而且与金融机构的其他合约也将受到不利影响，可能出现国际资本流动的"突然停止"效应（Sudden Stops）③，从而导致更多的开支和进一步的信用下降。总之，通过对信用数据的控制，一些征信机构可能获得一种"社会权力"。④

在这种情况下，信用的脆弱性即"立难毁易"也愈加凸显。在互联网时代，通过网络效应、平台多边市场效应的助推，信用的正负反馈机制都将走向极化，一方面，可能是"锦上添花"，一荣俱荣；另一方面，可能是"雪上加霜"，弥补成本十分高昂——这可以从洛伦佐·费尔拉蒙蒂的解释中窥见一斑：一旦某个数据出现在互联网或新闻报道中，它就走上了自己的轨迹，并会经历像洗钱一般"数据合理化"的过程，其可疑的起源会被瞬间遗忘，通过不断地复制，该数据开始被视为一个明确的事实，"准确而权威"。⑤也就是说，一旦产生一种"锚定效应"，更正的成本将会很高，当前一些网络谣言的辟谣成本高昂是为例证。

需要注意的是，评分（评级）不仅基于客观事实，还基于计算机如何计算加权这些事实，而每个事实的权重与事实本身一样重要，即在评分（评级）的背后，也要关注模型本身的问题，而模型又是算法的软件化载体，因此，算法

---

① 徐晋. 大数据经济学［M］. 上海：上海交通大学出版社，2014.

②⑤ ［英］洛伦佐·费尔拉蒙蒂. 数据之巅［M］. 北京：中华工商联合出版社，2019.

③ Dornbusch R, Goldfajn I, Valdés R O. Currency Crises and Collapses［J］. Brookings Papers on Economic Activity, 1995, 26（2）：219-294；陈奉先，贾丽丹. 主权信用评级调整、经济增长与国际资本流动"突然停止"［J］. 世界经济研究，2021（6）：62-76+136.

④ 零壹财经. 腾讯、阿里征信之心不死？百行面临的不仅仅是数据问题［EB/OL］. 腾讯网，(2019-09-25)［2022-01-19］. https：//www.sohu.com/a/343228079_104992.

歧视、算法霸权问题也需要引起重视。在一些信用模型中，信用数据构成了算法的关键参数，但算法的本质是把问题分析的部分外包给程序员和统计师，而他们的原则是机器说了算。不透明、规模化和毁灭性构成了算法的鲜明特征，可能出现某些用户仅因为自身的身份而非所做过的事情（或行为）而遭到歧视，甚至出现"数据连坐"的情况。不仅如此，在算法的自实现过程中，信用报告出现的错误往往也需要高昂的纠错成本。且前述论及的降低信用评分（评级）可能带来恶性循环的问题，在算法歧视的情况下也会产生。①

总之，在数据产权与数据信用的互动关系中，基于信用数据的控制和算法助力，一些征信和评级机构实现了"公权的私有化"，掌握了一定的社会性权力，给经济社会的发展带来了一定的风险。针对上述问题，结合信用数据的特征，应从"制度—技术"的层面找寻应对之策，如在制度层面应出台相关立法，对信用数据的采集利用等环节进行明确细化，同时，对信用数据的控制者和使用者进行界定，明确征信业务与数据业务的界区②，从而提升监管的有效性与精准性，前述费埃哲公司的性质决定了其是否接受监管提供了重要的监管启示。在实践上，应对一些不具有征信资格的数字公司的违规收集个人信用数据的行为予以坚决打击，保护信用主体的信誉。在技术层面，可以通过"区块链+数据信用"的方式，这较好地体现了用技术约束技术的方法论思想，即利用区块链不可篡改、可追溯、去中心化等特性，来保障信用数据的真实性与信用制度的独立性，有效促进信用机制的自实现，减少外部权力的干预，最终实现信用数据的收集、监管和维护的一体化。③

三、信用数据的开放与保护

若要实现信用数据的控制，前提是要有稳定的数据来源，只有解决来源问题，讨论控制问题才有意义。因此，本小节将侧重于对信用数据的开放与保护问题进行分析，作为前文分析的补充。需要说明的是，本书第四章已经基于数据的生命周期性探讨了其要素化与市场化的问题，以此为基础展开分析。

在万物互联、数据化实践不减的情况下，大数据技术方兴未艾。在数据体量增加的同时，信用数据也获得了边际增量。数字技术除了给已有信用关系带

---

① 在算法霸权的语境下，还可能出现"携数据以令天下""我的信用他做主"的情形。参见［美］凯西·奥尼尔. 算法霸权［M］. 北京：中信出版社，2018.

② 何渊. 数据法学［M］. 北京：北京大学出版社，2020.

③ 马艳，刘泽黎，王琳. 数字技术、数字信用制度及其共生性研究［J］. 当代经济研究，2020（9）：104-113.

来"创造性破坏"，还为信用数据自身的运转提供机遇，这体现在：一是数字技术的发展为信用数据的管理提供了手段，数据中心或数据库的建设使得信用数据的归集管理更加标准化、精细化，可用性增强。二是数字技术同时也为信用数据的分析、模型的构建提供了助力，带来规模效应，促进信用数据的价值发现，使其有效地转化为"信用情报"，提升信用交易的效率性。三是国内外的数据政策与实践（背后是数字技术的助推）为信用数据的开放利用也提供了重要参照，从国内来看，大数据发展受到党中央、国务院的持续重视，出台了一系列的战略规划，如《促进大数据发展行动纲要》等①；从国外来看，美欧的大数据实践走在前列，出台了《大数据研究和发展计划》《欧洲数据战略》等数据战略规划。

　　进一步看，信用数据自身所具有的强渗透性与强关联性使其成为数字经济的"社会通行证"，这意味着，与其他类型的数据相比，其开放的价值以及适用的场景范围更加广泛，可从三个方面进行理解：一是从微观层面看，信用数据的开放能够实现交易时空的"压缩化"——在时间维度层面，信用数据的开放流通能够有效降低"信用情报"搜索、判别带来的时间成本，减少信息不对称和潜在的信用风险，促进商业往来。在空间维度层面，由于人是社会关系的总和，经济关系中的交易关系又处于重要地位，信用数据的开放能够促进交易关系从熟人之间的现场现金交易扩展到陌生人之间的非现场信用交易，实现交易关系的多元化、网络化以及去空间化。并且，交易过程的信用机制功能性的发挥也有保障，其体现在数字技术带来的信用数据的扩散（传递沟通便捷且具有高覆盖性），其奖惩机制能够得到快速的实施。这对于数据要素市场的发展以及良好营商环境的构建具有重要的现实意义。二是从中观层面看，信用数据的开放能够促进各类要素、资源的整合融通，形成各类价值链，助力产业升级。信用数据不仅是信用本身被数据化表达，而且也是其他数据的信用化转换，这就一改传统基于财务指标的静态信用评估模式。由于数据是社会关系的"数据化表达"，信用数据的开放释放了巨大的社会关系资源，前述征信产品的类型化、市场的细分化以及征信业务的产业化就是信用数据开放可预期的效果。与此同时，还应该看到，信用数据的强关联性与强渗透性其实也意味着一种共识性，不仅能够打通产业链内部各环节的堵点，而且也能促进不同产业（链）之间的经济交流，作为"元数据"的意义存在。三是从宏观层面看，信用数据的开放对于社会（国家）治理、信用社会的构建以及新型信用经济的形成也具有重要意义。信用数据作为数据信用体系的基础要素、经济主体的信用资产，以

---

① 参见2021年8月中国大数据产业生态联盟发布的《2021中国大数据产业发展白皮书》。

其自身发展的生命周期为载体，助推社会治理的服务和监管举措与之相结合，实现政策决策科学化，以形成良好的经济社会秩序。与此同时，信用数据的开放还能够实现从微观的交易信任发展为宏观层面的社会的普遍信任，为整个社会经济的循环提供助力。

然而，在明确信用数据开放积极一面的同时，还应立足我国当前的发展现状，找出存在的不足，这体现在：一是当前国内没有专门的关于信用数据开放的立法，相关的法条多见于数据开放和信用信息的规定中，而且国内的信用数据大部分存储于央行征信中心的"金融信用信息基础数据库"，信用数据披露也限于"全国信用信息共享平台"，两者覆盖范围皆有限。① 从而信用数据开放的数量、质量以及风险防范得不到保障。二是信用数据开放的组织基础即信用数据平台建设（中心）起步较晚，相应的信用数据规划和管理标准体系有待系统化。三是信用数据实际应用的场景相对较少，反向制约了其自身的开放进程。

针对信用数据开放存在的问题展开分析，对于立法供给不足导致的"信用数据孤岛"问题，笔者认为，在立法层面再出台一项专门的法律并不是可选之策，因为数据类型多样，映射的社会关系多元，前述分析也指出信用数据内容具有广泛性，不可能以一部专门的法律概括。基于本章节产权与信用的分析视角看，可以将信用数据开放的立法置于数据产权制度的框架内，作为其中的一个子系统，这样相应的信用数据开放问题就不再是单一类型的开放，而是与数据开放体系相一致，并且关于信用数据的界权与保护也有相应的产权基础，基于产权制度安排的功能性，"信用数据孤岛"问题也能得到有效解决。在具体层面，从信用数据开放的数量层面看，应注重信用数据的分级分类，遵循"开放为常态，不开放为例外"的原则，对个人、法人组织公共信用数据和市场信用数据分情况开放。② 在信用数据开放的质量方面，应主要考虑信用数据的生成机制、数字技术的辅助、管理系统的创新和标准的制定，从各个环节到整体形成数据质量管理体系。在风险防范方面，主要是数据泄露（隐私）和算法黑箱的问题，因此，明确有关数据主体、数据控制者以及数据使用者的权利义务十分必要，同时，还应积极形成完善的监管体系，对可预见的风险进行超前谋划，注重监管的协调性。

---

① 根据 2019 年央行征信中心数据，有 9.9 亿自然人、2591 万户企业和其他组织的有关信息收录于系统中，但有信用报告的仅 5.4 亿人，这意味着仍有大部分人信用数据（记录）缺失。参见胡群. 央行征信系统采集 9.9 亿自然人信息，剩下 4.6 亿没有信贷记录自然人怎么办？[EB/OL]. 经济观察网，(2019-04-24) [2022-01-21]. http://www.eeo.com.cn/2019/0424/354265.shtml.

② 蒋冰晶. 数据要素供给视角下的信用数据开放研究 [J]. 征信, 2021, 39（9）：37-42.

后两个问题实际上都可以归于信用数据开放平台的建设问题。首先，从信用数据平台建设的必要性上看，主要有这几个方面的考量：一是平台的构建有利于信用数据的集聚与存储，为进一步的数据分析与挖掘提供原料。二是平台组织的自身特性与信用数据的强关联和强渗透性相融合，能够促成新的平台信用体系，并且在平台化的模式下，信用场景也能够得到延伸与拓展。三是在此基础上，也有利于监管的全局性。平台的"中心—散点"结构也为监管提供了有效的把控机制。[①]

其次，从平台组织结构的特点与功能上看，一个新平台的出现将经历"点的突破"与"面的推广"，即形成上述的"中心—散点"的组织结构。这其中点的突破是关键性前提，旨在说明平台效应的发挥需要达到临界值，所有兴起平台都面临"蛋鸡相生"的困境，只有突破困境才能实现质变，才能实现所谓的双（多）边市场效应，即需求方的规模经济与供给方的范围经济。再从平台自身的功能上看，其价值流通实现特点尤为显著，体现在拓展受众、配对、提供核心工具和服务以及制定规则和标准这四个方面。[②] 这意味着，平台自身的运转具有一种"归一"逻辑，能够将平台上的各种经济活动标准化，这将极大地降低交易成本。因此，无论是公共服务平台（第三方）还是自有平台，都有上述的经济效应。不难看出，搭建平台的过程不仅是建立标准的过程，同时也是标准的延伸过程（信用机制同是）。信用数据的平台化运作恰恰实现了经济效应（通用性）与标准化的耦合。

最后，复归于信用数据开放的后两个问题看，信用数据开放平台的构建，能够充分利用平台自身的功能性，促进信用数据的集聚与共享，同时，不断地推进标准化工作，有效防止信用数据不规范使用所引致的破坏性。[③] 其后所形成的数字平台信用体系也将成为社会信用体系的重要组成，平台上的陌生人之间的普遍信任关系将成为常态，因此，现有的监管形式和内容也应逐步向平台化延伸。关于信用场景的拓展问题，平台化本身就提供了场景化切口，其自身所具有的供给方的范围经济与需求方的规模经济为信用场景的多样化提供了契机，与此同时，信用机制也延展到各种场景，与各种业务规则与标准流程相融合。[④]

---

① 李涛，严小琴. 基于大数据的信用体系平台建设研究［J］. 数字通信世界，2019（5）：76+265.

② ［美］亚历克斯·莫塞德，尼古拉斯·L. 约翰逊. 平台垄断——主导21世纪经济的力量［M］. 北京：机械工业出版社，2018.

③ ［美］凯西·奥尼尔. 算法霸权［M］. 北京：中信出版社，2018.

④ 相关应用场景的研究可参见姚前，刘新海，谢华美，等. 征信大数据——理论与实践［M］. 北京：中国金融出版社，2018.

第四节　数据产权与数据霸权

——以美国为例

尤瓦尔·赫拉利（Yuval Noah Harari）在其著作《今日简史》一书中指出，由于对数据的不平等占有，可能形成"数据霸权"，而霸权享有者可能获得数字社会的独裁权力。[①] 目前，Google、Facebook、百度、腾讯等大数据公司占有了大量的社会性数据，引致了新一轮"圈地运动"。以美国为例，在全球化的背景下，数据分布的国际格局也存在失衡，如欧洲政策研究中心（CEPS）2019年发布的研究报告表明，西方国家94%的数据都存储在美国公司的服务器上，这导致：一方面，欧盟互联网企业在规模和市场份额上处于相对弱势地位；另一方面，欧洲公民的隐私问题面临巨大的威胁，美国对于数据跨境的"长臂管辖"更加重了欧洲的担忧。[②] 由于数据的社会关系性，其对应的产权兼具财产权与人格权的双重属性，从而在数据霸权的情形下，数据主权问题也进一步凸显。[③]

所谓霸权，具有国家层面的语境，是指所处的操纵或控制其他国家的地位。细化到领域层面看，是指对某一（些）领域具有控制权、操控权。数据霸权是对数据权力的一种极化反映，是现代权力的信息性整合，或称现代权力的信息化转置。[④] 正如约瑟夫·奈（Joseph Nye）指出，数据是国家权力的基础，数据是信息的载体，而信息就是权力。当前权力正在从"资本密集型"向"信息密集型"转变。在美国数据霸权的问题上，他进一步指出，信息力是美国外交权力的倍增器。[⑤] 而且在具体的实践上，美国为实现数据霸权，也在积极宣传网络空间的"去主权化"。[⑥] 反观国内，习近平总书记在中央网络安全和信息化领

---

① ［以］尤瓦尔·赫拉利. 今日简史——人类命运大议题［M］. 北京：中信出版社，2018.

② 面对这项主权的争夺，欧洲急了［N/OL］. 凤凰网，（2020-07-22）［2021-10-26］. http：//news. ifeng. com/c/7yJJKRTFChF.

③ 数据主权是指一个国家对本国数据进行管理和利用的独立自主性，不受他国干涉和侵扰的自由权，包括所有权与管辖权两个方面。参见徐晋. 大数据经济学［M］. 上海：上海交通大学出版社，2014.

④ 林奇富，贺竞超. 大数据权力：一种现代权力逻辑及其经验反思［J］. 东北大学学报（社会科学版），2016，18（5）：484-490.

⑤ Nye J S. Power in a Global Information Age：From Realismoto Globalization ［M］. New York：Routledge，2004.

⑥ 王金照，李广乾，等. 跨境数据流动——战略与政策［M］. 北京：中国发展出版社，2020.

导小组第一次会议上指出：网络信息是跨国界流动的，信息流引领技术流、资金流、人才流，信息资源日益成为重要生产要素和社会财富，信息掌握的多寡成为国家软实力和竞争力的重要标志。[1] 鉴于此，本节主要分析美国数据霸权形成的内在逻辑以及造成的后果，并在此基础上形成我国反对数据霸权、积极参与构建良性国际数字秩序的有益启示。

一、数据基础设施建设："社会量化部门"的繁荣

数据权力的根基在于对数据的控制与独占，但离不开相应的物质载体（或接口），当前的数字企业竞争的焦点就在于物理层[2]，数字基础设施的重要性不言自明。"社会量化部门"[3] 如苹果、Google 和甲骨文（Oracle）等，主要是解决数据量化与处理的基础设施问题，可以分为三类：第一类是聚焦于移动通信行业的硬件制造商，如苹果、微软等；第二类主要是互联网数字平台的运营者，如 Facebook、亚马逊等社交与电商平台；第三类则是直接从事数据业务的"数据商"，以 IBM、甲骨文与艾克希姆为主要代表（见图 7-1）。不难看出，上述三类量化部门分别在硬件、组织和业务层面实现了数据量化的高覆盖性，即实现了数据量化的闭环管理。经历了尼克松政府的电信产业私有化、里根政府的市场化与自由化的新自由主义政策和克林顿政府的信息高速公路计划，再到现今的大数据、云计算以及平台经济的全球化拓展，美国的社会量化部门从无到有，从弱到强；可量化领域从数据产业到全行业，从地域性扩展到全球，其数据实力与发展态势可以从当前全球超大规模数据中心的分布中一窥其貌（见图 7-6）。[4] Synergy Research Group 市场调研数据显示，截至 2021 年第三季度，美国占数据中心容量的 49%，位居世界第一；按拥有最广泛数据中心足迹计算，领先的公司是亚马逊、微软、Google 和 IBM，并且每个数据商都有 60 个或

　　① 习近平. 把我国从网络大国建设成为网络强国［EB/OL］. 新华网，（2014-04-27）［2021-11-27］. http：//www. xinhuanet. com//politics/2014-02/27/c_119538788. htm.

　　② 互联网产业可以分为内容层、平台层、系统层和物理层，物理层的竞争最为激烈，即"接口之争"，因为它是前述三层的基础。参见刘皓琰. 马克思企业竞争理论与数字经济时代的企业竞争［J］. 马克思主义研究，2021（10）：83-92.

　　③ Couldry N, Mejias U A. The Costs of Connection：How Data Is Colonizing Human Life and Appropriating it for Capitalism［M］. California：Stanford University Press, 2019.

　　④ 从美国的数字经济政策全貌看，主要包括注重数字经济理念的普及、全面提升国家创新能力、推进人工智能研发与应用、加快智能制造产业发展、强化网络空间安全战略、促进数字自由贸易发展、推进数字政府治理进程等方面，最终实现数字经济的国际主导地位。参见何伟，孙克，胡燕妮，等. 中国数字经济政策全景图［M］. 北京：人民邮电出版社，2022.

更多的数据中心位置，在北美、亚太地区、EMEA（欧洲、中东和非洲）以及拉丁美洲这四个地区中，每个地区至少有三个。按数据中心容量计算，领先的公司是亚马逊、微软、Google 和 Facebook。[①]

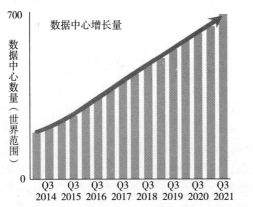

图 7-6　2021 年第三季度全球超大规模数据中心分布

资料来源：Synergy Research Group。

在如此巨大的成就之下，如果从资本逻辑角度看，可以把问题引向深入。马克思主义政治经济学科学地揭示了（数字）技术与资本的共契耦合性，尤以相对剩余价值生产为显，数字资本或平台资本仅是资本逻辑的数字化表达。"社会量化部门"的繁荣意味着资本经由数字技术、数据化实践实现了社会、国家或全球的全面渗透，人们日常生活工作逐渐被数据化、计量化，不难看出，这在实际上也是资本化的过程。由于大型数据中心（数据库）的建设离不开资本的助力，资本通过控制数据平台实现对数据生产资料的实质性占有与垄断，为后续的数据挖掘、数据产业化或价值链化以及标准的形成奠定基础，现今的一些数字巨头或数字独角兽的迅速崛起也正是由于数字基础设施的助力，发展成为各行业的头部企业或者"品类王"。[②] 从数字资本全球扩张的角度看，美国应对数据跨境流动的举措可以提供一个认识窗口，其通过私有化与数据垄断形成的强排他性，使其保持了远超他国且极具稳定性的数据优势。[③]

---

① 参见 https：//www. srgresearch. com。

② "品类王"的代表：苹果公司在按键手机的时代，开创了触摸屏手机这个品类；优步创造了打车软件的新品类；网飞（Netflix）创造了流媒体电影品类；Facebook 创造了基于现实生活的新型社交网络品类；爱彼迎创造了按需预定民宿的新品类。参见 ［美］阿尔·拉马丹，戴夫·彼得森，克里斯托弗·洛克海德，等. 成为独角兽 ［M］. 北京：中信出版社，2017.

③ 刘皓琰. 数据霸权与数字帝国主义的新型掠夺 ［J］. 当代经济研究，2021（2）：25-32.

面对这样的境况，反观我国的新基建建设，其重要性与必要性是十分明确的。数字经济当前已然成为世界各国竞先发展的主要经济形态，而数据作为关键生产要素，其重要性不言自明，但是数据生产力的发挥离不开数字基础设施的助力，否则只是"空中楼阁"，并无实际意义。Synergy Research Group 2021年第三季度的市场调研数据显示（见图7-6），在数据中心的拥有量层面，我国仅次于美国，而且在数据中心业务上，我国的阿里和腾讯与甲骨文不相上下，并且在数据中心的容量层面，我国的字节跳动、阿里和腾讯增长速度最快。但是需要指出的是，我国新基建（或者社会量化部门）的所有制基础是社会主义公有制，坚持的是以人民为中心的发展理念，是使资本逻辑服从于人的逻辑[1]，让数据收益惠及大众。因此，为实现"新基建"的高质量发展，应对其发展中存在的关键核心技术能力不足（芯片、操作系统等）、网络信息安全（数据跨境）等问题采取积极措施，综合运用各类政策实现制度与技术的闭环治理。[2]

二、数据来源建设：市场垄断、物联网与监控

有了数字基础设施这样的物质载体，那么下一步就是确保有稳定的数据来源，这也就必然涉及数据的质与量的问题。数据的"质"要求数据自身应具有准确性、一致性、完整性、唯一性、有效性和及时性等特点[3]，因为数据质量的好坏可能带来两种极端的结果，尤其对于数字企业来说：一种是"锦上添花"，即在真实有效的数据基础上，不断的迭代升级与挖掘整理能够不断使数据产品或服务增值；另一种是"雪上加霜"，即在假数据、"脏数据"的基础上，迭代升级的结果将不断放大错误，从而造成投资失败和企业其他资源的浪费，尤其在互联网这种关联性较强的网络经济形态下，甚至可能出现"一假毁所有"的窘境。再从数据的"量"上看，要想数据能够源源不断地产生，而个人（用户）的活动又是数据的主要源泉，那么只有保证网络覆盖率（基础设施）、入网率（移动通信设备的普及）和延长上网时间，才能够保持数据的流量不止。为了使数据能够保质保量源源不断地产生，前文产权与信用问题中论及的算法提供了重要的方法论与实践参照。面对海量的数据，算法模型的应用能够

---

① 萨米尔·阿明研究指出，资本扩张与发展不同义，其扩张的逻辑并不能把它的生产结果当作发展，并且由于资本发展的单边逻辑性，往往会在社会阶级中甚至全球层面造成不平等的收入分配。参见[埃及]萨米尔·阿明. 全球化时代的资本主义——对当代社会的管理 [M]. 北京：中国人民大学出版社，2013.

② 刘艳红，黄雪涛，石博涵. 中国"新基建"：概念、现状与问题 [J]. 北京工业大学学报（社会科学版），2020，20（6）：1-12.

③ 祝守宇，蔡春久，等. 数据治理 [M]. 北京：电子工业出版社，2020.

带来规模经济的效果，在平台经济的组织架构下，"中心—散点"结构明显，为算法的延展实验提供平台，多元化的场景与算法相互磨合与融合，当前的"用户画像""信息茧房""定向推送"甚至"大数据杀熟"等就是算法运行的结果。当然算法模型的应用离不开相应的操作系统，从当前的发展态势上看，现有的市场份额中，Windows（PC端，微软公司）与 Android（移动端，Google公司）的操作系统占据市场份额大半，而且搜索引擎中 Chrome 浏览器（Google公司）居于首位（见图7-7、图7-8与图7-9）。不难看出，当前的操作系统与搜索引擎市场基本被美国的数字巨头所垄断，而这种市场垄断带来的是对应数字产品（工具）的广泛使用，在智能化技术迭代更新的助力下，各数字产品不再限于原本意义上的数据服务，多以高覆盖性、多领域性综合为主要特点，如手机迈向智能化过程中实现的多功能的一体化。与此同时，这使得数据产品从全球覆盖进一步走向全民覆盖。

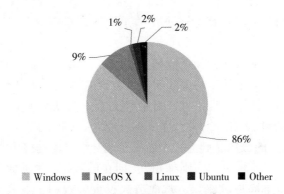

图7-7 2020年4月全球桌面操作系统市场份额分布

资料来源：NetMarketShare 发布的全球操作系统市场份额报告。

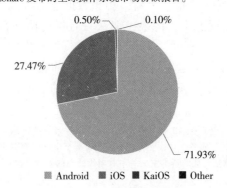

图7-8 2020年12月全球移动操作系统的市场份额

资料来源：NetMarketShare 发布的全球操作系统市场份额报告。

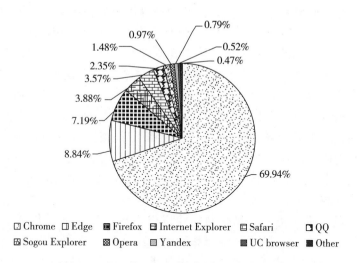

图7-9　2020年9月全球浏览器市场份额分布

资料来源：NetMarketShare发布的全球操作系统市场份额报告。

从物理层（数字基础设施）到系统层再到平台层（App应用）的垄断实践，导致很多拥有数据或数据处理能力的公司成为买卖的对象。例如，2015年IBM以20亿美元收购气象公司（The Weather Company），使其能够访问气象公司所拥有的庞大数据库；再如，2016年微软通过对领英（LinkedIn）的收购取得了职业人士社交网络的用户数据；2014年Google以超过5亿美元的价格收购总部位于英国的人工智能企业DeepMind，其收购的原因就在于被收购公司具有强大的数据学习能力；2012年Facebook收购了以色列面部识别公司Face.com，并将该公司的面部识别技术应用到自身的社交网络中，以充分利用其数据分析能力。[①] 在这样的数字兼并过程中，用户使用协议也越来越标准化，数据来源的"规范性"或质量也得到了一定的保障，前述已经论及，此处另以游戏事例为证："精灵宝可梦GO"作为一款增强现实的游戏，它形象地展现了包罗万象的隐私政策和服务条款是如何笼络用户数据的——它使用智能手机的相机、GPS和位置传感器实时捕捉周围的环境数据，以此确定游戏的显示内容和场景，从而营造身临其境的错觉。此外，该游戏注册时需要获取用户Google账户的完全访问权，按照Google的隐私权控制规则，凭借完全的访问权，应用程序及其背后的开发公司完全可以查看与修改用户Google账户中几乎全部数据信息（密

---

① ［英］伯纳德·马尔. 数据战略——如何从大数据、数据分析和万物互联中获利［M］. 北京：机械工业出版社，2019.

码、付款信息等除外）。^① 推而广之，用户在虚拟世界中再生产出的数据内容和信息（User Generated Content，UGC）同样受到商业模式、用户协议和技术架构的限制，互联网公司使分享和信息流动变成默认设置，抗拒这个设置的成本将十分高昂。用户的"认知剩余"就这样被互联网公司无偿利用。^② 因此，不难看出，一个企业（数字巨头）作为具有分析能力的市场竞争者，可以通过掌握一个具体领域的信息主宰权和解释权而使公众接受其商业模式，并且保障一个企业永久占据可观的市场份额。^③ 在平台经济的高覆盖性的加持下，这种主宰权与解释权意味着广泛化与集中化，前者涉及的领域多元，后者意味着控制权的集中。进一步也可以看出，前述论及的用户隐私只是表层问题，更深层次的问题在于控制权。^④

除上述的数据渠道外，物联网的建设也不容忽视。随着传感器的广泛应用，物联网设备激增，数据量的爆炸性增长离不开其助力。当前的智能家居、智能汽车、智慧物流甚至智慧城市建设都需要运用传感器。在 2019 年世界物联网 500 强企业的前 100 名中，美国有 23 家公司入围，占据 1/5 的席位。在具体的布局方面，以亚马逊、苹果和微软公司为首的美国数字巨头正在以"云+端"的模式布局物联网，极力构建生态和竞争优势：在云侧主要是以云平台为支撑的中间件服务、数据服务和信息服务，在端侧主要是以底层软硬件设备为基础的配套组件，最终实现控制物联网海量终端、丰富应用形态（见表 7-1）。由此，美国通过算法、数字工具以及物联网的前瞻性布局实现了对全球网民的覆盖，人们的衣、食、住、行、游、购、娱都在其监视之下，无论合规与否（瓜分数据产权的公共领域Ⅰ与Ⅱ）^⑤，源源不断的数据流向自己的数据中心。

① ［英］伯纳德·马尔. 数据战略——如何从大数据、数据分析和万物互联中获利 ［M］. 北京：机械工业出版社，2019.

② 何渊. 数据法学 ［M］. 北京：北京大学出版社，2020.

③ ［德］罗纳德·巴赫曼，吉多·肯珀，托马斯·格尔策. 大数据时代下半场——数据治理、驱动与变现 ［M］. 北京：北京联合出版公司，2017.

④ ［美］多克·希尔斯. 意愿经济——大数据重构消费者主权 ［M］. 北京：电子工业出版社，2016.

⑤ 在利用知识产权、技术标准瓜分公共领域的同时将数据优势进行固化，具体体现在：控制技术标准、滥用专利权限制他国创新、利用跨国公司的技术优势获取他国的知识产权、影响国际人才的合理流动。参见刘皓琰. 数字帝国主义是如何进行掠夺的？［J］. 马克思主义研究，2020（11）：143-154.

表 7-1　2020 年数字巨头企业物联网业务布局

公司	亚马逊	苹果	微软
云侧	依托 AWS 的云服务：AWS IoT 集成人工智能和大数据分析能力	针对硬件产品及场景的开放平台：Homekit、HealthKit、SiriKit 等助力开发者应用开发	Azure 物联网中心：受信任的平台模块（TPM）、Azure IoT Hub、Azure、Stream Analytics、Azure Storage、Azure DocumentDB 等
端侧	终端 AI 芯片：AWS Inferentia 提升 AI 语音助手效率；操作系统：Free RTOS	芯片：针对硬件产品线推出 A/T/H/S 系列芯片；操作系统：与设备适配的 iOS；传感器技术：NFC、3D 传感器、生物信息传感器	IoT 芯片：Azure Sphere 系列认证芯片；操作系统：Windows 10 IoT（包含核心版、企业版）

资料来源：2020 年 10 月亿欧智库发布的《巨头企业物联网业务布局研究》。

总的来说，由于数据是知识的主要来源，数据的集中势必带来知识的集中。在万物互联、数据化实践激增的情况下，平台（PC 端、移动端）参与者（个人、企业）的创意、想法以及研究成果等都将不同程度地上传至网络，从而使一些数字平台能够最先掌握一些领域的前沿，促使其在各领域构建自身的竞争力，从而提升自身的覆盖性竞争力。数据优势的存在能够带来"克洛诺斯效应"（占据主导地位的大公司妄图吃掉摇篮之中的新生代小公司），具体言之，它能够让平台抢夺创新高地、掌控市场动态。通过兼并收购初创企业、笼络人才（拥有先进经营管理理念、好的创意）的形式将创新资源据为己有，消除（潜在）竞争者，以形成并维持长期的垄断地位。不难看出，美国的数据来源建设实现了对劳动时间的攫取，这对我国数据流通的启示在于：一是数据收集中算法的规制问题，应形成包含技术、道德、政策和法律在内的规制体系，遵循的原则应聚焦于人类根本利益原则与责任原则[1]，以疏解算法的不透明、规模化和毁灭性的局限；二是应加快操作系统的国产化与自主化发展，维护国家数据主权，华为的鸿蒙系统就是代表，建设的数据中心只是"裸机"，而操作系统才是实现运转的关键，有利于避免别国的"数据劫持"；三是加快物联网的前瞻性布局，拓宽数据智能化应用场景，助力智慧城市、数字中国的建设，而这其中物联网的操作系统是发展重点。

---

[1]　梅宏．数据治理之论［M］．北京：中国人民大学出版社，2020.

三、数据霸权下的注意力经济

美国通过社会量化部门与数据来源建设为数据资本的增殖扩张提供重要渠道，本小节在前述内容基础上，进一步分析美国数据霸权对全球注意力经济的影响，而这其中的关键就在于资本对注意力时间的掠夺。关于注意力经济，国内外学者都有相关论著，汇集生理学、心理学、社会学、经济学以及管理学等多学科的有益成果①，此处不执拗于文献回顾与梳理，而是运用相关论点，侧重于美国数据霸权对注意力经济的控制机制的探讨，途径有二：

一是通过平台层的垄断进一步控制内容层，聚焦注意力。有关数据显示，在全球百大流量网站中，美国占有 62 个席位，前 10 名中美国占据了 7 个（见图 7-10）②，具有绝对的优势。并且互联网意义上的流量是当前注意力的主要表征，这也意味着美国通过数字平台垄断调整着全球层面的注意力经济。这对于潜在的挑战者来说形成了巨大壁垒：一方面，相较于客观层面的信息爆炸，注意力具有稀缺性。不难理解，用户的注意力是有限的，掣肘于自身生理、心理的约束。一些大型的数字平台利用"明星体制"（注意力的存储器）构建多元化场景（社交娱乐影音），以满足不同用户的需要，进而广泛汇集注意力。在注意力有限性的约束下，如果大平台占据了高份额的注意力，那么其他平台企业自然不能获得足够的关注，而平台的崛起恰恰需要突破临界点，注意力不够意味着用户数量不足，从而平台不能够得到实质性的成长。另一方面，平台网络效应以及多边市场效应的发挥离不开用户，而大平台已然形成了一种"用户黏性"，从而导致后起平台缺乏竞争力。纵使稍有起色，也难免于被兼并的命运。前述平台企业的高覆盖竞争其实可以看作是一种注意力的竞争，大平台对小平台的兼并，也是对注意力资源的整合。通过平台垄断，实现了注意力的汇集与聚焦，而这只是第一步，下一步还需延长用户的注意力时间，即从引流转向导流，不断获取商业利益。

二是利用算法与智能推荐固定与延长注意力时间。这在"用户画像"的问题上最为显著。基于海量数据的分析挖掘，用户个人的偏好习惯能够以数据化展现，基于用户画像的定向推送成为进一步固化注意力甚至延长注意力时间的重要抓手。定向推送以信息流广告、视频推介等内容为主（无论是弹窗还是网页，天然就是注意力的聚焦点），以博取用户眼球，这其中包含的链接则是进一

---

① 张雷. 注意力经济学 [M]. 杭州：浙江大学出版社，2002.

② 参见 https://www.visualcapitalist.com/ranking-the-top-100-websites-in-the-world/。

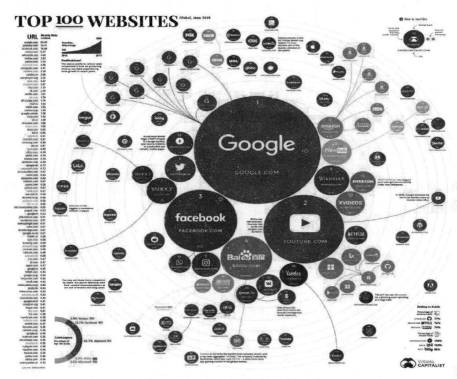

图 7-10　2019 年全球百大流量网站

资料来源：Visual Capitalist。

步吸引或延展注意力的路径。① 美国凭借社会量化部门的繁荣以及平台的垄断能够较好地实现这种推荐功能（如 Facebook、YouTube 的推荐等），引导注意力的同时也在进一步引致或创造需求，如网飞（Netflix）的《纸牌屋》开播火爆，就是利用受众对主演长期的注意力投入，让该公司有整合注意力资源的尝试性激励。从定向推送机制的层面看，其他国家或其他企业与之相比，很难提供这种用户体验。注意力的固化与延长将进一步带来行动，即用户为所关注的内容、产品或服务付费，不难理解，注意力经济最终还是要让用户与产品（服务）相连接，以助力商业利益的实现与分配。如此一来，就进一步加剧了用户对所关注事物的注意力集中度。因而可以看出，"信息茧房"的运转机制除了有用户自身内在"兴趣爱好"的助力外，算法与智能推荐的外力助推也不容忽视。然

①　谷歌、Facebook 等平台能够免费链接全球各地的新闻内容，增强自身的吸睛能力，这也遭到其他国家的抵制。参见张涛甫. 澳媒体议价法案值得关注和深思［N/OL］. 环球网，（2021-02-24）［2021-10-26］. https：//3w. huanqiu. com/a/de583b/423PmC96mjZ？agt＝11.

而，事物发展具有两面性，当注意力经济走向负面时，用户的关机、断网根本无法躲避注意力的侵扰，因为注意力本身已经形成社会关系网。当前，一些注意力的集合形式，如社会舆论压力、权力、信用（信誉）等，都处于社会关系网中，用户很难"超然于物外"。因而，通过上述两个途径，美国基本实现了对全球注意力经济的掠夺与瓜分。

总之，通过回顾美国数字霸权的路径——首先，通过建立"社会量化部门"，如苹果（移动通信）、Google（数字平台）和甲骨文（数据业务处理）等，解决数据量化与处理的基础设施问题；其次，利用算法与监控在数据的质（数据的准确性）与量（用户上网频次）两个层面进行提升；最后，建立起一系列配套的知识产权制度（标准）、法律条文和数字贸易体系，最终构筑起别国难以撼动的数字霸权地位——不难看出，它利用了数据产权公共领域兼具的产权公共领域Ⅰ与Ⅱ的特点。在不断巩固自身地位的同时，通过创意（创新）攫取、平台垄断、制造需求、瓜分注意力经济等手段不断挖掘数据中的价值属性，从而使得剩余价值规律朝数字化扩展，对他国形成数字遏制，国际"数字鸿沟"在所难免。因此，除了前述几方面的应对之策，我国更应该在整体上（物理层、系统层、平台层和内容层）形成系统性的数据治理之策，彰显我国的制度优势，以应对美国的数据霸权，其治理的旨归在于不能走西方"涓流经济学"的路子。① 总的来看，包括以下着力点：一是数字基础设施的建设助力物理层的布局；二是操作系统的国产化、自主化保障数据流通安全与维护数据主权；三是推进平台经济的良性发展，明确平台反垄断的细则与监管原则；四是加强网络治理，助力网络版权生态圈建设；五是在全局层面加强数据保护方面的立法与执法，寻求数据保护与流动的平衡。

---

① 蔡昉. 数字经济发展必须具有分享性 [N]. 学习时报，2021-06-02（003）.

第八章　数据要素市场的治理机制

在当前数字经济占我国 GDP 总量的比重已接近或超过一些西方发达国家的背景下，我国若要抢占数字经济发展的制高点，数据要素市场建设问题需纳入考虑范围。同时，培育数据要素市场也是促进数据价值有效利用的必然选择。本章的研究旨在回应《中共中央　国务院关于构建更加完善的要素市场化配置体制机制的意见》中提出的要"加快培育数据要素市场"的实践要求：围绕产权与市场的主题，在厘清产权与市场一般关系的基础上，从治理的视角分析与归纳数据要素市场的培育机制、市场治理机制、市场监管机制以及数据立法等内容。通过结合当前国内外的发展实践，在丰富治理内涵的同时，明确我国数据要素市场发展的着力点。

第一节　数据产权制度与数据市场的相互关系

一、产权与市场的兴衰

本节将聚焦于产权与市场间理论逻辑的分析，旨在为后文的数据市场治理①提供理论指导与实践思路，主要回答以下几个问题：

第一，产权明晰与市场的形成。一般认为，市场活动主要是由各类交换（交易）活动所构成，在每一次交换过程中，交换的实现需要一定的前提条件，在众多的条件中（如交易时间、地点等），交换标的物的产权明晰成为交换成功与否的关键。不难理解，因为只有交换标的物具有明确的权属，经济主体间才能够自愿缔结交换契约，实现交易对象的让与和取得。从而产权明晰构成了

----

① 治理是使相互冲突或不同利益得以调和并且采取联合行动的持续过程，内在地包含了建设（培育）、发展与问题的矫正（监管），本章以总的数据市场治理统驭前文各章的治理主张，并在此进行分类阐述。

市场交换的前提要件。该观点在马克思产权理论与现代西方产权理论中都有表述，前者详见于《资本论》（第1卷）第二章的论述中，如交换双方必须彼此承认对方是私有者，是交换物的所有者。① 后者可见于科斯在其经典著作中的表述，如权利的界限是市场交易的基本前提。② 但需要指出的是，虽然前述两者都肯定权属明晰是交换的前提，但是在交换的实质内容上，前者认为交换的是劳动，而后者认为交换的是权利。

第二，产权保护与市场兴衰。该问题强调了在市场交易中，产权明晰很重要，但同样地，对经济主体的产权实行保护也十分重要。如果没有相应的保护措施，那么，市场交易就存在风险，正常的交易就无法开展，市场将无法正常运转。因此，一个正常运转的市场，不但必须要以防止暴力和欺诈，而且还必须以保护某些权力，如财产权、合同的执行等为其先决条件。③ 关于产权保护的问题，从历时性的视角看，产权保护经历了个人（家庭）保护、组织保护再到政府保护的演变。从效率性上看，产权保护模式的变革能够带来规模经济，尤其是对能增益产权的保护。④

第三，产权安排与交易成本。从产权设立的意义上看，产权的设立本身就代表一种效率安排，而这种效率安排又是基于交易成本的考量。在现代西方产权理论中，科斯、威廉姆森等对交易成本问题的研究具有代表性，如使用价格机制成本使企业得以存在，市场的不确定性与经济主体的有限理性将加大市场缔约的成本等。巴泽尔的研究则表明，由于交易成本的存在，产权界定的"中间状态"是常态，从而在产权束中，总有一部分权利没有得到界定而处于"公共领域"之中。

第四，产权与市场主体。市场的交换活动离不开交换的主体，交换的标的物都有明确的属主，即它们是交换主体的财产物，从而不难得出，交换的主体本质上也是产权主体。根据经济学的一般原理，市场主体主要包含供给主体和需求主体，两者间的长期互动形成了众所熟知的市场机制（供求、竞争、价格等）。关于市场主体，相关的研究与实践⑤表明，成为市场主体，必须满足具有独立的产权、能自主进行市场决策且以追求自身最大经济利益为市场活动的目标这三个规定，否则不能称其为市场主体。由此不难看出，能成为市场主体的，

① 马克思. 资本论（第1卷）［M］. 北京：人民出版社，2004.

② ［美］罗纳德·哈里·科斯. 企业、市场与法律［M］. 上海：上海三联书店，1990.

③ ［英］哈耶克. 个人主义与经济秩序［M］. 北京：北京经济学院出版社，1989.

④ ［美］罗伯特·考特，托马斯·尤伦. 法和经济学（第5版）［M］. 上海：上海人民出版社，2010.

⑤ 程民选. 市场主体的内涵与市场主体确立的基本条件［J］. 中国经济问题，1994（5）：26-29.

只有企业与个人（或者家庭），而政府不在其列。该论断为后文政府公共数据的市场化运营问题提供了有益启示。进一步地，还应看到市场主体与市场本身之间的不可分性：市场主体的成熟度与市场自身的发育程度明显地呈现正相关关系，且后者取决于前者，即市场主体的状况决定了市场的发展状况，《资本论》中马克思在商品流通的问题上论及的"W—G—W"与"G—W—G"两种方式可以作为例证。这给后文数据市场的构建也提供了一个重要的实践指向：若要培育数据要素市场，首先要培育数据市场主体。

第五，产权与市场体系。对于市场体系，常见的组成内容主要是要素市场与商品市场。两者既有联系，也有区别，简言之，联系性体现在：两者都具备一般市场的基本要素，且有的要素可以作为商品，有的商品可以作为要素。区别性则体现在：前者侧重于产出的角度，后者侧重于投入的角度。两个市场供求主体地位互换、需求互异——前者是直接需求，后者是派生需求——而且在收入分配方面存在差异，前者作为厂商，收入需进一步分配，后者的收入是直接分配。从产权的视角看，要素市场作为市场体系的一个重要组成部分，各要素的交易也需以产权明晰为前提，交易过程也将受到市场机制的约束。并且与商品市场相比，要素的产权关系更为复杂，因为要素种类各异，有形与无形、主观与客观等，各自的权利界定遵循其各自的特点。与此同时，企业制度的现代性转变，进一步加剧了以生产要素为载体的企业产权关系的复杂化。企业数据产权问题的博杂性在此也能得到些许揭示。

第六，产权与市场结构。在该问题上，已有研究关注的焦点在于企业产权结构与市场结构之间的关系。产业组织理论中的"结构—行为—绩效"的分析框架为该问题提供了有益思路。根据有关研究①，在产权非社会化条件下，即企业产权的集中持有和权利束的完整持有条件下，企业自身的规模较小，进而在特定市场中，没有哪一个企业占据主导地位，市场集中度不高，进入壁垒低，从而形成一个具有竞争性的市场结构。与之相对，在企业产权社会化条件下，现代股份制企业形成与发展构成其现实背景，如所有权与控制权的分离。此时进入市场的不再是大量的中小企业，而是一个个具有规模性的大企业，中小企业难以与之匹敌，逐渐被吞并或退出市场，寡头垄断甚至完全垄断将成为市场结构下一步的发展方向。这为平台数据垄断问题提供了一个产权视角（见第七章的有关分析）。

第七，产权与市场运行。市场有效运行除了外在的市场监管规则与规范保障，最为关键的是其内在机制是否发挥作用以及相关机制的作用程度，而作用

---

① 程民选. 产权与市场［M］. 成都：西南财经大学出版社，1996.

的发挥又与产权制度的稳定性和有效性密切相关。一个稳定有效的产权制度旨在形成权属明晰、专一且可以自由转让的产权。不难看出，产权制度与市场运行（机制）存在多方耦合：一是没有权属明晰的交易财产，市场机制将无用武之地；二是市场机制是市场主体长期互动的产物，没有产权主体，市场机制也就无从谈起；三是产权制度的稳定与否直接影响市场主体的预期，进而影响其行为与市场决策，这对于市场机制的作用程度也将产生影响。从前述分析中，得以一窥数据产权制度的稳定与有效对于数据市场高效运行的重要意义。

二、数据要素市场的特点

通过前述七个方面的梳理与概括，基本厘清了产权与市场之间的相互关系，接下来将其置于数据要素市场的语境下展开分析。在对数据要素市场进行全方位的分析之前，有必要阐明数据要素市场的一些特点，以此形成对后文研究的补充。基于数据要素（产品）的特点和市场主体的特点，再结合市场经济运行的一般要素，就形成了数据要素市场的一些特征，并且这些特征在实质上也构成了数据要素市场发展的内在要求，形成了具体的治理指向。结合我国发展实际，本书将其归纳为以下两个方面：一是从总体上看，数据市场具有二重性，即价值实现与新的均衡条件。该特点在第四章的数据要素的现实指向中已经阐明，此处便不再赘述。二是从具体的层面看，体现在①：

第一，数据主体多元且具有不确定性。数据自身映射的社会关系的博杂性导致数据（权利）主体多元，再有数据自身的经济技术性特征如低成本、易复制、易分割、便于传递性，使得同一数据可能有不同的持有主体，在互联网条件下，同一数据的持有主体具有泛在性、交叉性，从而也就导致数据主体的不确定性。数据权属复杂性的源头之一或在于数据主体的多元且不确定。

第二，从交易的标的物即数据产品和服务的角度看，可以进一步细化：①作为数据产品和服务的内容，要具备合法性，即产品和服务的源头（数据来源）要合法合规。当前网络"爬虫业务"的发展势头已得到有效遏制，我国也已出台多项法律举措进行规范，明确要求数据产品与服务的提供者在提供相关内容时，必须遵守合法底线。②格式规范，应符合相关标准。数据格式的标准化有利于增强其流通的高效性，与此同时，也增加其进一步利用与应用的空间。当前我国在数据产品标准的设立上已经颁布了相关的规范性文件、指南和技术

---

① 司亚清，苏静．数据流通及其治理 ［M］．北京：北京邮电大学出版社，2021．

性要求，详见于国家市场监督管理总局与国家标准化管理委员会发布的一些文件。① ③数据产品质量要达标。数据质量的好坏可能带来两种极端的结果，尤其对于数字企业来说：一种是"锦上添花"，即在真实有效的数据基础上，不断的迭代升级与挖掘整理能够不断使数据产品或服务增值；另一种是"雪上加霜"，即在假数据、"脏数据"的基础上，迭代升级的结果将不断放大错误，从而造成投资失败和企业其他资源的浪费，尤其在互联网这种关联性较强的网络经济形态下，可能出现"一假毁所有"的窘境。因此，数据质量达标既是市场的要求，也是企业质量管理的重要组成。④数据产品与服务的定制化。前述言及的数据的经济技术性特点，如可分割与可重组，使得个性化与定制化成为可能。应用场景的定制化、需求方服务的个性化等都将成为数据市场活动的重要内容。

第三，从市场交易的架构上看，交易的平台化是最为显著的特征。平台的双边市场或多边市场的特点，能够带来需求方的规模经济和供给方的范围经济。进一步看：①平台化交易使得数据产品与服务的获取具有便捷性。而且这种便捷性有一定的前提保障，即平台上的数据来源明确、内容合法、质量有保障，而且平台本身也成为数据产品的虚拟展台，为需求者提供多样化品类。同时，交易过程涉及的流程性问题如定价估值，都有相应的算法模型相辅，从而大大缩短交易协商时间。②高效流动成为应有之义，在平台化的组织模式下，交易的便捷性也意味着数据产品和服务能够实现高效的流动，数据价值的体现恰恰在于不断的流动与交汇。

第四，从市场交易的外部保障上看：①数据交易流通需要开放的环境。前文论及的"数据孤岛"与政府数据开放的问题可以在市场流通的层面得到解释，即只有在开放的环境下，数据才能在不断迭代利用的过程中，满足各种跨领域、跨业务的需求，"数据小农"的思想显然不适应数据市场的发展要求。②区块链②的应用，增强交易的安全性。当前关于区块链问题的研究着墨颇多，其基本特征已达成共识，即区块链技术凭借不可篡改、可追溯等特性，可以解

---

① 参见国家标准全文公开系统，官方网址：http：//openstd. samr. gov. cn/bzgk/gb/std_list？p. p1＝0&p. p90＝circulation_date&p. p91＝desc&p. p2＝信息安全技术。

② 区块链的含义：狭义层面，区块链是一种按照时间顺序将数据区块以顺序相连的方式组合成的一种链式数据结构，并以密码学方式保证的不可篡改和不可伪造的分布式账本。广义层面，区块链技术是利用块链式数据结构来验证与存储数据、利用分布式节点共识算法来生成和更新数据、利用密码学的方式保证数据传输和访问的安全、利用由自动化脚本代码组成的智能合约来编程和操作数据的一种全新的分布式基础架构与计算范式。参见任仲文. 区块链——领导干部读本［M］. 北京：人民日报出版社，2018.

决数据共享开放与交易交换中的权属、质量、安全、定价和支付等关键问题。①区块链应用于数据市场，本质上是以一种技术手段管理另一种技术，其体现的技术闭环性思想具有重要的实践参考意义。

总之，厘清数据要素市场的一些特点（要求）对于其市场体系的培育、发展和问题的矫正具有重要的参考意义。回到实际，从总体上看，当前我国现阶段诸要素市场发展面临的主要问题是发育不充分，这具体表现在市场决定要素配置范围有限、要素流动存在体制机制障碍等方面。②从数据要素市场发展本身看，主要是数据交易中心的交易方式，具有代表性的如贵阳大数据交易所、上海数据交易中心等，但仍然存在一些问题，如线上交易不佳、产品种类稀少、整体交易效率不高。因此，亟待采取相关治理举措，激发数据要素市场活力，以助力数据价值的释放。

第二节　数据要素市场的培育机制

根据马克思主义经济发展阶段论的观点，人类社会经济形式的发展可划分为三个阶段：一是以自给自足为主要特征的自然经济阶段；二是以商品交换为基础的商品经济阶段；三是共产主义社会的产品经济阶段。反思当前以数据为关键要素的数字经济所形塑的数字社会，也在一定程度上体现了这样的阶段性，这表现在：在数字社会的"自然经济"阶段，主要的数据活动（生产、采集、处理与分析等）是以满足（平台）企业的需要为主，而在"商品经济"阶段，主要表现为经济主体间的数据共享与交易。立足当前的现实看，数据要素化进程正处于向商品经济的"过渡阶段"，数据共享、交换、交易活动正逐步展开。有鉴于此，数据要素市场化的问题逐渐进入理论与政策研究的视野。

为了充分发挥数据的经济社会价值，我国相继出台了一系列政策文件，旨在消解数据要素化进程中的阻碍。这表现在：2015 年 9 月国务院出台的《促进大数据发展行动纲要》重点强调，要引导培育大数据交易市场，开展面向应用的数据交易市场试点，探索开展大数据衍生产品交易，鼓励产业链各环节市场主体进行数据交换和交易，促进数据资源流通，建立健全数据资源交易机制和

---

① 井底望天，武源文，赵国栋，等 . 区块链与大数据——打造智能经济 [M]. 北京：人民邮电出版社，2017.

② 卢江，陈弼文 . 中国特色社会主义经济治理体系研究 [J]. 政治经济学评论，2020，11（3）：35-59.

定价机制，规范交易行为。① 之后 2017 年的《大数据产业发展规划（2016—2020 年）》明确了"十三五"时期的发展目标和重点任务，党的十九届五中全会对"十四五"时期数字产业发展的规划，以及 2020 年出台的《中共中央国务院关于构建更加完善的要素市场化配置体制机制的意见》、2021 年国务院办公厅印发的《建设高标准市场体系行动方案》等，都为数据市场的建设与发展提供了政策指导。此外，在一些重要讲话中，习近平总书记也有相关论述，如要制定数据资源确权、开放、流通、交易相关制度，完善数据产权保护制度②；在数据市场平稳发展方面指出，安全是发展的保障，发展是安全的目的。③ 下文将承接第四章与本章关于产权与市场关系以及数据要素市场特点的有关分析，立足我国数据要素市场发展的现实，对市场化（流通）进程中涉及的具体环节展开分析，以问题导向的方式，说明施策的着力点。

图 8-1 简要勾勒了数据流通的整体流程，其中相关部分在前文章节已作出分析（数据采集、确权、授权、开放共享等），本节及之后的内容将尝试论述图中"市场化运营"的黑箱，并将前文涉及的与本章论题相关的一些问题在此

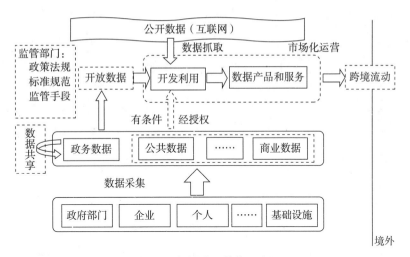

图 8-1　数据流通整体示意图

资料来源：梅宏．数据治理之论［M］．北京：中国人民大学出版社，2020.

---

① 国务院关于印发促进大数据发展行动纲要的通知［EB/OL］．中国政府网，（2015-09-05）［2021-11-17］．http：//www.gov.cn/zhengce/content/2015-09/05/content_10137.htm.

② 习近平．审时度势精心谋划超前布局力争主动　实施国家大数据战略加快建设数字中国［N］．人民日报，2017-12-10（001）．

③ 习近平．在第二届世界互联网大会开幕式上的讲话［EB/OL］．人民网，（2015-12-17）［2021-11-17］．http：//cpc.people.com.cn/big5/n1/2015/1217/c64094-27938930.html.

进行细化，主要回答谁来交易、交易什么、怎么定价、如何交易、何处交易、调节机制、跨域流通、安全保障这八个问题，这也构成了治理机制的具体内容。不难看出，前六个问题构成了数据市场培育的主体内容，即实现从无到有的过程①，而后两个问题更多侧重于数据要素市场范围拓展与健康发展的内容，即实现从有到优的过程，涉及治理机制中的发展、监管和数据立法等方面的内容。因而在行文安排上，旨在将后两个问题与本书前述各章的治理主张进行整合，以充实治理机制的内容。

一、数据市场的主客体培育

1. 数据交易主体及其权利关系

论及市场，首先就要厘清相关的市场主体有哪些，对数据市场的分析亦是如此。为便于分析，本书尝试从个人数据市场流通的角度来分析相关的市场主体与权利关系，并进一步拓展到商业数据、政府数据（政务数据与公共数据）流通，从而实现整体性分析，如图8-2所示。

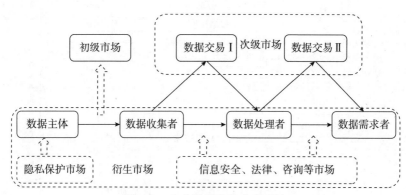

图8-2　个人数据市场生态系统

在个人数据市场上，涉及的市场主体一般应包括数据主体、数据收集者（控制者）、数据处理者（加工者）和数据需求者（应用者），第三方主体（平台）基本寓于数据收集者与处理者之中。各自的特征、权利及其相互关系归纳如下：

对于数据主体，在个人数据市场中，数据主体就是指通过个人数据已识别

---

① 从一般市场的基本组成要素看，主要涉及市场主体、市场客体（交易标的）、交易规则、交易条件和市场媒介等内容，上述六个问题正是对其的映射。

或可识别的自然人。根据前几章的分析，由于个人数据承载了数据的人格利益和财产利益，因而个人数据权利包括两个部分：一是数据人格权，包括知情同意权、隐私权、自决权、被遗忘权、数据可携权等①；二是数据财产权，包括狭义所有权、占有权、支配权与使用权，而经常论及的收益权是每一项权能的"题中之义"，不应与其他权能并列。

对于数据收集者（控制者），主要是指基于合法行为而持有或者控制数据的主体，其范围包括三个层面：一是行政机关等公权力机构。从历时性角度看，行政机关是最早的数据控制者。在国家强制力与公权力存在的条件下，行政机关在收集数据时（企业、个人等），一般并不需要征求对方同意。不难看出，行政机关掌握着大量多元的数据。二是法人与非法人组织。随着一些关键性的技术突破，数据以几何式倍增，从而导致数据控制者的范围向私人企业（尤其是互联网企业）与社会机构进行拓展。典型的代表——国外如苹果、Google、Facebook 以及微软等公司，国内如阿里巴巴、腾讯和百度等公司，基本上在各自的领域（社交、购物等）内，成为名副其实的数据控制者。三是自然人。随着大数据技术通用性的增强，自然人有成为数据控制者的可能。当前国内外一些免费或限制使用的娱乐影音"资源网站"频现，基本上印证了自然人有一定的数据控制能力。此外，共同控制者的情形也应纳入考虑。根据欧盟《通用数据保护条例》（GDPR）第 26 条的规定，两个或两个以上的数据控制者共同决定数据处理的目的和方式时，为共同数据控制者。这从另一方面说明了当个人数据权利受到侵害时，可以向任一共同数据控制者行使其权利或司法救济。②需要指出的是，依照前文分析的市场主体的界定，行政机关（政府）并不能算市场主体，而后三者基本符合其规定。但政府作为数据控制者，可以通过开放授权的方式，实现自有数据的市场化利用。从权利的角度看，个人数据市场中的数据控制者（大多为企业）对化名化和匿名化的个人数据享有限制性的所有权，在此基础上进一步肯定其控制权、使用权、处分权等（收益权囊括其中）。借鉴有关学者的分析③，后三项权利亦可继续细分，即控制权——共享权、赠与权、发表权和标记权；使用权——复制权、合并权、再生权、索引权等；处分权——修改权、存储权、传输权等。同时，在义务方面，出于对个人数据的保护，数据控制者在获得个人数据时，需要承担相应

---

① 根据有关学者结合国内外数据立法的分析，除了上述提及的人格权的几个内容，还包括访问权、纠正权、限制处理权、司法局救济权、注销权、恢复权以及撤回同意权等。参见司亚清，苏静. 数据流通及其治理［M］. 北京：北京邮电大学出版社，2021.

② 郑令晗. GDPR 中数据控制者的立法解读和经验探讨［J］. 图书馆论坛，2019（3）：147-153.

③ 司亚清，苏静. 数据流通及其治理［M］. 北京：北京邮电大学出版社，2021.

的责任和义务。这在欧盟 GDPR 的第四章第一节、《加州消费者隐私法案》（CC-PA）、我国的《中华人民共和国电子商务法》与《信息安全技术　个人信息安全规范》（GB/T 35273—2020）中都有详细要求，基本涵盖个人数据价值化的整个周期。

对于数据处理者，欧盟 GDPR 对其角色定位是，为数据控制者处理个人数据的自然人、法人、公共机构、行政机关或其他非法人组织。在实际情形下，数据处理者既可以是数据控制者自身，也可以是受数据控制者合同履约限制的独立的主体。在前一种情况下，其权利与义务基本重合。在后一种情况下，数据处理者权利与义务都由其与数据控制者订立的合同所规定，同时在具体的数据处理问题上，也只能用数据控制者实施的技术和组织措施。需要特别指出的是，数据处理者在整个数据流通过程中扮演着重要的角色，这表现在三个方面：第一，他们可以激活数据消费，进一步放大数据价值；作为数据产品或服务的直接"加工者"，面对市场上多元化的需求，他们有能力且可以有针对性地加工出迎合需求的数据产品，从而促进数据价值的释放。第二，数据处理者能够为数据控制者带来更多的增值机会，拓展其数据表现的渠道。数据处理者术业专攻，其效率性不容置疑。第三，随着数据处理者不断加入市场，形成多元化的队伍，也能够为数据交易平台减轻寻找货源、营销或自加工生产数据产品的压力。① 在个人数据市场上，数据处理者常以某一开发团队或者私人企业组织为代表。

对于数据需求者来说，作为获得数据商品的使用价值的一方，其主体范围也比较广泛，自然人、法人或非法人组织、社会机构甚至行政机关都可能是数据的需求方。在个人数据市场上，最为常见的需求者是广告商和金融机构（征信机构），但他们基本上是次级市场上的购买者（见图 8-2）。作为购买者，对于数据产品也享有一些权利，如安全保障权、知情权、自主选择权、公平交易权、损害求偿权等。② 通过交易，数据需求者获得了交易合同所规定的权利或收益。此外，关于上述市场主体的资质问题也不能忽视，该问题直接影响交易达成的可能性，是对交易主体的信用水平提出要求，因为无论是线上平台交易还是线下钱货两清，交易双方的可置性资质是实现交易的重要保障。

明确了个人数据市场上的各类主体及权利，接下来本节将结合图 8-2，分类讨论图中各主体间形成的交易关系或交易链。不难看出，在初级市场上，主

---

① 司亚清，苏静. 数据流通及其治理［M］. 北京：北京邮电大学出版社，2021.

② 相关权利可参见：国内——《中华人民共和国网络安全法》《中华人民共和国民法典》《中华人民共和国产品质量法》《中华人民共和国消费者权益保护法》《信息安全技术　数据交易服务安全要求》（GB/T 37932—2019）；国外——欧盟的《数据服务法》《数据市场法》等。

要是数据主体与数据收集者之间的关系，该交易具有虚化的特点，即数据主体生产的数据被数据收集者以免费为其提供的产品或服务（社交媒体等）所置换，"交易"这一概念在数据主体的观念上消失，而数据收集者获得个人数据的控制权。

下面主要分情况讨论次级市场的情形①：第一类是"数据收集者—数据处理者—数据需求者"。在该交易链下，"三位一体"的特点突出，所谓的"交易"直接内部化，成本也内部化，即在获得个人数据之后，直接自加工、自使用。当前一些医院的做法与该类型基本相符。第二类是"数据收集者—数据处理者—数据交易Ⅱ—数据需求者"。该类交易链中，数据的收集者和处理者合二为一，即收集个人数据后自加工处理，由于涉及了数据交易Ⅱ，表明加工的产品或服务并非自用，而是要将加工处理的成果作为商品卖出进而获益。该流通过程在金融机构尤其在大数据征信业务上比较突出。征信机构通过自加工的方式，形成个人层面的信用报告，进而将其售予企业、社会机构等组织从而获得收益。第三类是"数据收集者—数据交易Ⅰ—数据处理者—数据需求者"。在该交易链中，数据收集者与数据处理者分开，且数据处理者与数据需求者为同一主体。这表明，数据收集者仅以个人数据的收集与售卖为其主要市场活动，数据处理者（需求者）通过市场交易获得数据初级产品后，按照自身的组织目标或市场战略进行处理，生产出符合自身需要的数据产品，而不再用于售卖。此时自加工的产品成为获取其他交易链上收益的基础。该交易链在广告行业中最为常见，也是当下热议的"注意力经济"的主要模式。第四类是"数据收集者—数据交易Ⅰ—数据处理者—数据交易Ⅱ—数据需求者"。在该交易链中，三个主体分别独立，在一定程度上体现了社会化的分工。这其中数据处理者的位置十分重要，它是连接前后环节的关键部分，如果其中一个交易不能实现，则整个交易链断开。并且从三者间的相互关系看，数据处理者与数据收集者之间是买卖关系，但数据处理者与数据需求者之间除了表面上的买卖关系，更多情况下可能是一种委托代理关系。当前的管理咨询机构关于个人数据的流通与该类别相近。咨询机构通过向数据收集者购买个人数据，形成咨询、研究报告，然后将其传递给委托方，作为其决策参考。

此外，衍生市场也不容忽视，图8-2所列示的对应各自主体的衍生市场——隐私保护市场和信息安全、法律、咨询等市场，其实质上是数据流通市场的"补充市场"，区别于数据流通市场本身的市场机制。因为交易的实现，不仅限于交易本身，还需要考虑交易的具体环节。交易前中后的一些内容以市

---

① 王忠. 隐私经济 [M]. 北京：海洋出版社，2019.

场化运作的形式出现，表明交易的复杂性并不能只由交易本身来说明。上述衍生市场的出现类似于交易的"派生需求"，旨在为交易过程提供参考与保障。

以上就是关于个人数据市场的主体性分析，接下来，将企业数据、政府数据市场可能涉及的主体关系置于上述的框架中，可以发现各自又存在一些特点，归纳如下：对于围绕企业数据交易所形成的市场，相关主体的权利义务问题如上所述，基本没有变化，但需要指出的是，企业本身也可以作为数据主体，因为企业数据不仅包括收集的个人（用户）数据，而且也包含企业的自有数据，对于后者来说，企业对其具有完整的所有权。[①] 鉴于该情况，对于企业的主体性定位要分情况论之：一是企业作为数据收集者，其收集的数据在实际上不仅包含个人数据，也包含一些公开数据和一些政府开放的公共数据，其中，企业对收集的个人数据只有限制的所有权。在交易过程中，前述次级市场的四种交易类型皆有可能。但在交易个人数据的问题上，应在整个交易过程中都要受到必要的制约。二是企业作为数据主体，对于自有数据，在合法的前提下可以自由交易，即不存在所谓的"初级市场"，另外需要指出的是（衍生市场的角度），对企业的"隐私保护"，更多的是基于商业秘密、知识产权的法律保护。

对于政府数据（政务数据和公共数据）的"市场交易"，本质上是开放与共享。需要指出的是，共享是在内部机构之间的数据共享，而开放则是对个人、企业等外在社会主体的开放。从而可以看出，在政府数据的流通问题上，更多地强调数据开放及开放平台的构建（尤其对公共数据）。从主体性角度看，政府兼具原始数据采集者、粗加工者和弱需求者的角色。因为其目标在于社会价值，区别于企业经济利益的市场目标。从数据权利的角度看，公共数据本质上是共同财产，由政府代为管理，然而，当前在数据开放方面还存在一些问题，这将置于后文数据来源中分析，此处略之。另外（衍生市场的角度），政府数据的"隐私保护"更多的是对国家安全、国家机密的法律保护。

关于上述三种数据"交易"出现区别的原因，关键在于各自所处的社会定位，从采集与被采集的关系中不难理解：企业与政府既可以是采集者，也可以是被采集者——数据主体，区别于个人始终处于被采集者地位的情形。当然，采集是在规模意义上的采集，因为数据的价值化离不开规模效应。这就导致个

[①] 我国现行法律并未对数据主体进行规定，有的仅是个人信息（如《中华人民共和国民法典》）与个人信息主体（如《信息安全技术　个人信息安全规范》（GB/T 35273—2020））的规定。从国外的立法看，欧盟的《通用数据保护条例》（GDPR）也是把数据主体归为自然人，但美国的《加州消费者隐私法案》（CCPA）条文中把"特定的消费者""特定消费者家庭"以及数据经济人都视为数据主体。本书认为，企业与政府都可以作为数据主体，但是否是市场主体还需辨析。参见何渊. 数据法学 [M]. 北京：北京大学出版社，2020.

人基本上处于初级市场①，而企业和政府可以在次级市场上获利，尤其是企业可以在次级市场与衍生市场获利。有学者研究指出，当前数据市场最大的现实是，能力受限的数据主体（尤其是个人）根本无力对抗作为数据垄断者的数据控制者和处理者。而且当前数据要素市场的发展面临法律上的双重困境：一是以同意为基础的"数据自治"面临较大的合规性危机和现实挑战，一则企业收集用户数据的合规成本较高，二则数据匿名化面临大数据"撞库"的再识别化的挑战。二是"数据主体客体化"现象严重，在网络爬虫、数据黑产的侵蚀下，数据主体处于既无财产权也无人格权的境地。② 因此，只有通过国家提供的法律框架，不断赋予数据主体各种数据权利，消解制度性的数据产权公共领域，数据市场秩序与法律秩序才能实现。

2. 数据交易客体及存在的问题

数据要素市场的交易标的物是数据产品（或商品），它是由数据卖方提供的、用于交易的原始数据或衍生数据。它不仅有商品的一般特点，也有区别于其他商品的鲜明特征。从商品的一般属性看，马克思主义政治经济学认为，商品是用于交换的劳动产品，具有使用价值和价值。在数据商品的问题上，其使用价值已不言自明，但是在价值的问题上，目前还存在争议。笔者认为，在数据商品的价值论来源问题上，不能忽视的现实是，对于数据资源的处理是需要诸如网络数据工程师等一类人提供有酬劳动才能实现，所以数据商品是劳动产品。交换价值的形成是数据商品化的终极目标，其对应的现实情况是，经数据工程师专业化处理后，数据产品能够符合一定标准、质量要求（社会评价），能够用于交换，从而最终形成数据商品。③

从数据商品自身的特点上看，延续了数据本身的一些经济技术性特征，可从以下几个方面进行认识：第一，数据作为社会关系的电子化"存储"，其商品形态具有多维性——时间、地点（位置、空间）、定性与定量。社会关系内容博杂，从而不同维度的交汇形成不同的结构，且结构与维度进一步交织，趋向复杂化。第二，商品内容泛在化，可以从其涉及的领域的广泛性（教育、医疗、电商、通信等）和承载体的多态性角度（文本、音视频、数据库等）得到解释。第三，数据商品面临的权属问题具有复杂性，在前文主体权利关系分析中可见一斑。第四，进一步地，由于某些数据具有时效性，其交汇形成的数据

---

① 尽管个人（用户）同意已成为个人数据保护的公认原则，但在普遍免费的模式下，作为意思表达的"同意"已经虚化为无意识的"点击"（PC端）或"滑动"（移动端）操作。参见张新宝. 互联网时代下个人信息保护的双重模式 [J]. 中国信用，2018（5）：100-102.

② 何渊. 数据法学 [M]. 北京：北京大学出版社，2020.

③ 曲佳宝. 数据商品与平台经济中的资本积累 [J]. 财经科学，2020（9）：40-49.

商品可能也具有时效性，如一些时期性的调研报告，如果过一段时间，则价值全无。第五，从技术性角度看，数据商品本身包含了一定的专业性与技术性，成为交易对象必须符合一定的技术标准与质量标准，相比于传统的物质性商品，数据商品的要求更高。第六，数据商品的共享性问题相对突出，原因在于其可以低成本复制，又可以拆分增值，所以，数据商品交易环境的安全性问题需要纳入政策制定的考虑中。

然而，关于数据产品，还存在一些问题亟待解决。接下来以三个问题展开：

第一，数据来源合规问题。"欲致鱼者先通水，欲致鸟者先树木。"本书第四章提出了数据供给市场化的思路，部分针对的就是数据来源的合规问题，数据产品的生产必定离不开多样的数据资源。本书主要对于三个主要来源——个人数据、企业数据和政府数据探讨目前在个人数据的收集与政府数据开放上已有的做法与镜鉴。

在个人数据的收集使用上，主要是隐私权掣肘，已有的做法可供参考：一是去标识化——化名化和匿名化的方式，前者是采用一个或多个人工标识符以替换（加密）数据记录中的标识、字段来增强隐私；后者主要是去除数据记录中关键的可识别的信息，但容易经大数据"撞库"实现再识别化。因而前者的技术性加密具有"封闭性"，能够保障个人隐私。二是个人数据直接显名化与价值化使用，此处以两个事例为佐证：①2011 年 Personal. com 网站的建立与运行，提供了实践参考，其条款协议中直接标明用户是自身数据的所有者，拥有数据的自决权（谁能用）、可携权（转移数据），数据使用者永远不能违反契约。① ②people. io 公司让个人数据通过授权的方式进行售卖，即授权本人直接从个人数据中获得利益。如公司让个人将数据授权于广告商，以积分的形式获得回报，然后用积分兑换数字服务或现金等价物。② 三是赋予用户保护自身隐私的选择权。苹果公司于 2012 年在其移动操作系统 iOS 6 中引入了广告标识符（Identifier for Advertising，IDFA），用户可以随时重置 IDFA 识别号，让其有机会将手机 App 的追踪结果强制与自己脱钩，从而保护自身的在线隐私。此外，Google 公司的 Andriod 系统、华为公司发布的华为鸿蒙系统（HUAWEI HarmonyOS）也都提供了相关的服务。

在政府数据的开放问题上，政府掌握着 80% 的数据资源，要想让数据实现"便民""兴业""优政"的目标，数据开放是关键一环。③ 当前政府数据开放

---

① ［美］多克·希尔斯. 意愿经济——大数据重构消费者主权 ［M］. 北京：电子工业出版社，2016.

② 参见官方网址：https：//people. io/。

③ 蓝云. 从 1 到 π——大数据与治理现代化 ［M］. 广州：南方日报出版社，2017.

存在的问题主要有：一是法规不健全，权责边界不明确，致使其不愿、不敢开放。在"法无授权不可为"的行事逻辑下，政府有权不开放，而且在"数据小农意识"和社会舆论监督的压力下，不愿开放与不敢开放成为必然之举。① 二是数据开放的相关标准滞后，由于数据资源多元化，分布离散化、碎片化，缺乏平台式的组织结构，导致整合与开放的难度比较大。三是在技术方面存在局限性。打破"数据孤岛"的成本高、效率低，原因在于一些数据存储技术、平台架构参数等并非自有，受制于人，稍有不慎，可能导致数据泄露与国家安全问题。因此，应对之策在于：一是在顶层设计方面，通过法律规划自上而下谋划与明确可为与不可为的边界。机制上可以尝试建立"谁拥有，谁负责""谁使用，谁负责""谁流转，谁负责"的机制，辅之以技术手段（区块链），确保数据开放可监控、可追溯、可追责。二是在标准方面，应建立起完善的数据开放标准体系，"Web 2.0之父"蒂姆·奥莱利制定的开放公共数据的8条规定和原则可以作为标准制定的参照②，不断明确相关标准条文与对应的"场景"，确立相应的奖惩机制。三是在技术性层面，应积极运用自主可控的创新技术（国产化、自主化），打破"数据孤岛"，构建相关的数据开放平台，在数据开发的问题上，可以选择完全控股式与社会资本共同持股式，或者完全市场化的拍卖与授权经营，加速数据交换流通。③

在已有的实践上，一是政府开放数据的经营权的问题，有学者引入市场化拍卖的方式进行政务数据经营权的授予，以"双上限"的机制（份额与授权数量）进行制约。④ 二是公共数据开放的收费问题，可设立法定机构，受政府委托加工处理公共数据，满足公众需求，可按照透明微利的原则，收取适当的费用并用于改善数据开放的质量。⑤ 前文的两种思路分别对应当下的两类实践：《上海市数据条例》第四十四条明确了公共数据授权运营机制⑥；《深圳经济特区数据条例》第三十二条规定，"设立公共数据专业委员会，负责研究、协调公共数据管理工作中的重大事项。市政务服务数据管理部门承担市公共数据专业委员会日常工作，并负责统筹全市公共数据管理工作，建立和完善公共数据

---

① 梅宏. 数据治理之论［M］. 北京：中国人民大学出版社，2020.

② 内容包括：数据必须是完整的；数据必须是原始的；数据必须是及时的；数据必须是可读取的；数据必须是机器可处理的；数据的获取必须是无歧视的；数据格式必须是通用非专有的；数据必须是不需要许可证的。

③ 任仲文. 数字中国领导干部读本［M］. 北京：人民日报出版社，2018.

④ 司亚清，苏静. 数据流通及其治理［M］. 北京：北京邮电大学出版社，2021.

⑤ 何渊. 数据法学［M］. 北京：北京大学出版社，2020.

⑥ 该条例于2022年1月1日起施行，参见上海市人大常委会公告第94号［EB/OL］. 上海人大网，［2021-11-25］. http://www.spcsc.sh.cn/n8347/n8467/u1ai240521.html.

资源管理体系，推进公共数据共享、开放和利用"①。

然而，源头合规，不能代表收集过程合规。当前我国对数据收集行为的规制尚未形成专项法律，只是散见于数据收集过程所涉权利的法律文件中，如《中华人民共和国民法典》第一百一十一条，《中华人民共和国刑法》第二百一十九、第二百八十五、第二百八十六条，《中华人民共和国消费者权益保护法》第二十九条第一至第二款，《中华人民共和国网络安全法》第四十至第四十四条规定以及《中华人民共和国个人信息保护法》第六、第十条等。综合国内外立法在数据收集的原则上的规定，主要包括合法正当和公开透明原则、最小必要原则、授权同意原则、目的明确原则、主体参与原则、安全保密原则以及确保安全原则。现实情况中，数据收集面临的法律问题主要发生在：违反授权同意原则——未经数据主体同意即收集数据；违反公开透明原则和目的明确原则——未公开收集使用规则或未明示收集使用个人数据的目的、方式和范围；违反最小必要原则——收集无关或非必要的数据，甚至过度收集数据。②

此外，数据采集后的使用与处理问题也不能忽视，根据已有的国内外对于数据处理原则的规定，主要包括合法公平和必要原则、透明度原则、同意原则、目的限制原则、保密性原则、保存限制原则和主体参与原则。以上归纳的原则都可以为后续数据法律法规的设立提供重要参考。

第二，数据产品标准化的问题。可交易意味着标准化。相关的标准怎么形成？在交易的内涵上，科斯认为交易的是权利，马克思认为是人与人之间的劳动。本书认为，展现在人们面前的数据，本质上已经经过"活劳动的恩惠"，法律上有一个相近名词，即劳动的"添附"。③ 关于数据的标准，我国于2021年10月10日出台的《国家标准化发展纲要》给出了数据标准化体系的建设框架，文件指出，要"建立数据资源产权、交易流通、跨境传输和安全保护等标准规范，推动平台经济、共享经济标准化建设，支撑数字经济发展。健全依据标准实施科学有效监管机制，鼓励社会组织应用标准化手段加强自律、维护市场秩序"④。从

---

① 该条例于2022年1月1日起施行。参见深圳经济特区数据条例 [EB/OL]. 深圳人大网，[2021-07-06]. http://www.szrd.gov.cn/szrd_zlda/szrd_zlda_flfg/flfg_szfg/content/post_706636.html.

② 何渊. 数据法学 [M]. 北京：北京大学出版社，2020.

③ 新修订的《中华人民共和国民法典》（2021年1月1日起施行）的第三百二十二条就"添附"（加工、附合、混合的统称）进行了明确："因加工、附合、混合而产生的物的归属，有约定的，按照约定；没有约定或者约定不明确的，依照法律规定；法律没有规定的，按照充分发挥物的效用以及保护无过错当事人的原则确定。因一方当事人的过错或者确定物的归属造成另一方当事人损害的，应当给予赔偿或者补偿。"参见中华人民共和国民法典注释本 [M]. 北京：法律出版社，2020.

④ 中共中央、国务院印发《国家标准化发展纲要》[EB/OL]. 中国政府网，（2021-10-10）[2021-10-11]. http://www.gov.cn/gongbao/content/2021/content_5647347.htm.

数据标准的一般性层面看，其内容包括技术标准、数据标准、应用标准、管理标准。根据有关学者的研究①，可以通过参考《DAMA 数据管理知识体系指南（原书第 2 版）》②、《数据管理能力成熟度评估模型》（GB/T 36073—2018，DCMM）、《大数据标准化白皮书（2020 版）》以及《数据资产管理实践白皮书（4.0 版）》，同时结合一些大型集团公司的数据标准管理实践，来设计数据标准体系框架。

具体到数据产品的标准化上，数据科学提供了有益思路。有关学者从"元数据"③ 的角度，构建起数据产品的标准化框架：一是内容描述的元数据，旨在解决数据交易过程中由于数据产品和交易描述不清晰而产生的问题；二是权利描述的元数据，旨在通过运用开放数字权利语言（ODRL）信息模型对服务数据权利进行描述，为数据服务线上自动化流通提供标准化、体系化的确权依据。④ 不难看出，后者是一种技术性确权，通过技术手段，明确交易双方的权利界区。

数据产品的标准化离不开技术性的辅助，但从经济学的视角看，数据产品标准体系的构建应体现规模经济和范围经济的特点，前者注重投入与产出，后者注重投入与品类。因而，在总体的施策思路上，应将数据产品涉及的基础性、通用性和安全性标准上升为国家标准，以技术法规的形式颁布并强制实施；对于涉及操作性、规程性和事实性的标准，应以行业标准、群体标准形式进行推广实施，⑤ 从而构建起立体性、多层次的标准体系。

需要补充说明的是，数据产品的标准化，意味着相关的技术标准一经采用，便有一种"锁定"趋势，使得转换变得很难或极其昂贵。⑥ 这就进一步衍生出标准制定权之争，尤其在全球数据市场上。因为数据的流通不仅在一国之内，也在国家之间。从一国之内的视角看，产品标准具有统一性，但从国际层面看，卖方出口的数据产品的标准不一定符合买方国家的"进口标准"，从而数据服务贸易受阻。由此不难看出，所谓的产品标准之争，本质上是市场话语权之争。这在本书第四章数据跨域流动的问题中已有提及，故不再赘述。

第三，数据产品的质量问题。数据产品质量问题与标准化问题相关，本节

---

① 祝守宇，蔡春久，等. 数据治理 [M]. 北京：电子工业出版社，2020.

② [美] DAMA 国际. DAMA 数据管理知识体系指南 [M]. 北京：机械工业出版社，2020.

③ 元数据是描述数据的数据，从功能上看，它可以识别、描述数据资源或促进数据资源检索、使用和管理。

④ 此处不执拗于一般性的技术介绍，主要是归纳其方法论路径。参见司亚清，苏静. 数据流通及其治理 [M]. 北京：北京邮电大学出版社，2021.

⑤ 王微，王青，等. 加快建设现代市场体系研究 [M]. 北京：中国发展出版社，2019.

⑥ [澳] 保罗·X. 麦卡锡. 引力 [M]. 北京：中信出版社，2018.

侧重于讨论数据本身的质量问题与数据产品质量的衡量问题。不难看出前者对于后者的决定性意义。根据已有的研究，数据质量的衡量一般基于准确性、一致性、完整性、唯一性、有效性和及时性这六个方面①，相关的量化研究基本是对前述六个方面的每一个层面进行拆解与指标赋予，最终建立起相应的评估指标体系，以形成对数据产品质量的评估参考，前文数据标准体系中已论及相关文件与指南，此处不再赘述。② 在数据质量方面，假数据或者低质量数据的问题需引起重视：关于假数据的问题，当前的一些事例值得关注，如淘宝的刷单、明星们真假难辨的"流量"，甚至政府机构的环境监测数据造假。③ 同时，前文关于区块链的阐述中，还需要进一步指出，虽然其效率性毋庸置疑，但是如果进入区块链前端的数据出现造假或者质量较低（不合格），那么，将导致整条链出现问题，即"一假毁所有"。不难看出，假数据与不合格数据本身的破坏力会通过网络的关联性、迭代性得到放大。正如有的学者研究指出的那样，低质量的数据会导致数据阐释有局限性，最坏的情况是数据分析的结果没有价值，并且导致投资失败；维持数据的质量有可能成为企业的一项真正烧钱的东西。④ 当前，对于提供数据产品的企业来说，对数据进行质量管理也已并入企业质量管理（或企业治理）的体系中，企业深刻意识到，低质量的数据将直接影响企业的生产决策，从而对自身业务乃至市场交易活动的开展带来毁灭性打击。根据IBM的统计研究，错误或者低质量的数据将导致企业的业务系统不能正常发挥优势甚至失效。因此，在应对数据质量的问题上，数据清洗成为必然选择。⑤

3. 积极培育数据市场主客体，厘清各类关系

若要实现数据的价值化、市场化，必须明确市场的主客体及其权利关系。在主体维度，需明确数据主体与市场主体并非重合，当前的数据市场中，企业是重要的市场主体。应将图8-2揭示的四种交易链关系中涉及的数据主体、数据控制者和数据处理者确立为相应的法律主体，规定其权利、义务。在其进入

---

① 祝守宇，蔡春久，等．数据治理［M］．北京：电子工业出版社，2020.

② 谷斌．信息系统建设中的数据质量管理体系研究［J］．情报杂志，2007（5）：65-67；宋敏，覃正．国外数据质量管理研究综述［J］．情报杂志，2007（2）：7-9；司亚清，苏静．数据流通及其治理［M］．北京：北京邮电大学出版社，2021.

③ 杨维思．生态环境部通报5起环境监测数据弄虚作假案件［EB/OL］．中新网，（2018-07-17）［2021-11-30］．https：//www.chinanews.com.cn/gn/2018/07-17/8570104.shtml.

④ ［德］罗纳德·巴赫曼，吉多·肯珀，托马斯·格尔策．大数据时代下半场——数据治理、驱动与变现［M］．北京：北京联合出版公司，2017.

⑤ 数据清洗是指发现并纠正数据文件中可识别的错误的最后一道程序，包括检查数据一致性、处理无效值和缺失值等。参见蒋勇青，杨奕虹，杨贺．论数据清洗对信息检索质量的影响及清洗方法［J］．中国索引，2012（1）：16-20.

市场时，进行资格审核，在侵权问题发生时，能够有法可依，有效消解主体间存在的"数据产权公共领域"的问题。另外，产业联盟或者行业协会在数据市场的主体性也应予以重视（参见第四章），应明确其市场交易主体和治理主体的双重性，赋予其数据流通的有关权利（行业标准制定、交易合同制定、行业自治权利等），以此缓解政府规制与市场规制之间的错配。在客体维度，需要根据数据自身的经济技术性，对数据权属和数据要素产品进行规范化处理。一是在数据权属问题上，需要厘清个人、企业和政府的数据产权问题，有关内容在本书第四章已基本厘清，不用赘述。二是在数据产品规范化问题上：在来源方面，本书认为，个人数据采集使用应进一步采取化名化处理，匿名化与显名化可能不符合我国的发展实际。政府作为数据的重要来源，应立足顶层设计、开放标准和技术支撑三个方面依规有序开放，打破"数据孤岛"，激活政府数据（政务数据和公共数据）的市场价值。在数据产品自身方面，尤其在市场初建时期，应逐步进行分级分类，形成可交易的数据产品目录（或者是"负面清单"），规定可交易的种类。三是在产品标准化制定问题上，本书认为，应将数据产品涉及的基础性、通用性和安全性标准上升为国家标准，以技术法规的形式颁布并强制实施；对于涉及操作性、规程性和事实性的标准，应以行业标准、群体标准形式进行推广实施，从而构建起立体性、多层次的标准体系。四是在数据产品质量问题上，应注意避免价值极化的问题（"锦上添花"与"雪上加霜"），将数据质量管理并入企业管理或政府管理之中，或成立专门的数据维护机构，保障数据质量。

二、数据产品定价机制与交易模式

1. 数据产品的估值与定价

在市场上，达到交易标准的产品在实际的交易过程中，必定伴随着讨价还价的过程，而这个"价"就是产品的价格。在当前的数据要素市场上，相关的交易体系正处于形成与发展的过程中，并且从数据产品本身看，它也缺乏相应的价格参照物。前述归纳的数据产品自身的一些特点再加上外部因素的影响，如权属问题、信息不对称、卖方市场的长期性，导致数据产品的价值缺乏科学合理的评估。数据产品定价问题是当前数据市场发展亟待解决的关键问题之一。因此，数据产品定价的第一步是要形成一个交易参照（标准产品），这也是价格形成机制的关键一步。

当前，关于数据产品的定价基本上是参照数据资产①的定价模式（或价值评估），相关研究者众多，但基本的思路是通过指标体系衡量数据资产的内在价值（完整性、正确性、一致性和重复性等）和外在价值（稀缺性、时效性、多维性和场景的经济性等），最终汇总形成数据资产的总价值，具有代表性的理论方法包括层次分析法（AHP）和专家打分法（德尔菲法）②，相关价值模型有"D+数据资产评估模型"③和高德纳信息资产估值模型。④基本上涉及会计学中的绝对估值法（成本法、收入法、市场法）与相对估值法（如 Shapley 值⑤）。当前国内关于数据资产的定价与变现的实践以"数据贷"为代表——第一笔"数据资产质权贷款"在中关村数据资产双创平台上成功发放，标志着我国正式开展数据资产登记确权赋值的服务。"数据贷"展现了数据资产评估的作用和意义⑥，验证了数据资产作为企业核心资产的价值，对促进数据的流通和变现也具有重要的参考意义。

从数据资产到数据产品，其定价方式具有延续性，在充分考虑数据产品蕴含的价值因子多样性（法律属性、经济属性以及自然属性等）的基础上采取相关的定价策略。当前，关于数据产品的估值与定价方法多样，但各有优劣，现归纳如表 8-1 所示。

表 8-1　数据产品估值与定价的方法及优缺点

模式	机制	优点	缺点
成本法定价	将数据收集、存储和分析数据的成本作为数据估值基准	可操作性强；便于实施	一是数据对用户的价值差异很难评价；二是首次使用者成本过高而后续使用者成本低廉

---

① 数据资产基于会计学视角下的资产定义，它是指在网络空间中，一特定主体（个人、企业、国家）由过去交易或信息化过程收集的、由主体拥有或控制的、具有一定规模、经过信息技术加工后可增加主体未来利益的数据总体。参见赵惟，刘权. 数字资产［M］. 北京：人民邮电出版社，2020.

② 关于层次分析法、专家打分法的流程机理，参见祝守宇，蔡春久，等. 数据治理［M］. 北京：电子工业出版社，2020.

③《大数据领导干部读本》编写组. 大数据领导干部读本［M］. 北京：人民出版社，2018.

④［美］道格拉斯·B. 莱尼. 信息经济学［M］. 上海：上海交通大学出版社，2020.

⑤ 该指标于 1953 年由 Lloyd Shapley 在研究合作博弈的问题时引入，在数据相对价值评估的问题上，即给定一组数据以及一个共同的任务，评估每组数据对完成该任务的贡献。参见邹传伟. 如何建立合规有效的数据要素市场［N］. 第一财经日报，2020-05-18（A11）.

⑥ 国内首笔"数据贷"成功发放［EB/OL］. 环球网，（2016-05-03）［2021-11-30］. https：//china. huanqiu. com/article/9CaKrnJV7c7.

模式	机制	优点	缺点
市场法定价	利用要素市场的供求撮合实现定价	具有透明性；利用价格规律	准公共物品的数据难以交易；交易边际成本不断降低；要求有交易参照
收益法定价	评估数据的社会与经济影响，预测由此产生的未来的现金流，并折现到当前	体现数据效用	数据的影响量化困难，不易分解其贡献度；数据期权价值评估难
信息量定价	按信息量统一定价，并按照数据被购买和使用的次数评价其市场贡献	可量化；易操作	不能反映语义价值
互换资源定价	等价的资源置换	与应用结合紧密	交易双方信息不对称；数据主体处于相对弱势
相对估值法	利用 Shapley 值	量化评估	成本高，专业性强，标准化难，可推广性弱
"信息熵"定价	通过对数据元组的隐私含量、被引用次数、供给价格、权重等因素的结合，可以对数据产品的信息熵进行动态定价	充分考虑数据产品的稀缺性；关注其有效数量和分布	指标参数估计具有随机性

资料来源：熊巧琴，汤珂. 数据要素的界权、交易和定价研究进展［J］. 经济学动态，2021（2）：143-158；赵刚. 数据要素——全球经济社会发展的新动力［M］. 北京：人民邮电出版社，2021；彭慧波，周亚建. 基于隐私度量的数据定价模型［J］. 软件，2019，40（1）：57-62；方元欣，郭骁然. 数据要素价值评估方法研究［J］. 信息通信技术与政策，2020（12）：46-51；邹传伟. 如何建立合规有效的数据要素市场［N］. 第一财经日报，2020-05-18（A11）.

　　上述列示的几种数据定价方法具有重要的参考性，但从前文关于交易参照的设立上看，前述各种方法存在局限。从经济学的视角看，交易参照的形成要求其可量化、可推广、定价成本低，并且，在市场初期，相应的静态定价十分重要，不难看出，前述各种定价方式基本上是在静态层面（"信息熵"定价除外），然而考虑到数据产品的多元性、多维性、动态性，其后续的定价应该采取一种动态定价，即在定价策略上，要考虑前期与后期的衔接问题，形成一种"高山滚石效应"。有学者提出了基于数据产品生命周期、交易市场发展阶段的定价策略：在交易市场发展初期，利用基于价值的定价策略，即采用静态价值估值体系以及专家评分的形式形成静态定价，在交易市场成熟期主要利用机器学习的方式自动化实现基于市场的定价策略。[①] 该策略将数据产品和数据市场的动态性都考虑进定价策略中，符合数据市场发展的规律性，值得参考。只有确立了交易参照，后续的数据产品交易才能不断拓展，市场机制尤其是价格机制才能真正发挥作用。

2. 数据产品的交易模式

一般认为，数据交易的基本方式主要分为数据交换与数据交易。数据交换不需要货币作为媒介，是一种（免费）资源置换关系，而数据交易则需要相应的定价举措，以货币为媒介实现数据产品的让与和取得。关于数据交换，主要是政府部门之间、政府与企业通过签署协议或合作等方式开展的非营利性数据共享开放。[②] 相关的实践如浙江的"最多跑一次"改革，2017 年国家信息中心与京东金融、苏宁云商集团之间签署《关于加强信用信息共享的合作备忘录》[③] 等。

数据交易是数据市场的重要活动。当前，由于数据市场发展不充分，相关的交易模式正处于探索中，不过现存的一些交易模式或将给数据交易提供些许参考，此处选取三个具有代表性的交易模式展开分析：①资产的证券化。以"蚂蚁花呗""京东白条"等为其代表，该种交易模式强调以基础资产未来所产生的现金流作为偿付支撑，并通过一系列结构化设计进行"信用增级"，以此为基础发行资产支持证券的过程。在数据交易的问题上，不难看出，数据资产证券化仍存在权属不明、收益难归和估值困难等问题。②信托模式。该模式主要关注权利主体与受益主体相互分离的三方关系，即委托方将财产托付给受托人，受托人为了受益人的利益而管理财产。不难看出，在该模式下，财产所有权具有复合式权属结构的特点，这与数据的所有权、使用权及收益权的权能分离的现状具有契合性。尤其在公共性数据的问题上，其财产权益分配将形成这样一种格局：公共数据为全体用户所有，为了产生集体性价值，且能够最终回馈用户，互联网平台（企业）作为其收集到的数据的"信托管理人"，要对全体用户负责，在获取一定收益的同时，承担起相应的安全保护义务和社会责任。因此，该模式对激活政府数据、整合各方数据资源、实现数据的价值化具有重

---

① 基于价值的定价策略包括产品静态定价、产品动态定价和数据产品个性化价格，参见司亚清，苏静 . 数据流通及其治理 [M]. 北京：北京邮电大学出版社，2021.

② 张莉 . 数据治理与数据安全 [M]. 北京：人民邮电出版社，2019.

③ 向文莹 . 京东金融与国家发改委签署信用信息共享合作备忘录 [EB/OL]. 经济参考网，（2017-11-13）[2021-11-30]. http：//jjckb. xinhuanet. com/2017/11/13/c_136748735. htm；刘一乐 . 苏宁与国家发改委签署信用信息共享合作备忘录 [EB/OL]. 中宏网，（2017-07-06）[2021-11-30]. https：//www. zhonghongwang. com/show-170-50040-1. html.

要的参考意义。然而，关于该模式的研究目前限于学理研究，尚未落实为相关的制度设计，亟待进一步结合实践进行探索与研究。① ③拍卖—交易模式，即以公开竞价的方式，把特定的物品或者财产权利转让给最高应价者。不难看出，采用拍卖的方式既可以保障卖方的利益，同时又能够兼顾市场原则。我国碳排放的许可证拍卖就是典型的例证。结合数据价值不确定的特点，尤其对于政府所拥有的数据来说，可以将稀有但可以公开的数据以拍卖许可证的方式公开出售，有数据需求的企业可以公开竞价，价高者得。② 前述提及的政府开放数据经营权拍卖的思路就源于此。

当前，在数据产品交易模式的探索中，形成了以下模式，各有优劣，现归纳如表8-2所示。

表8-2　数据产品交易模式及优缺点

模式	交易过程	优点	缺点
直接交易模式	交易双方对数据交易的内容进行约定，并签订交易合同，最终钱货两清，达成交易，适用于线下模式	交易容易达成；数据商品不会被第三方侵占	交易不透明，不利于市场监管；容易侵犯第三方主体利益；数据集的质量不可控
数据交易所模式	受到政府监管，在集中场所进行供求撮合	交易机会多、便于监管；交易双方权益有保障	交易的数据易被交易所截留
资源置换模式	个人与App服务商之间的"数据换服务"的过程	促进数据的开发利用；双方受益	过度收集数据；数据滥用，侵犯隐私
会员账户服务模式	立足平台，卖方以"使用权定价"的方式，出售平台会员服务，买方购买后获得会员权利	有利于专业数据开发和数据监管	门槛高，受众有限；存在会员账户安全隐患；易造成数据贫富差距
数据云服务模式	卖方不直接提供数据，而是提供数据应用价值的云服务	实现数据分析的集约化和专业化；利于数据监管	强调通用标准化，制约个性化需求；不利于数据整合创新；易形成数据垄断
API访问模式	卖方将API接口以授权的方式允许第三方调用	数据自动化获取；促进数据合作开发	需具备API开发能力；数据有范围限制
基于数据保护技术的交易	利用密码学技术实现数据加密，可用而不可见	不交易内容而交易数据的计算成果	成本高，效率低

---

① 何渊. 数据法学［M］. 北京：北京大学出版社，2020.
② 梅宏. 数据治理之论［M］. 北京：中国人民大学出版社，2020.

续表

模式	交易过程	优点	缺点
数据联盟交易模式	数据需求者共同出资，集中搭建"数据平台+数据"，并购买其数据产品	实现数据利益捆绑，保护投资者利益	交易门槛高；限于联盟内部

资料来源：赵刚. 数据要素——全球经济社会发展的新动力 [M]. 北京：人民邮电出版社，2021.

上述列示的八种交易模式，既有场内交易模式（数据交易所模式），也有场外交易模式，而且场外交易占据主导地位。需要指出的是，当前我国数据市场的建设旨在由大数据交易所牵头，通过设立交易样板，发挥示范效应，以形成其他数据交易模式的参照。然而，如表 8-2 所示，交易所模式本身也存在不足，这在当前国内交易所市场的境况上可见一斑，即大数据交易所普遍面临层次低、质量低、交易额度低以及交易风险高的难题。① 数据交易平台的设置等一系列问题仍需要进一步研究与探索。对于为什么要进行平台化交易的问题，将置于后文中分析。

3. 数据交易涉及的权利让渡

在对数据产品的定价和交易模式进行分析的基础上，有必要进一步厘清交易前后数据市场主体对于数据产品的权利关系。结合前述的主客体及权利关系分析，数据产品交易的整个权利让渡关系如图 8-3 所示。

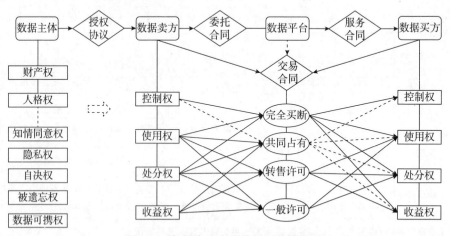

图 8-3　数据产品交易的权利让渡关系

① 王伟玲，吴志刚，徐靖. 加快数据要素市场培育的关键点与路径 [J]. 经济纵横，2021 (3)：39-47.

需要说明的是，图8-3是对图8-2个人数据市场生态体系（初级市场与次级市场）交易流程的简化，侧重于权利转让关系的刻画，为表示形象，同时把收益权一并画出。其中的数据卖方特指数据控制者，数据处理者寓于数据交易平台和数据买方之中，而图中单列的数据买方仅作为数据消费者或需求者。结合前文四种数据交易链的分析（见图8-2），不难理解数据产品权利关系的让渡，此处着重分析交易合同中一般许可与转售许可的情形：对于前者，一般情况下，数据买者只需购得数据产品的"一般许可"即可满足自身的数据效用。而对于后者，其更多对应的是数据衍生品的处理者（加工者），这与委托代理关系下的"数据控制者—数据处理者"关系有所不同，其交易链对应的是前文的第四类，即"数据收集者—数据交易Ⅰ—数据处理者—数据交易Ⅱ—数据需求者"。此时的数据处理者更加看重所购数据加工后衍生品带来的收益，因而是数据交易Ⅰ的多发阶段，但是由于数据产品交易尤其是衍生品交易的市场的不确定性更大，数据交易Ⅱ相对不稳定，因而数据处理者需"多思而后行"。

4. 交易平台化的效率性

数据之于生产要素，互联网平台之于数字经济，在当下已成为数字社会的显著特征。互联网平台的兴起与发展在一定程度上是由于一些关键性技术的突破，如人工智能的发展（机器学习）、算法、算力（新基建，如5G）等。平台与数据之间存在一定的依存关系，大部分的数据都依附和存储于平台之上，数据本身蕴含社会关系的多维性在客观上也需要一个多维的物质承载基础，互联网平台正迎合所求。此外，不能忽视的现实是，数据要素市场的交易与传统的实体形态的市场渠道不同，它主要是通过网络平台实现配置，因而，网络平台的重要性不言而喻。

交易平台化的效率性离不开平台自身的优势：首先，从一个新平台的出现与发展的历时性角度看，其突出的特点在于"点的突破"加上"面的推广"，即形成一个"中心—散点"的组织结构。点的突破是关键性前提，旨在说明平台效应的发挥需要达到临界值，所有兴起平台都面临"蛋鸡相生"的困境，只有突破困境后才能实现质变，才能实现所谓的双（多）边市场效应，即需求方的规模经济与供给方的范围经济，一改传统的"线性结构"。① 其次，从平台自身的功能上看，其价值流通实现特点尤为显著，包括四个方面，分别是：有拓

---

① 线性商业每获得一个新用户，只是增加了一种新的关系——产品或服务的买家。当一个平台增加一个新客户，那个新客户所增加的不仅仅是单一的关系，而是和该平台所有用户的潜在关系，即平台呈现出指数增长而非线性增长的特点。

展受众、配对、提供核心工具和服务与制定规则和标准。① 这意味着，平台自身的运转具有一种"归一"逻辑，能够把平台上的各种经济活动进行标准化（主体资质审核、供求双方的准入规则、产品的质量标准、服务条款、隐私政策以及交易规则等），这将极大地降低交易成本，在平台的通用性和标准化语境下，交易标准化是题中之义。因此，无论是公共服务平台（第三方）还是自有平台，都有上述的经济效应。图 8-3 中的数据平台正是应数据产品交易之需，在权利让渡关系中，数据平台也扮演着重要角色。不难看出，搭建平台的过程本身就是建立标准的过程，数据产品交易的平台化运作恰好实现了两者的耦合。这也就解释了为什么政府、企业要花费大量资源筹建数据平台，将交易"场内化"、平台化，进而不断规范化（前述的交易模式分析涉及的监管问题也与平台设置相关）。

5. 数据定价机制与交易模式的治理性构建

通过上述四个方面的分析，基本明确了数据定价与交易的有关内容，对于其中涉及的问题，应从两个方面着手：一是应加快数据要素估值和定价的研究与实践。数据交易的核心问题就是数据的估值和定价，表 8-1 总结了当前的一些估值与定价方法，各有优劣。不难看出，估值与定价的不统一，一方面，导致数据交易需求方的买入价格不明；另一方面，在数据要素参与收益分配时，其贡献度也无法衡量。鉴于数据产品的多元性、多维性、动态性，在估值定价的策略上，应注意分期以及衔接。在市场发展早期，应从静态层面确立"标准产品"，形成价格参照，以及相应的定价机制——可以根据数据的内在价值（完整性、正确性、一致性和重复性等）和外在价值（稀缺性、时效性、多维性和场景的经济性等）构建相应的指标体系，形成一个价值评估模型，"D+数据资产评估模型"可作为重要参照，确立一个（类）"标准产品"后，逐步推广。待数据市场发展逐渐成熟时，利用机器学习的方式自动化实现基于市场的定价策略，在整体上形成一种"高山滚石效应"。当然，这需要有关的大数据技术、法律法规、标准性文件等提供支撑，所以相关的研究与实践探索十分重要。应当明确的是，学理性探究得出的合理性需要与实际应用中的可行性相对接，即制度设计与技术应用应能够实现"闭环"，真正让市场配置数据要素，从而形成有效的数据产品价格体系。

二是推进数据交易平台建设，促进交易合规化。平台经济是数字经济的主要组织形式，前文的分析表明，平台是企业和市场的"结合体"，具有双边（多边）效应、自标准化、自规范化的特点（见图 8-3），能够带来需求方的规

---

① ［美］亚历克斯·莫塞德，尼古拉斯·L. 约翰逊. 平台垄断——主导 21 世纪经济的力量 ［M］.北京：机械工业出版社，2018.

模经济和供给方的范围经济，形成"中心—散点"这一高效结构。但是，正如前文论及的，平台需要"点的突破"加上"面的推广"才能真正发挥作用，不难看出，在"点的突破"上，仅靠已有的市场交易根本无法实现，必须用政府这只"看得见的手"进行推动才有可能，而"面的推广"则需要市场这只"看不见的手"发力。由此，本书认为，应在"有为政府"和"有效市场"两个方面相继发力，助力数据交易平台的建设与发展。根据本书的分析，数据交易平台基本定位于数据控制者与数据处理者的角色，因此，前述的规范市场主体的相关法律法规也应适用于数据平台。同时，数据平台自身也应加强自我规范，着力在主体资质审核、供求双方的准入规则、产品的质量标准、服务条款、隐私政策、交易合同以及交易规则等方面形成系统性制度保障。在交易模式的选择上，表8-2列示了当前已有的数据产品交易模式及各自的优缺点，应在数据交易所和数据联盟交易模式上重点发力，两者都基于数据交易平台，能够有效利用平台的经济特性——降低交易成本，通用性强且易于监管。应当明确的是，当前交易模式主要是政府主导的数据交易所模式，但存在"交易冷清"的问题。可以转换思路，先从产业联盟的数据平台交易试点探索入手，充分赋权，待取得一定成效，即在联盟内部探索实现交易的标准化与规范化后（前期确立的一些技术安全标准也能在其中试运行），再逐步推广，减少政府直接干预市场带来的要素错配等问题。

三、数据市场机制的发挥

在培育数据要素市场过程中，市场机制作用的发挥也不容忽视。然而，从当前的情况看，现有的市场机制并不能发挥应有作用，这表现在：

第一，供求机制失灵。原因在于数据的生产是各经济主体生产和运营管理的记录（伴生性），不存在单独生产数据的领域，从而造成数据供给方具有不可撼动的地位；由于市场缺少基础数据的供应，这又导致数据衍生品的生产者处于"无料加工"的境地。最终导致市场的供求双方失衡，供求机制无法发挥调节作用。

第二，价格机制失灵。价格机制包括形成机制与调节机制两个方面：从价格形成机制上看，由于数据要素市场发展的初期性，数据产品的生产与销售的成本难以核定，而且由于同一数据产品存在使用价值的多元性，社会评价不一，并且缺乏相关的交易参照，从而致使数据产品的价格形成机制失灵。从价格调节机制的角度看，一般认为，价格变动（价值规律）能够调节供求状态、促进劳动生产率的提高和生产成本的节约以及调节社会资源在部门间和部门内的配置，从而促进经济社会的整体性发展。但是，在数据产品的问题上，由于市场初建，存在产品的标准化程度不高，末端产品的场景化要求高、针对性强，交易价格的透明度低且参考性不佳的问题，与此同时，由于数据产品的时间性，相关价值可能发生较大波动，从而在交易过程中存在价值（价格）重议的过程，这就更进一步导致价格机制不能正常发挥作用。

第三，竞争机制失灵。竞争机制是商品经济中实现优胜劣汰的手段和方法，其作用的发挥需要一定的条件，一般包括经济主体的独立性、利益的互认性和配套的环境（市场体系）三个主要方面。置于数据市场主客体的角度看，供给主体的独立性（市场决策）显然没有得到满足，数据产生（尤其是个人数据的掣肘）的伴生性致使供给主体具有非独立性（产权残缺）；利益相互认可方面，基本符合现实的情形；但在配套市场体系方面，显然也是亟待完善的。综合来看，关于数据市场的竞争机制也处于失灵的边缘。

第四，激励机制的极化。在市场经济中，主要存在三种激励机制，分别是市场激励、政府激励和俱乐部（企业联盟）激励。从市场激励来看，市场的"马太效应"致使初成的数据市场成为数据垄断者（数据寡头）的天堂，这从前述三种市场机制失灵中不难得到解释。政府激励原意上是政府通过政策干预来协调数据市场，但目前来看，关于数据的法律、标准等文件尚未形成系统，出现数据产权的公共领域，这就在一定程度上造成数据市场主体处于"观望"状态。从俱乐部激励的角度看，由于其恰介于政府与市场之间，能够有效避免市场的盲目性和政府的干预政策的"副作用"，在产业层面形成一种共识，减少内部成员之间的经济摩擦。第四章分析的日本工业价值链协会的实践对应的正是此类激励。

第五，风险机制尚未成形。作为市场机制的基础性机制，其内容涉及经济风险、法律风险和信用风险。数据市场的风险在前述三个方面皆有所体现：数据的采集不合规、数据安全问题（数据泄露①）、数据价值攫取（盗版侵权）等严重干扰市场秩序，不难看出，数据确权、数据侵权及其追踪是数据市场建设面临的重要风险问题。

需要补充说明的是，市场的培育并不独立于政府，政府与市场是互补关系而非对立关系，但存在强弱之分。② 置于数据市场的语境下看，其培育困境除了自身的机制失灵之外，政府对涉及数据的制度性供给也存在偏向性。我国自2015 年提出《促进大数据发展行动纲要》到 2021 年出台《建设高标准市场体

---

① 2021 数据泄露成本报告摘要 [EB/OL]. IBM 中国官网，[2021-11-17]. https：//mediacenter. ibm. com/media/1_hpnp00xx? mhsrc=ibmsearch_a&mhq=数据泄露成本报告.

② 蒋南平，田媛. 当前深化改革的若干理论与实践问题 [J]. 当代经济研究，2015（5）：41-48.

系行动方案》，其间已经做出了许多重要举措，以增加数据市场建设的制度性供给，形成数据法律秩序。但是在仔细分析之下，还存在不足，主要是在数据立法层面：一是交易的合法性问题需进一步明确；二是在平衡（个人）数据权利保护与数据流动和经济发展的问题上偏重于前者，现有的数据治理框架过多聚焦在个人数据保护上，对数据的流通交易仍需加强关注，并且现行的数据法律规则也主要是对数据的控制作规定，还需规定数据的使用与处理。[①] 这导致的后果是数据衍生品的加工者（数据处理者）队伍缺乏，市场上只有原始数据这一初级产品，而数据需求者的多样化需求得不到满足，如此下来，只能是有效供给不足，消费不旺。由此也不难看出，数据市场培育其实存在双重困境。鉴于此，本书认为，应通过有效市场与有为政府的互补关系来促进市场机制的发挥。

　　总之，针对上述市场机制发挥"失灵"的问题，本书认为，培育数据要素市场，应积极采取措施，完善数据市场机制，发挥市场应有的功能。具体的治理举措应根据图 8-2 列示的（个人）数据三级市场，分类施策：在初级市场上，数据主体生产的数据被数据收集者以免费为其提供的产品或服务（社交媒体等）所置换。在这一过程中，个人数据控制权的转移问题需要予以重视。个人数据由于具有财产权和人格权的双重性，极易在收集处理过程中泄露隐私，因此，在数据主体与数据收集者之间，应建立"收集者举证负责制"，收集者应明确告知被收集者所收集的数据类型、范围以及用途，并且该机制应贯穿于个人数据使用的始终，一旦造成隐私侵权或财产损失，收集者需举证自清，否则应负相应的法律责任。在次级市场上，前述分析的市场机制失灵（供求、价格、竞争机制失灵与激励机制极化）和政府政策的偏向性，主要就是针对该层面的市场，该部分也是数据市场的主体部分。本书认为，应通过有效市场与有为政府的互补关系来促进次级市场机制的发挥。前述已论及的市场构建的几个方面可作为参照：主客体及其权利关系——供求机制（制约数据垄断）；数据产品定价——价格机制；交易模式的选取——竞争机制；产业联盟内部形成共识，减少交易摩擦——激励机制。在政府层面，应该增加数据交易相关的制度性供给，逐步实现制度的弥合，消解这种制度性的公共领域，为数据要素产权转让提供法律参照。国外的一些可行经验如美国的数据交易商（Data Broker）制度和日本的产业联盟的"标准+技术+机制"的交易方案等做法，可以借鉴。此外，衍生市场虽作为"补充市场"，但却是数据市场不可或缺的部分，也应

---

① 何渊. 数据法学 [M]. 北京：北京大学出版社，2020.

当予以规范化，如针对个人数据的隐私保护形成的衍生市场需注意"隐私控制悖论"① 的问题，应对有关主体进行资质审核，明确相应的权利义务范围。针对次级市场形成的法律服务、咨询等衍生市场，也应保持警惕，相关主体的资质、服务授权与定价等同样需要纳入市场合规管理体系之中。

在明确数据市场培育机制的基础上，还应认识到数据市场的发展、监管以及数据立法等问题也是治理机制的重要内容，下文将前文各章涉及的治理思路——将数据产权与价值、数据产权与增长、数据产权与信用以及数据霸权问题附属于数据市场层面——与本节前述的数据跨域流通与安全保障问题相结合，把数据市场治理问题引向深入。

第三节　数据要素市场流通的治理机制

奥利弗·E. 威廉姆森在《治理机制》一书中指出，制度就是治理的机制。② 置于市场治理机制的语境下，主要是指一种旨在降低市场交易成本、提高交易效率和形成稳定市场预期的制度安排，涉及政府、企业、个人和市场之间相互协调的关系，最终的目的是实现资源的高效配置。③ 因而，不难理解数据市场治理机制的旨归在于实现数据要素配置的帕累托效率。前述关于市场机制功能发挥问题的分析与之密不可分，因为在现实情形下，市场机制很难"自实现"，或是因为交易成本过高导致交易无法达成，或是因为垄断与外部性等导致资源配置低效，也即偏离"均衡位置"，再或是公共物品的存在导致一般的市场机制无用武之地。因此，不难理解市场治理机制存在的必要性。根据青木昌彦（Aoki Masahiko）在其著作《比较制度分析》中所指出的，市场治理机制的整体性制度安排包括：个人信任——交易伙伴（第二方）、交易者社会规范——社区内共享沟通网络的交易者、惠顾关系——已经付出拉关系费用的交易伙伴、俱乐部规范——初始缴纳过"会员费"的交易者、自我实施（雇佣）合同——市场上的交易者、第三方的信息传播——如信用认证机构、第三方的强制实施——如政府、道德准则——交易者自我（第一方）、法治系统——法院、数

① 数据主体都希望对自身的个人数据进行隐私控制，正是由于这个需求，一些隐私保护机构（数据收集者）可能投其所好，发出某种信号使数据主体以为能有更强的控制力，反而使其提供更多的个人数据。

② ［美］奥利弗·E. 威廉姆森. 治理机制［M］. 北京：中国社会科学出版社，2001.

③ 保建云. 中国经济转型期的区域市场治理机制及其演变［J］. 学术研究，2004（4）：72-76.

字化实施——利用计算机程序。① 不难看出，市场治理机制主要还是围绕交易的实现而形成的制度安排或博弈规则。此处不执拗于市场治理机制本身的分析②，而是结合本书各章数据要素产权分析主题中涉及的且能够置于市场层面的治理问题进行分析。前文对于数据要素市场的特点和培育的分析实际上也构成了市场治理的内在要求，此处不再赘述。

由于前述部分基本立足单个市场之内交易治理机制的分析，接下来将关注的视角转向区域性市场和国际市场，因而需要分别探讨数据的跨区域流通（一国之内）和跨境流通（国家之间）的治理问题。当然，市场治理与流通治理在狭义层面是存在差别的③，下文的分析主要立足于广义层面展开。本书第四章主要从理论层面侧重探讨了数据跨境的问题，本节将结合前文研究，补充相关的治理政策与实践内容，并进一步关注数据的跨区域流通问题，从而形成对图 8-1 涉及的数据流通体系的整体性分析。需要明确的是，数据流通无论是在一国之内还是在国家之间，始终避不开"自由流动—规制保护"或者"发展与安全"之间的权衡问题——前者是从市场治理角度理解，后者是从政府或者国家治理层面理解。在明确了数据流通的总问题后，接下来将对两类市场流通分别予以阐述。

一、数据要素的跨区域流通

在数据跨区域流通的问题上，现有的学理性研究偏重于数据跨境问题的研究，较少涉及跨区域流通的问题。本书认为，可以从三个角度认识数据跨区域流通的必要性：一是从技术进步的角度看，数据的跨区域流通在（关键性）技术进步的推动下能够有效疏解区域间算力资源不平衡以及地区未来发展空间受限的问题。由于数据中心具有高技术密集型和高能耗的特点，发达地区建设数据中心显然要受到损益结构的制约（能源配额不足），但是在技术进步的扩散性条件下，一些数据中心的筹建工作可以在相对不发达的地区开展与实现，数据流的汇集进一步带来资金流、人才流等重要的经济发展资源，从而对筹建地起到经济带动作用，我国贵阳大数据中心的建成与发展就是最好的例证。二是从产业链延展的角度看，数据要素的跨区域流通对区域性数字经济整体产业链的形成具有重要促进作用。整体产业链的形成主要是通过从发达区域向不发达地区延展，根据数据生命周期的各个环节所具有的特点及发展的条件，结合不

---

① 此处将书中的治理机制与实施者一并归纳在此。参见 ［日］青木昌彦. 比较制度分析 ［M］. 上海：上海远东出版社，2016.

② 秦诗立，夏燕. 市场治理机制的演进 ［J］. 上海经济研究，2003（3）：65-70.

③ 晏维龙. 略论市场与流通的概念关系 ［J］. 中国流通经济，2002（5）：14-17.

同区域的发展现实，通过数据产业链，链接各个不同的区域，以形成辐射带动作用。三是从国家战略的角度看，当前世界各国基本上都制定了大数据的发展战略，以在国内与国际市场上抢占有利地位。此处主要从国内视角看，数据要素的跨区域流通对于区域协调发展具有重要的战略意义。数据要素所具有的"经济黏性"能够有效促进众多经济资源流通，当前的一些"数字化乡村"和"智慧城市"就是典型例证。①

在实践方面，我国当前已经采取了相关治理性改进举措，主要包括两个方面：一是在政策实践上，如新出台的《上海市数据条例》设置了"长三角区域数据合作"专章，明确上海与长三角区域其他省共同建立统一的数据标准体系和共享开放机制，共同推动建立跨区域数据异议核实与处理机制、数据对账机制，共同推动数字认证体系和电子证照等的互认互通等。② 这为数据国内的跨区域合作提供了重要参照。二是在交易的组织架构上，主要形成以贵阳大数据交易所为代表的交易所平台，包括湖北长江大数据交易所、陕西西咸新区大数据交易所等。一方面，各交易所在各自的地理或行政区域内起到牵头作用，带动地方性数据市场的发展；另一方面，交易所之间的合作交流，又能够进一步促进区域性市场的形成。

不能忽视的是，当前我国在数据跨区域流通方面还存在一些问题，主要体现在两个方面：一是数据要素整体分布不平衡性突出。基于现有数据中心分布的现实，数据要素的区域分布呈现"东部不足、西部过剩"的现象。二是数据要素区域流通机制不健全——地方发展保护主义形成的制度性壁垒依然存在、产业层面的数据流通的制度要件尚不完全以及相关的数字基础设施布局存在欠缺。③

二、数据要素的跨境流通

数据跨境流通主要是指跨越国家或地区的个人数据或非个人数据的传输、存储与应用等。当前关于数据跨境流通的问题讨论，基本呈现学术研究与法律实践相辅相成、相互促进的局面。自由流通与规制保护、发展与安全的讨论与实践成为该问题研究的主要内容。应当明确，数据跨境流通问题的背后涉及的

---

① 国外数字乡村的建设参考包括：韩国的"信息化村"计划、欧盟的"智慧型乡村行动"计划等；智慧城市的建设参考包括：新加坡的智能城市、马来西亚的"多媒体超级走廊"、西班牙加泰罗尼亚的"科学之环"。

② 见该条例的第七章规定。参见上海市人大常委会公告 第 94 号 [EB/OL]. 上海人大网，[2021-11-25]. http://www.spcsc.sh.cn/n8347/n8467/u1ai240521.html.

③ 王建冬，于施洋，窦悦. 东数西算：我国数据跨域流通的总体框架和实施路径研究 [J]. 电子政务，2020 (3)：13-21.

是各国数据主权之间的对抗，反映到国际数据市场上就是话语权、标准权、发展权的争夺，是数据强国与数据弱国彼此间的利益博弈。在此基础上，主要探讨两个问题：

一是数据要素跨境流通的利与弊。当前数字经济已成为很多经济发达国家的重要组成部分，在 GDP 的占比也日益升高。从经济全球化的视角看，数据要素的跨境流动能够更加快速和有效地促进国家进步，有效推进经济全球化的发展进程。在数据跨境流通的问题上，经济全球化提供了一个视角，但仍需一分为三地看待：

首先，从国家与政府的层面看，数据跨境更多地定位于"交流""交融"和"交锋"。数据跨境使得政府间的合作更加便捷，各国政府之间的交流往来也更加容易，能够有效处理国家之间产生的纠纷，降低各自的沟通成本，能较快达成共识，以促进进一步的合作。然而，数据跨境又导致各国的数据主权相交锋，各国都有数据"长臂管辖"和"本地化存储"的动机，以确保流出本国的数据的安全与可控和流入本国的数据得以开发与利用。

其次，从企业的层面看，数据要素的跨境流通，一方面，能实现业务经营的全球化，有效解决母子公司、内部外部的联通问题。数据层面的贯通带来信息上的对称，形成整体性的知识（认识），从而有利于企业的全球化决策，获得全球市场的利润。数字贸易的兴起是其重要表现。另一方面，数据要素的跨境流通也会为企业带来风险，它将加大数据处理的复杂程度，影响企业决策的有效性。由于不同国家有不同的规制框架与标准体系，而每一个框架或标准形成一种"锁定效应"，具有较高的转换成本，一旦企业业务所在国的相关规范标准发生改变，前期的数据投入可能一无所获，而且还面临法律风险。

最后，从个人的层面看，数据要素跨境流通一方面能够带来产品服务内容和质量的海量增长（全球分工精细化的成果），实现产品与服务的全球化。不仅拓展了个人（用户）的网络生活覆盖面，而且在其现实的日常学习与工作中都能享受到国际市场带来的个性化服务。另一方面由于跨境数据包含个人数据，流入国对个人数据的处理方式、使用途径等并不受流出国的有效制约，一旦出现个人声誉受损的问题，可能无法找到相关的责任人，而且从个人层面看，相关的维权成本较高。

二是数据跨境流通的趋势和各国实践。在趋势方面，当前存在两个主要趋势：①规范个人数据流动，保护个人隐私；②消除非个人数据的本地化限制。①各国的立法实践基本上围绕上述两个方面展开。此处不执拗于各国法律的罗

---

① 国研中心创新发展部．数字化转型——发展与政策［M］．北京：中国发展出版社，2019.

列，而是归纳一下主要国家在数据跨境方面的政策特征，以此呈现问题的全貌。该内容在本书第四章法权关系的分析中已有涉及，此处进一步结合我国的发展实际，以形成一种国内外比较的样态。首先，美国在数据跨境实践方面走在前列，根据前文的总结，其特点主要是"双标"，即积极鼓励各国数据流入本国（如 CLOUD 法案的出台试图打消其他国家采取数据本地化存储的想法），而对流出的数据进行重重限制，并且采取各种手段，尽可能地实现对外控制。这主要表现在：美国为实现数据霸权主义，积极宣扬网络空间的"去主权化"，其背后的意图是为了获取那些没有明确国家属性的网络空间的资源与权力。① 在与欧盟的数据合作中，两者之间的数据协议也经历了从《安全港协议》（*The Safe Harbor*）到《欧美隐私盾牌》（*Privacy Shield*），再到《标准合同条款》（SCCs），② 这反映出美欧之间在数据跨境问题上的冲突，协议的一再变更，说明了美国的数字经济霸权与监控资本主义的行事逻辑已经对欧盟数据主权产生威胁，上述做法正是欧盟为抗衡其力量而实施的"技术主权"战略。③

其次，欧盟的数据跨境流通具有"内松外严"的特点，即对内尽可能地消除数据流通的壁垒，而对外则基于属地原则，利用其制定的有关"充分性认定"标准，来保障本国数据（个人与非个人数据）向境外流通的环境安全，从而构建起独特的"事前保护"实施模式。④ 从其提出《欧洲数据战略》，试图打造"单一数据市场"的行动上可见一斑。⑤ 不难看出，其目的在于谋求个人数据保护与数据价值释放之间的平衡。从具体的层面上看，欧盟主要通过管制跨境数据流通主体（采集者、传输者以及处理者等利益方）的方式进行管理，具体措施是：制定并不断完善充分保护原则、标准合同文本规则、约束性公司规则等，并通过标准化强化欧盟公民的个人隐私保护水平。在数据范围的管控上，循序渐进，从《通用数据保护条例》（GDPR）的个人数据管控，到欧盟《非个人数据自由流动条例》延伸至工业大数据、交通大数据等，再到《欧洲数据战略》涉及的农业、金融、健康、能源等九个公共数据的共享与使用。⑥

最后，从我国数据跨境流通的治理上看，其政策特点主要体现在：以主体

---

①⑥ 王金照，李广乾，等. 跨境数据流动——战略与政策 [M]. 北京：中国发展出版社，2020.

② 姚旭. 欧盟跨境数据流动治理 [M]. 上海：上海人民出版社，2019.

③ 单文华，邓娜. 欧美跨境数据流动规制：冲突、协调与借鉴——基于欧盟法院"隐私盾"无效案的考察 [J]. 西安交通大学学报（社会科学版），2021，41（5）：94–103.

④ 冉从敬，何梦婷，刘先瑞. 数据主权视野下我国跨境数据流动治理与对策研究 [J]. 图书与情报，2021（4）：1–14.

⑤ 朱开鑫.《欧洲数据战略》解读：距离单一数据市场还有多远？[EB/OL]. 腾讯研究院，（2020-04-16）[2021-10-04]. https：//www. tisi. org/14048.

同意为原则，将关键数据本地化，对数据出境设置安全评估。^① 不难看出，我国在数据跨境的问题上，凸显了一定的防御性特点。从历时性视角看，主要以2017年《中华人民共和国网络安全法》和2021年《中华人民共和国个人信息保护法》的出台为关键性节点。^②《中华人民共和国网络安全法》出台前后，数据的跨境流通从行业数据管理的分支转变为尝试构建统一的数据流通治理制度框架——明确本地化数据的类型（重点行业中的重要数据、个人数据）与履职主体（关键信息基础设施运营者），其地位从行业层面转变为国家层面。《中华人民共和国个人信息保护法》出台前后，个人数据跨境保护的重要性被强调，同时非个人数据管理体系的构建也被提上日程。^③《数据出境安全评估办法（征求意见稿）》的相继发布，进一步传达政策信号，即我国将进一步对数据跨境流通的责权利进行规定。^④ 从共时性角度看，当前主要存在两类数据跨境流通管理与规制体系：一类是以欧盟GDPR为代表建立的流通规制体系，另一类是由美国主导的APEC跨境隐私规则体系（Cross-Border Privacy Rules，CBPR）。但目前我国尚未加入任何国际性的流通规制体系，即使是与我国联系最为紧密的《亚太经合组织隐私框架》，我国也不是其框架内的协议签字国。在该问题上，我国主要采取一种务实态度，即在不断完善本国个人数据和隐私保护法律法规体系建设和规制治理标准体系的前提下，有序推进国际合作。目前，我国已采取了一些试点实践，如国内层面在海南自由贸易港率先开展数据跨境流通管理体系创新试点，后续的还有粤港澳大湾区的研究与实践探索^⑤；国际层面尝试发起"数据丝绸之路"计划，在"一带一路"倡议下推动与形成数据跨境流通与管理多边合作机制，积极构建"数据自由流通生态圈"。

通过上述三者间的比较，不难发现，前述两者基本上是"制度—技术"的管控范式，具有一定的借鉴意义。反观我国在数据跨境流通方面的实践，其实践逻辑也是在"制度—技术"的互动关系中，一方面不断弥合制度层的缺口，

---

① 王娜，顾绵雪，伍高飞，等．跨境数据流动的现状、分析与展望［J］．信息安全研究，2021，7（6）：488-495.

② 2021年出台的《中华人民共和国数据安全法》关于数据跨境问题所涉较少，仅在第十一条规定：国家积极开展数据安全治理、数据开发利用等领域的国际交流与合作，参与数据安全相关国际规则和标准的制定，促进数据跨境安全、自由流动。

③ 不难推断，建立非个人数据管理体系是数据要素得以成立的基本性保障，因为从量的比重上看，个人数据只是作为数据要素的很小一部分，而非个人数据才是未来数据生产要素的主要部分。

④ 国家互联网信息办公室关于《数据出境安全评估办法（征求意见稿）》公开征求意见的通知［EB/OL］．中国网信网，［2021-10-29］．http：//www.cac.gov.cn/2021-10/29/c_1637102874600858.htm.

⑤ 广东外语外贸大学粤港澳大湾区研究院课题组．数据要素跨境流动与治理机制设计——基于粤港澳大湾区建设的视角［J］．国际经贸探索，2021，37（10）：86-98.

另一方面加强技术层面的闭环。实践指向是明确的，如完善数据保护法律制度——《个人信息和重要数据出境安全评估办法（草案）》；建立多样化的配套机制——《信息安全技术　数据出境安全评估指南（草案）》；建立专门的跨境数据执法机构，同时加强国际合作。[1]

三、数据市场流通的治理对策

首先，结合第四章与本节上述的分析，总结国外在数据交易流通方面的经验，包括四个方面：一是赋予数据交易合法性。美国是推动数据交易合法化的典型国家，数据交易商（Data Broker）是为代表。在一些法案中，如《加州消费者隐私法案》（CCPA）也对数据交易者的义务进行了明确规定。二是官方给予数据流通指引法规或条例。例如，2017 年 6 月，日本制定《数据使用权限合同指引》，针对数据提供类、数据产生类和数据共享类三类不同的数据合同，明确了合同订立时需要考虑的一些关键性因素，与此同时还提供了相应的合同模板，以此促成相应交易的标准化，具有重要的参照意义。三是基于行业组织层面搭建起数据流通空间。有别于政府部门的举措，该途径主要是基于产业联盟或标准化组织的助力，设立统一数据标准，促进数据流通，如日本工业价值链促进会于 2019 年 5 月发布的《互联产业开放框架》（CIOF）提供了一套"标准+技术+机制"的流通解决方案。四是在数据跨境流通方面，为维护自身的数据主权，甚至实现数据霸权，美国的"双标"策略、欧盟的"内松外严"举措和其他国家的"本地化存储"的实践逻辑，为我国数据跨境流通提供了正反两方面的参考。

其次，具体到数据跨区域流通治理的问题上，在总的认识方面，应跳出"小市场""数据小农"的思维模式，积极转向培育和优化大市场的生态体系。在数据跨区域流通的治理上，针对当前我国数据要素"东部不足、西部过剩"的分布格局和区域流通机制不健全的问题，应从以下两个方面着手：一是明确数据要素分布失衡的背后是资源利用与产业政策不匹配，其中的算力资源分级分类分配是主要抓手；二是在制度性供给方面，应逐步去除地方性的制度性壁垒，积极促进数据产业联盟的组织建设（可先试点、后推广），赋予其相关的交易流通的权利（行业标准制定、交易合同制定、有限的行业自治权利等），同时加快数字基础设施的布局，推进"新基建"的有效落地，为数据要素流通提供坚实的物质载体。在推进数据要素跨境流通和维护数据主权的问题上，应

---

① 潘云鹤. 大数据产业发展总体战略研究［M］. 上海：上海科学技术出版社，2017.

清醒认识到，当前美欧各国已然通过借助数据立法、数据战略等措施强化其在国际市场上的规则主导权。在此背景下，我国应权衡利弊，适势与适时进行相关的制度建设与顶层设计，形成与我国自身发展相适应的数据跨境流通治理体系，从而在国际数据市场上强化自身的规则主导权。主要包括：一是在顶层设计方面，应统筹规划，分级分类管理，形成数据跨境流通战略，确立相关原则与框架，原则方面如由传统的国家主权向数据数字经济相关的全球协助治理转变等；制度框架方面，欧盟模式是重要参考。二是以法的形式明确建立起数据要素的"长臂管辖"和贸易救济机制，一定程度上参照美国的策略机制，对数据的流向及使用进行限制。同时，为应对境外救济主体对我国数据安全造成的危害，还应该确立相关追究的司法和执法规则，辅之以司法解释，从而将"长臂管辖"法制化与规范化。三是积极开展数据领域国际交流与合作，广泛参与数据要素市场相关国际规则和标准的制定。

第四节　数据要素市场的监管机制

数据要素市场的培育、发展离不开市场的监管与立法，相互间形成协调机制，共同助力市场发展与完善。从市场监管机制的一般意义上看，主要是对市场准入和市场行为的监管，在具体的职能上则表现为规范、监督和查处。关于市场准入的监管内容，前文在分析市场培育机制和流通治理中已作详论，不再赘述，本节侧重于对数据市场行为进行分析，结合前述章节涉及的相关问题，在市场行为监管的语境下展开分析，形成相应的治理之策，从而不断完善数据要素市场的监管机制。

一、数据控制下的劳动者权益保障

数据控制的元语境是计算机学科，主要是指在数据库管理中对用户存取权限的制约。在数据商用价值凸显的现实背景下，数据控制所反映的（非）经济强制性也在逐渐凸显，当前热议的"精准营销""大数据杀熟""困在系统里的外卖骑手"等问题是为代表。本节结合第四、第五、第七章的有关论题，归纳于劳动者权益保护的语境下，为数据市场监管提供问题指向。这主要体现在三个方面：

第一，劳动者（或用户）的隐私保护问题。由于数据具有财产权与人格权的二元性，数据要素化价值化掣肘于数据隐私。诸如手机 App 违法违规收集和使用个人数据等问题凸显，引起了多方关注。① 然而，需要明确的是，隐私只是表层问题，更深层次的问题在于控制权。② 从当前的数据分布看，在以互联网数字平台为主要经济组织模式的数字经济中，大量的社会性数据——用户的衣、食、住、行、游、购、娱等数据——向平台集中（第七章论及的"服务协议"的问题），成为数字平台公司实质性的数据资产。然而，数据作为企业的数据资产，其价值性发挥仍掣肘于用户的隐私。前文对于数据主体权利及其关系问题的分析，在数据来源合规和收集过程合规的问题上论及了个人数据采集使用的去隐私化的思路与实践，可以提供参考。与此同时，立足于市场的语境，还应在数据主体与数据收集者之间，建立"收集者举证负责制"，收集者应明确告知被收集者所收集的数据类型、范围以及用途，并且该机制应贯穿于个人数据使用的始终，一旦造成隐私侵权或财产损失，收集者需举证自清，否则应负相应的法律责任。不难看出，这与我国出台的《中华人民共和国个人信息保护法》具有契合性。

第二，劳动者的数据信用问题。在数字化时代，由于信用数据具有强关联性和强渗透性，劳动者的信用面临数字化形塑。信用数据是对劳动者社会信用关系的数字化表达，除了考虑上述论及的信用数据收集的合规问题外（2012 年的"罗维邓白氏"案为警示），还需进一步关注信用数据操控与滥用情况，这在信用评分的问题上可见一斑，如第四、第七章在分析数据征信问题上所指出的，对于信用评分规则操纵的问题，如费埃哲评分通过增加消费者信用卡账户中的信用额度的办法提高信用，此外由于费埃哲只是作为数据挖掘公司（见图 7-5），并没有受到征信机构性质的监管。在滥用的问题上，主要是将其与雇佣审查、租住房、保险申请等挂钩，人为设置门槛。

与此同时，还应看到信用的脆弱性即"立难毁易"正愈加凸显，辅之以网络效应、平台多边市场效应的助推，信用的正负反馈机制都将走向极化：一方面可能是"锦上添花"，一荣俱荣；另一方面可能是"雪上加霜"，"一否毁所有"，弥补成本十分高昂，这在洛伦佐·费尔拉蒙蒂的研究中可见一斑③，即一旦产生一种"锚定效应"，更正的成本将会很高。劳动者在就业过程中，其自

---

① 李政葳. 国家四部门开展 App 违法违规收集使用个人信息专项治理 [EB/OL]. 光明网，（2019-01-25）[2022-02-12]. https：//politics. gmw. cn/2019-01/25/content_32412162. htm；百款常用 App 申请收集使用个人信息权限情况 [EB/OL].（2019-05-24）. http：//www. cac. gov. cn/1124538535_15587803098701n. pdf.

② [美] 多克·希尔斯. 意愿经济——大数据重构消费者主权 [M]. 北京：电子工业出版社，2016.

③ [英] 洛伦佐·费尔拉蒙蒂. 数据之巅 [M]. 北京：中华工商联合出版社，2019.

身的信用反映其劳动力的素养水平，是其议价能力的重要组成：一方面，劳动者自身有维护自身信用的激励，这在前文信用强化与拓展机制的分析中可以得到解释；另一方面，数字化的信用实际上可能并不为劳动者所有，而是被一些数字平台企业所掌控，这在平台资本与数字劳动的议价过程中最为凸显，对信用数据的控制成为资本压低劳动力价格的重要手段。

因此，在劳动者数据信用的保护上，应结合信用数据的特征，从"制度—技术"的层面找寻治理之策：在制度层面，应出台相关立法，对信用数据的采集、利用等环节进行明确细化，同时对信用数据的控制者和使用者进行界定，明确征信业务与数据业务的界区①，从而提升监管的有效性与精准性，前述费埃哲公司的性质决定了其是否接受监管提供了重要的监管启示。在立法实践上，应对一些不具有征信资格的数字公司违规收集个人信用数据的行为予以坚决打击，保护信用主体的信誉。在技术层面，可以通过"区块链+数据信用"的方式——这较好地体现了用技术约束技术的方法论思想，即利用区块链不可篡改、可追溯、去中心化等特性，来保障信用数据的真实性与信用制度的独立性，有效促进信用机制的自实现，减少外部权力的干预，最终实现信用数据的收集、监管和维护的一体化。② 当然，从总体层面看，现有的社会信用体系的建设也应及时与数据信用相融合，形成数字时代的社会信用体系，在后续发布的社会信用体系建设规划纲要中应适时凸显数据信用体系的构建的重要性。

第三，劳动者的数据化与过度劳动的问题。这在平台数据资本的价值攫取逻辑中可以得到揭示。在劳动者的数据化问题上，包括两层含义：一是劳动者的劳动过程被数据控制；二是劳动力再生产过程被数据控制。前者在外卖骑手送餐的问题上不难理解，在"商家—平台—骑手"的关系中，平台资本不仅直接控制了外卖骑手的劳动过程，对每一个环节都实现监控，而且倒逼式地控制了商家的生产过程。从送餐的总过程看，外卖配送表层的自由性掩盖了劳动的强制性。同时也应认识到，在平台资本确定的劳动秩序下，还伴随着"去技能化"的风险。后者所反映的问题可从劳动者对生活资料的需求被数字化呈现中得到揭示，平台资本通过控制劳动力需求数据，进一步控制其再生产过程。这促成劳动力的数据构成其使用价值的一部分，并为资本所占有，构成资本的生产力，从而降低平台企业对可变资本的支出比例。③ 进一步延伸，在过度劳动

---

① 何渊. 数据法学 [M]. 北京：北京大学出版社，2020.

② 马艳，刘泽黎，王琳. 数字技术、数字信用制度及其共生性研究 [J]. 当代经济研究，2020 (9)：104-113.

③ 韩文龙，王凯军. 平台经济中数据控制与垄断问题的政治经济学分析 [J]. 当代经济研究，2021 (7)：5-15.

的问题上，前文第七章论及的数字资本公司的软件开发者提供了典型的例证——在"去劳动关系化"背景下，众包模式的推广带来的外部竞争，一方面，使软件开发者基于技术门槛的议价能力被销蚀，使其在外部的竞争压力下，不得不提高劳动强度，内化各种不确定性，努力让自己的劳动成果被认可；另一方面，软件开发者的（智力）劳动在与外部的竞争中，也出现了不同程度的"贬值"，即工资水平有下降的趋势，因其长期处于一种超出社会平均劳动时间和强度的就业状态，导致同业、同行竞争加剧以及个人工资水平提高到平均水平以上的同时，也把这种平均工资水平本身降低了。总之，"去技能化"和"去劳动关系化"成为当下劳动者权益保障的重要议题——前者导致劳动者间的竞争普遍化，后者解除了传统劳动关系与社会保障的绑定关系——两者共同导致劳动者生存与发展的窘境。

在平台经济作为主要发展模式的背景下，应明确平台组织兼具企业与市场两者的特性，相应的市场监管也应同时考虑这一"结合因素"。针对上述数据控制带来的问题，本书认为，应从以下两个方面发力：一方面，在理论或者思想认识方面，应省思工业时代的雇佣关系确立依据在平台经济中的适用性问题。本书第七章分析指出，原有的"资本家—工人"关系正逐渐转变为"平台（资本）—个人"关系，这一转变虽具有一定的历史进步性，但同时也存在局限性，平台资本利用"中心—散点"结构，实现社会工厂式的生产，扩大了剩余价值生产的规模。"去劳动关系化"带来的雇佣关系与劳动者权益保障的"解绑"致使过度劳动常态化，不仅有碍于劳动者自身的健康发展，而且对实现数字经济高质量可持续的发展也是不利的。另一方面，在具体的实践指向上，相关政策对于雇佣关系的界定应更加注重劳动者的异质性，规章制度应涉及劳动者工作条件以及与用工责任相关的具体层面，明确各自的权责界区，在问题发生时有章可循、有法可依。尤其在过度劳动的问题上，应积极借鉴国外过度劳动法定化的治理经验，即把过度劳动的形式、内容和结果进行法定化，以法的形式进行约束，《劳动基准法》的设立或将成为我国应对过度劳动问题的重要依据。[①] 在整体性的劳动者权益保障方面，应积极构建"政府—平台企业"互补性的保障机制，实现成本分担；对于数字平台企业来说，应积极探索建立健全劳动者的权利保障机制与参保机制（如外卖骑手的保险问题）。政府应督促平台企业增加劳动者的教育培训投入，以促成平台与个人共同发展；积极开通劳动者的申诉渠道，倾听反馈，形成治理闭环；同时，还应加强平台监管，防止资本无序扩张，对侵犯劳动权的行为予以严厉打击。

---

① 朱悦蘅，王凯军. 数字劳工过度劳动的逻辑生成与治理机制 [J]. 社会科学，2021 (7)：59-69.

二、数据垄断与数据霸权的应对机制

根据本书第四章的分析，数据垄断构成了数据要素发展不平衡的重要表征，是指处于市场支配地位的垄断（数字平台）企业策略性运用大数据来排除和限制市场竞争的行为。① 当前出台的反垄断法"反"的不是垄断地位，而是损害公平竞争的垄断行为，且从保护的对象上看，它保护的是市场竞争，而不是单纯地保护竞争者。② 具体到数字平台的反垄断问题上，反垄断的重点绝不是要遏制平台发展，而是要制约其背后的资本逻辑，防止其无序扩张，使其助力于推动创新、促进社会生产力的发展。关于垄断的形成机制（原因），即在数据的经济技术性特征（映射社会关系性、非竞争性等）与平台的经济效应（多边网络效应、锁定效应等）的共同作用下，形成了当前的数字平台的垄断。分析进一步指出，数据垄断背后的深层次原因在于数据产权关系存在紊乱，即数据垄断这一不平衡问题的背后正是数据权利发展的不充分，因而着重分析了数据产权的界定问题。随后在第七章进一步分析了数据垄断带来的信用"公权私有化"问题和美国数据霸权问题，此处不再赘述，而是对数据垄断及数据霸权所引致问题的治理思路进行系统化阐述。

第一，关于平台数据垄断的应对之策。垄断造成效率损失是经济学的常识，在平台经济的发展模式下，一些数字基础设施被垄断，在正反馈机制的"马太效应"的促动下，大量数据集中于平台企业，在评估损益的情况下，数据的非流通、非共享成为相关企业的首选，此时数据优势等价于垄断优势，数据成为企业的重要资产，进而"数据孤岛"林立，阻碍经济的高质量发展。由于数据垄断问题兼具产权与垄断的双重内涵，因此，相应的反垄断举措应从两者耦合的角度确立规制之策，当前《中华人民共和国民法典》《中华人民共和国个人信息保护法》《中华人民共和国数据安全法》《关键信息基础设施安全保护条例》《国务院反垄断委员会关于平台经济领域的反垄断指南》的颁布与实施，已经提供相应的治理参照，但需要特别指出的是，不能把保护产权所产生的垄断与侵犯他人产权的垄断混为一谈。因而，在具体的治理举措上，本书认为：一是由于数据垄断附着于平台之上，从而首先应对平台自身进行分类，以形成分期、分类的指导模式，同时以"负面清单"的形式廓清平台的业务范围，明确其性质，为监管的精准化提供导向性目标。二是在具体的监管机制设计方面，

---

① 王磊. 大数据反垄断：反什么？怎么反？[J]. 中国发展观察，2021（1）：16-19.
② 国研中心创新发展部. 数字化转型——发展与政策 [M]. 北京：中国发展出版社，2019.

由于平台具有"多样性统一"的特征（数据的社会关系性需要同等的载体与之相适应），在数据权属明晰的基础上，应逐步建立起跨部门的综合性协调机制，以疏解多重监管体制与平台之间存在的不协调与不适应的问题，从而进一步促进监管体系的转型。三是引入新的治理主体，可以尝试建立新型数字市场部门，"分割"数据市场的"监管业务"，从而在完善数据交易机制、扶持中小（平台）企业以及激励企业产品创新等方面，营造良好的数字市场竞争环境。

第二，关于信用"公权私有化"的治理之策。在信用评分（评级）的问题上，本书第七章分析指出：基于信用数据的控制和算法助力，一些征信和评级机构实现了"公权私有化"，如当前国际三大评级机构——美国标准普尔公司、穆迪投资者服务公司和惠誉国际信用评级有限公司控制着全球 95% 以上的评分（评级）市场，基本上形成了对全球数据征信的绝对权力。这导致评级机构在全球治理中成为"准政府实体"，而且权力比实体国家更为强大。在应对之策方面，前述关于劳动者的信用保护机制可以提供参照，与此同时，信用数据平台的建设也需要纳入考虑。前文分析的信用数据的开放与保护问题在应对"公权私有化"问题上有一定的参考价值，信用"公权私有化"的最大前提是有稳定的信用数据来源，加之对数据平台（或基础设施）的占有，从而实现信用控制。因此，信用数据平台建设及其公有化运营为主导或应对思路。这在信用数据平台建设的必要性上可见一斑，主要体现在：一是平台的构建有利于信用数据的集聚与存储，为进一步的数据分析与挖掘提供原料。二是平台组织的自身特性与信用数据的强关联和强渗透性相融合，能够促成新的平台信用体系，并且在平台化的模式下，信用场景也能够得到延伸与拓展。三是在此基础上，有利于监管的全局性。平台的"中心—散点"结构也为监管提供有效的把控机制。① 四是公有化运营为主导体现了政府与市场间的互补性，旨在实现数据信用的公权力的合理应用，如当前我国正积极构建由国家主导、以公共征信为主、市场化信用机构参与、互联网大数据技术发挥参考作用的征信体系，能够有效制约信用数据垄断带来的"公权私有化"问题。

第三，数据霸权的应对之策。本书第七章主要分析了美国数据霸权的形成机制与造成的后果，形成了一些政策启示。需要明确的是，与前述数据垄断分析有所不同的是，数据霸权问题映射着国际市场格局中的竞合问题，是维护数据主权和数字经济发展权、标准权与话语权争夺的结果。因此，对于我国来说，可以从两方面采取应对之策：一方面，应积极参与国际数字秩序建设，以维护自身数据主权。这包括：一是形成符合自身发展的数据法律体系是基础。当前

① 李涛，严小琴. 基于大数据的信用体系平台建设研究 [J]. 数字通信世界，2019（5）：76+265.

世界各国在拟定数据发展战略的同时，出台了诸多配套政策与法律条文，不仅针对国内，更针对国外。美国与欧盟等当前在数据立法上走在世界前列，可以为我国提供实践参照。我国陆续出台的《中华人民共和国个人信息保护法》与《中华人民共和国数据安全法》等也体现了应对国内外数据争端的一种立法思想。二是应积极参与数据跨境流动的治理过程。该问题凸显了数据主权的重要性。在万物互联互通时代，数字技术的突破实现了数据流动的便捷化，网络空间中法律的弱约束性使得一些数据强国能够利用自身的优势地位，占有别国的数据，造成国际数据资产的贫富差距。在此情形下，我国应当审时度势，对内不断完善数据跨境流动的安全监管机制，统筹兼顾式地解决个人信息、重要数据以及国家机密的出境问题。在具体的实践方面，也应有序推进数据跨境流动的区域试点工作（如上海临港、海南等），逐步积累经验再行推广。对外应积极参与到国际数据跨境治理过程中，构建多边的数字规则，营造数据生态圈，当前尝试发起的"数据丝绸之路"计划，在"一带一路"倡议下推动与形成数据跨境流通与管理多边合作机制是为重要举措。而对于损害本国数据主权、国家安全的行为，应依据有关的司法和执法规则，进行"长臂管辖"。三是反对数据霸权。在大数据时代，数据已然成为国家获取竞争优势的关键资源。发达资本主义国家的数据霸权问题在当前的国际数据市场格局中凸显。因此，在应对数据霸权的问题上，数据要素所形塑的生产力及其所决定的数字生产关系是主要关切点，数字基础设施、国际社会关系以及数据治理的国际机制将成为应对数据霸权的主要路径。

另一方面，应从美国的数据霸权路径中汲取数据要素发展的着力点，提升自身实力。具体有：一是通过数字基础设施的建设助力物理层的布局，实现"社会量化部分"的繁荣。数据作为关键生产要素，其生产力的发挥离不开数字基础设施的助力，否则只是"空中楼阁"，并无实际意义。为实现我国"新基建"的高质量发展，应对其发展中存在的关键核心技术能力不足（芯片、操作系统等）、网络信息安全（数据跨境）等问题需采取积极措施，综合运用各类政策实现制度与技术的闭环治理。[①] 二是美国数据来源建设对我国数据市场流通的启示。启示有三：一则数据收集中的算法的规制问题，应形成包含技术、道德、政策和法律在内的规制体系，遵循的原则应聚焦于人类根本利益原则与责任原则[②]，以疏解算法的不透明、规模化和毁灭性的局限。二则应加快操作系统的国产化与自主化发展，维护国家数据主权。建设的数据中心只是"裸

---

① 刘艳红，黄雪涛，石博涵. 中国"新基建"：概念、现状与问题 [J]. 北京工业大学学报（社会科学版），2020, 20 (6)：1-12.

② 梅宏. 数据治理之论 [M]. 北京：中国人民大学出版社，2020.

机"，而操作系统才是实现运转的关键，有利于避免别国的"数据劫持"。三则加快物联网的前瞻性布局，拓宽数据智能化应用场景，助力智慧城市、数字中国的建设，而这其中物联网的操作系统是发展重点。三是美国对全球注意力经济的掠夺与瓜分。一方面，对我国推进平台经济的良性发展，明确平台反垄断的细则与监管原则具有重要的启示性；另一方面，对加强网络治理，规范算法与智能推荐，促进网络版权生态圈的建设也具有重要参考意义。四是在全局层面加强数据保护方面的立法与执法，寻求数据保护与流动的平衡。这将在下文具体展开，此处为引。

三、数据安全与数据立法

关于数据安全，《中华人民共和国数据安全法》给出的解释是指通过采取必要措施，确保数据处于有效保护和合法利用的状态，以及具备保障持续安全状态的能力。结合当前互联网大数据的时代背景，需要在以往信息安全所强调的保密性、完整性和可用性的基础上，进一步防止数据滥用和数据误用的情况出现，这也是监管的重要内容。当前，国内外数据安全的警示案例众多，如Facebook数据泄露事件、华住5亿条用户数据被泄露、国泰航空940万名乘客的信息遭泄露等，相关问题直指数据安全问题。数据安全问题是一个大课题，相关研究众多①，本节不执拗于整体性的概述，而是侧重于交易流通安全的视角进行分析。从图8-1数据流通的整体示意图看，数据安全问题涉及各个方面，基本覆盖了数据的整个生命周期，进而整个流通领域。这其中，财产性保护最为关键，数据作为数字化财产，需要制度与技术两个层面的保障。前文的分析已经揭示了产权保护与市场兴衰的关系问题，此处主要探讨两个问题：

第一，数据流通过程中的数据产权保护问题。主要从三个方面展开分析：一是数据来源与管理的安全性与合规性。数据的要素化进程离不开个人数据、企业数据和政府数据（包括公共数据），在数据的采集、存储、传输、处理等过程中，每一个环节都存在安全性与合规性的问题。数据采集阶段因非法采集和非必需采集带来数据泄露的风险，甚至采集过程被攻击；存储过程可能出现存储设备损坏或者丢失，以及存储系统（数据库）被攻击及数据窃取，敏感数据被无权限的用户访问等；传输过程可能被网络攻击，数据丢失或被篡改；处

---

① 杨蕾. 数据安全治理研究［M］. 北京：知识产权出版社，2020；刘贤刚，孙彦，胡影，等. 数据安全国际标准研究［J］. 信息安全与通信保密，2018（12）：33-49；张滨，冯运波，于乐，等.《大数据安全与隐私保护实现指南》国际标准提案研究［J］. 信息技术与标准化，2018（5）：50-55；于乐，张峰，张弘扬，等. 大数据安全与隐私实现指南国际标准提案研究［J］. 信息技术与标准化，2021（8）：29-32.

理阶段可能存在数据非法传输或者算法偏差等风险。① 总之，数据的商业价值、企业资产、生产要素等已被社会所认可，但在其价值发挥之前的这些过程中，存在各种风险，可能导致其价值丧失或被窃取，因此，需要建立一个完整的数据生命周期安全管理机制。② 此处以美国三家具有代表性的数据公司在用户数据管理方面的差异为例，以说明数据使用的安全性问题。Google 在数据管理中会把用户的姓名、账号、联系方式、地址等信息，与其行为数据独立分开，不进行关联，从而更稳妥地保护用户隐私。与之相比，Facebook 公司的策略相对激进，即允许两种数据相互交叉、高度关联，因而它的广告效果比较好（广告的定向推送），但在用户隐私保护方面有伦理风险。帕兰提尔科技公司（Palantir）则介于Google 与 Facebook 之间，它有一套完整的策略去决定用户的数据什么时候可以关联，什么时候不行。③

二是交易过程的安全性。交易过程的安全性需要制度与技术的双重保障，制度层面对市场主体的资质审核、准入限制、可交易种类、合同类型等需要进行明确，同时还需要从技术层面（如区块链的应用等）提供相应支撑。在实际的数据交易流通中，极易产生隐私泄露、安全威胁等一系列问题，针对此类问题，我国在实践过程中也形成了一些应对之策，如"隐私计算"④，它是推动数据"可用而不可见"的一类重要技术（对应表8-2中"基于数据保护技术的交易"）。近年来，中国信息通信研究院联合行业领军企业共同修订了隐私计算系列标准，如《基于多方安全计算的数据流通产品技术要求与测试方法》《基于联邦学习的数据流通产品技术要求与测试方法》《基于可信执行环境的数据计算平台技术要求与测试方法》《区块链辅助的隐私计算技术工具技术要求与测试方法》等。2020 年中国信息通信研究院又联合近 50 家单位共同发起"隐私计算联盟"，为促进数据要素依法有序自由流动奠定了重要的组织与技术基础。联邦学习与安全多方计算是当前隐私计算发展的前沿实践，前者的应用如阿里云上的蚂蚁链摩斯平台⑤可用于联合营销，后者的实践应用如信贷风控、医疗诊断等方面。⑥ 此外，还有贵阳大数据交易所 702 公约、上海数据交易中心的 xID 数据流通域等，在数据流通涉及的隐私安全问题上起到了示范作用。再

---

① 杨蕾. 数据安全治理研究［M］. 北京：知识产权出版社，2020.
② 林鹭，陶立峰，张博晨. 数据生产要素流通全生命周期安全防护流程研究［J］. 保密科学技术，2021（9）：32-38.
③ 车品觉. 数据的本质［M］. 北京：北京联合出版公司，2017.
④ 不容忽视的是，"隐私计算"本身也存在风险。参见唐林垚. 隐私计算的法律规制［J］. 社会科学，2021（12）：117-125.
⑤ 参见官方网址：https://antchain.antgroup.com/products/morse。
⑥ 司亚清，苏静. 数据流通及其治理［M］. 北京：北京邮电大学出版社，2021.

如区块链的应用——对数据流通难题的解决，这表现在：分布式账本技术解决主导权问题；密码学技术解决数据隐私保护问题；区块链的可溯源性解决数据确权问题；区块链的数学算法解决终端用户授权问题；基于零知识证明技术实现数据共享；基于智能合约的积分激励机制。①

三是数据跨境流通的安全性。这意味着不仅要保证数据国内流通交易的安全性，国际流通也需要保证安全性，即数据产权保护的国际化——数据主权的保护。前述论及的数据跨境问题中涉及的规制体系（主要就是数据控制权的问题），其本质上也是一种安全性保护，因此不再赘述。由此不难看出，如果数据产权得不到有效保护，数据市场的建设与发展更无从谈起，因为对数据的有效保护能够直接影响数据供求双方的市场预期，进而影响其行为与市场决策，数据产权保护对数据市场的稳定发展具有重要意义。

第二，国内外关于数据（产权）保护的立法实践与政策启示。对已有数据保护立法的梳理如表8-3和表8-4所示。

表8-3 主要国家和地区的数据保护立法

国家和地区	法律名称	颁布时间
欧盟	《数据保护条令》	1995 年
	欧洲议会及欧盟理事会关于共同体内部市场的信息社会服务，尤其是电子商务的若干法律方面的第 2000/31/EC 号指令	2000 年
	《欧盟基本权利宪章》	2007 年
	《公共数据数字公开化决议》	2011 年
	《欧盟数字基本权利宪章》	2016 年
	《欧洲数据经济中的私营部门数据共享指南》	2018 年
	《通用数据保护条例》	2018 年
	《非个人数据自由流动条例》	2018 年
	《网络安全法》	2019 年
	《欧洲数据战略》	2020 年
	《欧洲数据治理条例》（数据治理法）	2020 年
	《数字服务法》	2020 年
	《数字市场法》	2020 年

① 祝守宇，蔡春久，等. 数据治理 [M]. 北京：电子工业出版社，2020：35-36.

续表

国家和地区	法律名称	颁布时间
美国	《隐私权法案》	1974 年
	《大数据：把握机遇，守护价值》	2014 年
	《加州消费者隐私法案》	2018 年
	《2019 美国国家安全与个人数据保护法案》	2019 年
	《弗吉尼亚州消费者数据保护法》	2021 年
澳大利亚	《消费者数据权利法案》	2019 年
	《数据可用性和透明度法案》	2020 年
	《消费者数据权利规则》	2020 年
俄罗斯	《关于信息、信息技术和信息保护法》	2006 年
	《俄罗斯联邦个人数据法》	2006 年
	《俄罗斯联邦〈关于信息、信息技术和信息保护法〉修正案及个别互联网信息交流规范的修正案》	2014 年
	《新数据库法案》	2022 年
日本	《个人信息保护法》	2017 年
英国	《数据保护法案》	1998 年
	《新的数据保护法案：我们的改革》	2017 年
新加坡	《个人信息保护法案》	2012 年
泰国	《个人数据保护法》	2019 年
印度尼西亚	《在线交易法》	2019 年
	《个人数据保护法草案》	2020 年
印度	《个人数据保护法案》	2018 年
韩国	《个人信息保护法》	2020 年
	《信用信息法》	2020 年
	《信息通信网法》	2020 年

资料来源：何渊. 数据法学 [M]. 北京：北京大学出版社，2020；司亚清，苏静. 数据流通及其治理 [M]. 北京：北京邮电大学出版社，2021；王金照，李广乾，等. 跨境数据流动——战略与政策 [M]. 北京：中国发展出版社，2020.

表 8-4　我国现行关于数据保护的法律法规与标准

层级	法律/标准名称	实施时间
国家层面	《中华人民共和国宪法》	1982 年 12 月 4 日
	《全国人大常委会关于维护互联网安全的决定》	2000 年 12 月 28 日
	《中华人民共和国电子签名法》	2005 年 4 月 1 日
	《中华人民共和国治安管理处罚法》	2006 年 3 月 1 日 2013 年修正
	《中华人民共和国刑法修正案（七）》	2009 年 2 月 28 日
	《中华人民共和国刑法修正案（九）》	2015 年 11 月 1 日
	《中华人民共和国侵权责任法》	2010 年 7 月 1 日
	《全国人大常委会关于加强网络信息保护的决定》	2012 年 12 月 28 日
	《中华人民共和国消费者权益保护法》	2014 年 3 月 15 日
	《中华人民共和国网络安全法》	2017 年 6 月 1 日
	《中华人民共和国反不正当竞争法》	2018 年 1 月 1 日
	《中华人民共和国电子商务法》	2019 年 1 月 1 日
	《中华人民共和国密码法》	2020 年 1 月 1 日
	《中华人民共和国民法典》	2021 年 1 月 1 日
	《中华人民共和国数据安全法》	2021 年 9 月 1 日
	《中华人民共和国个人信息保护法》	2021 年 11 月 1 日
地方层面	《贵州省大数据安全保障条例》	2019 年 10 月 1 日
	《深圳经济特区数据条例》	2022 年 1 月 1 日
	《上海市数据条例》	2022 年 1 月 1 日
配套标准	GB/T 35273—2020《信息安全技术　个人信息安全规范》	2020 年 10 月 1 日
	GB/T 37932—2019《信息安全技术　数据交易服务安全要求》	2020 年 3 月 1 日
	GB/T 37973—2019《信息安全技术　大数据安全管理指南》	2020 年 3 月 1 日
	GB/T 37964—2019《信息安全技术　个人信息去标识化指南》	2020 年 3 月 1 日

注：除了上表中列示的具有代表性的法律、法规和标准，还有诸多的发展规划、方案和纲要，相关内容在第八章第二节开头部分已列示，此处略之。

资料来源：相关政府官网和全国信息安全标准化技术委员会官网。

　　本节不执拗于各法条或标准的详细阐述，旨在从总体上呈现当前国内外关于数据保护所采取的一些实践举措。首先，从表 8-3 和表 8-4 列示的内容看，当前对于数据的保护已基本成为国际共识，其中对个人数据的保护尤为重视，相关的立法都予以强调，但同时也在不断向其他类型的数据延展，如欧盟从

《通用数据保护条例》到《非个人数据自由流动条例》再到《欧洲数据战略》，数据保护的范围在扩大。

其次，在数据保护的政策思路上，兼顾了个人数据财产权与人格权的双重保护，但各有侧重，欧盟是侧重于人格权的保护，而美国是服从"资本发展模式"，我国则是谋求保护与发展的平衡性。结合有关实践，不难看出，欧盟的一些制度设计更多地侧重于数据的采集与生产（确权），即偏重于数据权利的保护，而较少面向数据应用和价值化，从而出现"保护有余、发展不足"；美国的情况则相反，以强调数据自由流通为上，是"发展有余、保护跟进"，积极谋求数据霸权。

再次，从数据安全保障与隐私保护的立法模式上看，结合前文分析、表中法律法规和各国的具体实践，主要形成三种模式①：一是以欧盟为代表的纯粹的立法规制模式。它由国家和政府主导，首先在法律层面确立隐私数据保护制度，进而将这些制度作为司法和行政措施的基础。二是以美国为代表的"行业自律"模式。该模式更多的是依靠企业的自我约束和行业协会的监督，以避免过度保护形成对行业正常发展的阻碍，也避免国家立法限制数据科技在社会中的应用。这在美国"自由市场+行业强监管"的立法模式中可以得到印证，即在法律层级上，联邦层面没有制定统一的数据保护基本法典，多数在州的层面②；同时，美国数据规制法律中较少提及"数据保护"的字眼，而多以"隐私"与"安全"作为规制的立足点。③ 三是以日本为代表的将行业自律模式与立法规制模式相结合的模式，既通过法律全方面地保护隐私数据，又注重行业自律和协会的监管，如前文提及的日本工业价值链促进会。

从我国自身的立法情况看，在数据安全与隐私保护层面正从欧盟模式转向日本模式，即以政府为主导，以行业自律为辅。这基于的现实是，当前的数字技术发展速度快于既有的制度框架，一些数据法规可能并不能完全适用因人脸识别、区块链等创新技术不断涌现导致的隐私数据保护和数据流通应用的现象。因此，仅靠政府施策滞后性太大，培育相关的产业或者行业联盟（协会）或将成为重要手段，以形成政府规制与市场规制的纽带，通过行业自律，引导"科技向善"，明确技术红线，成为试点与推广的践行者。因此，除了看到法律与技术的作用外，培育新的规制主体也是一个重要思路。

最后，从政策有效性的角度看，各国的做法基本是将制度设计与技术支持相结合，从保护对象的主客体类型的明确到（履职主体）权利义务的厘定，再

---

① 祝守宇，蔡春久，等．数据治理［M］．北京：电子工业出版社，2020．
② 何渊．数据法学［M］．北京：北京大学出版社，2020．
③ 姚旭．欧盟跨境数据流动治理［M］．上海：上海人民出版社，2019．

到违法侵权的追责等方面，逐渐形成各自的数据安全治理体系。这在前述的数据跨境流通问题上可见一斑。

总之，结合已有的实践来看，美欧等国在数据权利立法上走在前列，树立了一些模式或标准——以个人数据保护为核心，注重隐私与安全保护，兼顾人格权与财产权，同时逐步延展至非个人数据领域。实践形成的"个人数据权利保护与数据自由流通相平衡"（欧盟）和"自由市场+行业强监管"（美国）的模式代表了当前的立法取向。但是要明确两种模式背后对应的不同发展情况：美国数据权利法案的制定，一方面是基于自身雄厚的数字产业基础的现实，另一方面也是应对全球金融危机后传统产业升级与全球竞争力重塑的需要。而欧盟通过构建相应的数据权利法律体系，旨在确保自身在网络科技安全与数据发展应用领域的竞争优势与领先地位，以应对美国的数据霸权。因此，我国在数据立法层面应兼顾国内与国际两个大局，统筹发展与安全，以体现数据自由流通与规制保护的平衡。

第九章   结论与展望

本章将对前文的研究进行系统总结，从理论与实践两个方面阐述本书的结论，说明本书研究的现实性与理论性、必要性与重要性。与此同时，进一步指出今后仍需深入研究的问题。

第一节   主要结论与政策启示

关于数据，不同的角度有不同的解读：从资源的角度看，数据被视为"未来的石油"，应作为企业的战略性资产进行管理；从治理的角度看（国家层面、企业层面），数据的使用可以提升治理效率，改进或重构治理模式，破解治理难题；从经济增长的角度看，当下数据已然成为全球经济低迷不振背景下的产业（或行业）亮点，构成了战略新兴产业的最活跃部分；从国家安全角度（数据主权）看，数据也成为大国之间博弈与较量的利器。本书立足数据要素，探讨了数据要素化进程中的产权与治理问题，在一定程度上与上述四个方面相耦合。具体而言，就是从产权视角，以不平衡、不充分的总问题统驭数据要素化面临的四个主要挑战——一是数据的财产性（资产）地位尚未确立；二是数据确权难题尚待破解；三是数据共享开放交易流通不畅；四是数据安全和隐私保护体系尚不健全。

在对数据要素发展的研究中，本书提出了一些观点并形成了相应的治理之策，总结如下：

第一，关于数据要素与数据产权的一些观点：从要素层面看，数据要素是指在生产过程中作为生产性资源投入企业、平台，进而参与经济价值创造和财富创造的数字化信息和知识的集合，它是随社会生产力发展和生产关系变革再生分化出来的新兴生产要素。在其诸多特征中，对社会关系的映射是最重要的特征，一些问题的产生如（平台）数据垄断、数字信用等都能从中找寻原因。马克思主义唯物史观和唯物辩证法的基本观点为数据成为财产、作为要素的历史性与参与分配的现实必然性提供了解释。从产权层面看，数据产权是对数据的权利，是指由数据的归属权、占有权、支配权和使用权等构成的权利束，其中，数据主体之间的经济权利关系构成数据产权的本质内容。一般认为，数据产权的主体主要包括个人、企业和政府，其客体对应为个人数据、企业数据和政府数据（包含公众数据），进而形成个人数据产权、企业数据产权和政府数据产权。个人数据财产权与隐私权的保护问题、企业数据资产问题和政府数据共享开放问题构成了各自的问题域。

第二，关于产权与治理的一般逻辑在数据要素发展问题上的体现：根据马克思主义的理论观点，产权起源于生产力，其本质内容是生产关系，而生产关系的总和构成社会的经济基础，决定着社会上层建筑，上层建筑又反作用于经济基础，而数据治理恰恰是上层建筑在数据要素发展问题上的反映。因此，数据产权制度决定数据治理的发展变化，而数据治理的发展变化要适应数据产权制度发展变化的要求。总的来看，不平衡与不充分成为数据要素化进程面临的总问题。前者对应于数据垄断问题，后者对应于数据要素市场的发展问题。需要明确的是，不平衡与不充分间并不必然分开，即不平衡内有不充分的原因，不充分内也存在不平衡的特点，两者统一于数字生产关系之中。对于数据要素化进程所涉问题的治理，既有制度层面，又有技术层面，只有两者结合才能真正实现数据要素利用的规范化发展。

第三，在具体问题上的理论探讨与治理对策方面：

一是"数据价值论"的辨析。数据成为要素虽有历史必然性，但在价值创造的问题上，不具现实性或者理论根据。相反，在协助价值创造或者转移旧价值上是有理论依据的，即劳动的二重性。当前出现的所谓"数据价值创造闭环"和一些数据价值链的观点，虽冠之以数据创造价值的名义，但实际上揭示了数据生产力的发挥机制和数据对价值创造的协同作用，并未真正涉及价值论来源问题的探讨。不仅如此，数据无论是在雇佣关系下还是去雇佣关系下，都只是助力价值创造（攫取），而非创造价值。反观现实发展，当下出现的平台企业数据垄断问题说明，它不是大资本平台公司创造剩余价值的来源，相反，它是转移其他企业剩余价值的依据，这正是马克思劳动价值论在数字经济时代的释义。

二是数据要素参与分配的问题。从价值运动的总过程看，当数据要素作为生产投入时，谁投入要素，就是谁的产权，谁就该获得相应的产权收益。在社会主义中国，尤其在当前社会主义初级阶段的现实背景下，诸要素并非公有，而是各有属主。为了实现社会财富的涌流，就必须激励要素（劳动的与非劳动）所有者积极投入要素，因而，在收入分配上就必须承认要素报酬，即根据诸要素在生产过程中的投入与贡献给予相应的报酬。但是要明确的是,这种贡献的对应物不是指对所生产出的商品的价值的贡献,而是指对产出的物质财富的贡献。

三是数据产权与经济增长。产权制度的功能性(经济激励、资源配置、行为约束与稳定预期的功能)是作用机制的关键体现,全要素生产率的提升是其作用的结果;数据要素产权融合了经济、制度与技术,反映数字经济条件下数字生产关系与数据生产力之间的相互作用关系,主要通过提升全要素生产率助力经济增长,其中企业数据产权在经济增长中处于重要地位,其所拥有的适用性(通用性与专用性)数据资产对经济增长意义重大;在形塑我国数字经济增长引擎的过程中,应对企业数据产权与国家数据主权内外兼修。

四是数据产权与数据信用。从一般逻辑上看,在经济学语境下,产权是信用的前提,原因在于信用主体所具有的产权基础。从主体角度看,在当前的市场经济条件下,市场主体不一定是信用主体(失信主体存在的现实性),即市场主体既包括信用主体也包括失信主体,但市场主体都必须是产权主体。因而不难推断,信用主体一定是产权主体。进一步从实践层面看,信用主体可置信承诺与履约能力的体现离不开主体产权的保障,如担保、抵押和质押等。同时,在交易性互动过程中,更是基于各自所拥有的产权,产权在实质上构成了交易性互动的决定性因素。数字技术的发展催生了数据信用及相应的制度体系,实现了原有信用活动以及信用关系的数字化与技术化。信用制度的基础逻辑——交易的产权、信用逻辑面临数据化重塑,这或将构成数据信用制度的新特点。由于信用数据的强关联性和强渗透性,在数据产权与数据信用的互动关系中,基于信用数据的控制和算法助力,一些征信和评级机构实现了"公权的私有化",掌握了一定的社会性权力,给经济社会的发展带来了一定风险,"制度—技术"闭环性治理提供了有益思路。与此同时,信用数据的开放与保护问题不容忽视。

五是数据产权与数据霸权。美国数字霸权的路径——首先,通过建立"社会量化部门",如苹果(移动通信)、Google(数字平台)和甲骨文(数据业务处理)等,解决数据量化与处理的基础设施问题;其次,利用算法与监控在数据的质(数据的准确性)与量(用户上网频次)两个层面进行提升;最后,建立起一系列配套的知识产权制度(标准)、法律条文和数字贸易体系,最终构筑起别国难以撼动的数字霸权地位——利用了数据产权公共领域兼具的产权公共领域 I 与 II 的特点,在不断巩固自身地位的同时,通过创意(创新)攫取、平台垄断、制造需求、瓜分注意力经济等手段不断挖掘数据中的价值属性,从而使得剩余价值规律朝数字化扩展,对他国形成数字遏制,形成国际的"数字鸿沟"。因此，我国应该在整体上（物理层、系统层、平台层和内容层）形成系统性的数据治理之策，彰显我国的制度优势，以应对美国的数据霸权，其治理的旨归在于不能走西方"涓流经济学"的路子。

六是数据产权与数据要素市场治理。治理是使相互冲突或不同利益得以调和并且采取联合行动的持续过程，内在地包含了建设（培育）、发展与问题的矫正（监管）。在当前数字经济占我国 GDP 总量的比重已接近或超过一些西方发达国家的背景下，我国若要抢占数字经济发展的制高点，数据要素市场建设发展是重要手段，而市场治理作为市场健康发展的重要保障，其重要性不容忽视。因此，在厘清产权与市场兴衰一般逻辑的基础上，进一步解构数据市场治理的内涵，应包括数据市场的培育机制、治理机制、监管机制以及数据立法。由于数据是制度、技术和经济的融合，在市场治理中仍应注重"制度—技术"治理的闭环性。同时，应及时归纳总结国外在该问题上的治理经验，为我所用。其可鉴经验有二：一则在数据权利立法保护层面，以个人数据保护为核心，注重隐私与安全保护，兼顾人格权与财产权，同时逐步延展至非个人数据领域。实践形成的"个人数据权利保护与数据自由流通相平衡"（欧盟）与"自由市场+行业强监管"（美国）的模式代表了当前的立法取向。二则在数据流通交易层面，有四个方面值得借鉴，分别是：赋予数据交易的合法性、官方给予数据流通指引法规或条例、基于行业组织层面搭建起数据流通空间和数据跨境流通方面美欧实践的正反两个方面的参考。

第二节　研究的后续展望

本书仅从产权视角切入展开了研究，试图形成一种"片面深刻"的研究进路，因而是存在不足之处的。需要指出的是，由于数据是一种在数字经济时代涌现的新型生产要素，它与劳动、土地、资本等传统生产要素存在较大的不同，我们对于这一新型生产要素的市场化配置规律的认识正处于探索期，对于数据的产权界定、市场配置、保护模式等方面，仍然存在诸多有待探索的议题。本书的研究从整体上看，也只是一种有选择性的研究，除了本书涉及的内容外，还需探索的议题包括："数据+"的研究，如"数据+制造业"（智能制造）、

"数据+城乡经济",以及数据文化与数(据)字伦理①、数据造假②、数据与气候经济、大数据与计划经济③、算法中性论④、数据资产⑤、隐私经济⑥、数据泄露⑦和数据歧视⑧等。

这些问题在当前或者今后的一段时间会成为数据发展的阻碍,因而,如何为上述问题提供解决方案构成了一系列的研究课题。基于这样的认识,笔者将与有志者共同努力,以充实该领域的研究,为我国数字经济的高质量发展提供更多有价值的对策建议。

---

① 车品觉. 数循环——数字化转型的核心布局 [M]. 北京:北京联合出版公司,2021;赵刚. 数据要素——全球经济社会发展的新动力 [M]. 北京:人民邮电出版社,2021;祝守宇,蔡春久,等. 数据治理 [M]. 北京:电子工业出版社,2020.

② 加里·史密斯. 错觉——AI 如何通过数据挖掘误导我们 [M]. 北京:中信出版社,2019.

③ 周为民. 计划经济不可行性早已证明,大数据也弥补不了 [EB/OL]. 搜狐网,(2017-10-28)[2021-10-05]. https://www.sohu.com/a/200859103_619327.

④ 胡泳. 技术并不中立,而有特定目的 [EB/OL]. 搜狐网,(2017-07-16)[2021-10-05]. https://www.sohu.com/a/477864040_118622;[美] 凯西·奥尼尔. 算法霸权 [M]. 北京:中信出版社,2018.

⑤ [美] 道格拉斯·B. 莱尼. 信息经济学——如何对信息资产进行定价、管理与度量 [M]. 上海:上海交通大学出版社,2020;赵惟,刘权. 数字资产 [M]. 北京:人民邮电出版社,2020;姜奇平. 生产要素供给新方式提出的新课题 [J]. 互联网周刊,2021(2):70-71.

⑥ 王忠. 隐私经济 [M]. 北京:海洋出版社,2019.

⑦ 参见数据泄露的百度搜索指数。

⑧ 蓝云. 从 1 到 π:大数据与治理现代化 [M]. 广州:南方日报出版社,2017.

参 考 文 献

［1］ Cheung S. A Theory of Price Control ［J］. Journal of Law and Economics, 1974, 117 (1): 53-71.

［2］ Christian Fuchs. Digital labour and Karl Marx ［M］. New York: Routledge, 2014.

［3］ Cysne R P, Turchick D. Intellectual Property Rights Protection and Endogenous Economic Growth Revisited ［J］. Journal of Economic Dynamics and Control, 2012, 36 (6): 851-861.

［4］ Dunleavy P. Digital Era Governance: IT Corporations, the State, and E-Government ［M］. Oxford: Oxford University Press, 2006.

［5］ Edwards R. Contested Terrain: The Transformation of the Workplace in the Twentieth Century ［M］. New York: Basic Books, Inc. , 1979.

［6］ Friedman A L. Industry and Labour ［M］. London: The Macmillan Press Ltd. , 1977.

［7］ Furukawa Y . The Protection of Intellectual Property Rights and Endogenous Growth: Is Stronger Always Better? ［J］. Journal of Economic Dynamics and Control, 2007, 31 (11): 3644-3670.

［8］ Gomber P, Kauffman R J, Parker C. Special Issue: Financial Information Systems and the Fintech Revolution ［J］. Journal of Management Information Systems, 2018 (1): 12-18.

［9］ Gould D M, Gruben W C . The Role of Intellectual Property Rights in Economic Growth ［J］. Journal of Development Economics, 1996, 48 (2): 323-350.

［10］ Grossman S J, Hart O D. The Costs and Benefits of Ownership: A Theory of Vertical and Lateral Integration ［J］. Journal of Political Economy, 1986, 94 (4): 691-719.

［11］ Hart O, Moore J. Property Rights and the Nature of the Firm ［J］. Journal of Political Economy, 1990, 98 (6): 1119-1158.

［12］ Klein B, Crawford R G, Alchian A A . Vertical Integration, Appropriable

Rents，and the Competitive Contracting Process［J］. Journal of Law & Economics，1978，21（2）：297-326.

［13］Nikolaos I. Theodorakis，EU-US Data Transfers in the Aftermath of the Privacy Shield Invalidation［R］. TTLF Working Papers No. 80，Stanford-Vienna Transatlantic Technology Law Forum，2021.

［14］Stigler G. The Theory of Economic Regulation［J］. The Bell Journal of Economics and Management Science，1971，2（2）：13-21.

［15］Terranova T. Free Labor：Producing Culture for the Digital Economy［J］. Social Text，2000，18（2）：33-58.

［16］Williamson O E. The New Institutional Economics：Taking Stock，Looking Ahead［J］. Journal of Economic Literature，2000，38（3）：595-613.

［17］阿里研究院. 平台经济［M］. 北京：机械工业出版社，2016.

［18］［埃及］萨米尔·阿明. 世界规模的积累——欠发达理论批判［M］. 北京：社会科学文献出版社，2017.

［19］毕颖，叶郁菲. 数据产权的治理困境与法治化治理路径［J］. 网络空间安全，2019，10（8）：25-30.

［20］蔡跃洲，马文君. 数据要素对高质量发展影响与数据流动制约［J］. 数量经济技术经济研究，2021，38（3）：64-83.

［21］车品觉. 数循环——数字化转型的核心布局［M］. 北京：北京联合出版公司，2021.

［22］陈建. 信用评分模型技术与应用［M］. 北京：中国财政经济出版社，2005.

［23］程民选. 产权与市场［M］. 成都：西南财经大学出版社，1996.

［24］程啸. 论大数据时代的个人数据权利［J］. 中国社会科学，2018（3）：102-122+207-208.

［25］戴双兴. 数据要素：主要特征、推动效应及发展路径［J］. 马克思主义与现实，2020（6）：171-177.

［26］［德］黑格尔. 法哲学原理［M］. 北京：商务印书馆，2017.

［27］［法］布吕诺·帕蒂诺. 金鱼文明——注意力经济如何操纵我们的网络生活［M］. 北京：人民日报出版社，2021.

［28］费方域. 企业的产权分析［M］. 上海：格致出版社，2009.

［29］费方域. 数字经济时代数据性质、产权和竞争［J］. 财经问题研究，2018（2）：3-21.

［30］高鸿业. 西方经济学——宏观部分（第五版）［M］. 北京：中国人民

大学出版社，2012.

　　[31] 国研中心创新发展部. 数字化转型——发展与政策 [M]. 北京：中国发展出版社，2019.

　　[32] 何渊. 数据法学 [M]. 北京：北京大学出版社，2020.

　　[33] 洪银兴. 非劳动生产要素参与收入分配的理论辨析 [J]. 经济学家，2015 (4)：5-13.

　　[34] 洪银兴. 完善产权制度和要素市场化配置机制研究 [J]. 中国工业经济，2018 (6)：5-14.

　　[35] 黄少安. 产权经济学导论 [M]. 北京：经济科学出版社，2004.

　　[36] 贾开，俞晗之. "数字税"全球治理改革的共识与冲突——基于实验主义治理的解释 [J]. 公共行政评论，2021，14 (2)：20-37+228.

　　[37] 蒋南平，崔祥龙. 不能脱离马克思的理论框架来发展劳动价值论 [J]. 经济纵横，2013 (10)：9-12+51.

　　[38] 蒋南平. 马克思主义经济学中国化研究 [M]. 成都：西南财经大学出版社，2015.

　　[39] 李爱君. 数据权利属性与法律特征 [J]. 东方法学，2018 (3)：64-74.

　　[40] 李广乾. 政府数据整合政策研究 [M]. 北京：中国发展出版社，2019.

　　[41] 李政，周希禛. 数据作为生产要素参与分配的政治经济学分析 [J]. 学习与探索，2020 (1)：109-115.

　　[42] 林岗，刘元春. 诺斯与马克思：关于制度的起源和本质的两种解释的比较 [J]. 经济研究，2000 (6)：58-65+78.

　　[43] 刘灿. 私人财产权制度与资本主义市场经济——基于马克思财产权思想的理论解析 [J]. 河北经贸大学学报，2016，37 (3)：10-22.

　　[44] 刘灿. 完善社会主义市场经济体制与公民财产权利研究 [M]. 北京：经济科学出版社，2014.

　　[45] 刘国光. "国退民进"争论的实质与发展私营经济的正确道路 [J]. 南京理工大学学报（社会科学版），2008 (3)：1-6.

　　[46] 刘皓琰. 从"社会矿场"到"社会工厂"——论数字资本主义时代的"中心—散点"结构 [J]. 经济学家，2020 (5)：36-45.

　　[47] 刘皓琰. 数据霸权与数字帝国主义的新型掠夺 [J]. 当代经济研究，2021 (2)：25-32.

　　[48] 刘皓琰. 数字帝国主义是如何进行掠夺的？ [J]. 马克思主义研究，2020 (11)：143-154.

［49］刘诗白．主体产权论［M］．北京：经济科学出版社，1998．

［50］刘守英．产权，行为与经济绩效［J］．经济社会体制比较，1992（2）：12-18．

［51］刘新海．征信与大数据——移动互联时代如何重塑"信用体系"［M］．北京：中信出版社，2016．

［52］龙卫球．数据新型财产权构建及其体系研究［J］．政法论坛，2017，35（4）：63-77．

［53］卢现祥．论产权制度、要素市场与高质量发展［J］．经济纵横，2020（1）：65-73+2．

［54］马克思．资本论（第1卷）［M］．北京：人民出版社，2004．

［55］马克思．资本论（第3卷）［M］．北京：人民出版社，2004．

［56］马艳，刘泽黎，王琳．数字技术、数字信用制度及其共生性研究［J］．当代经济研究，2020（9）：104-113．

［57］茅孝军．从临时措施到贸易保护：欧盟"数字税"的兴起、演化与省思［J］．欧洲研究，2019，37（6）：58-77+6-7．

［58］［美］奥利弗·E. 威廉姆森．资本主义经济制度［M］．北京：商务印书馆，2011．

［59］［美］查尔斯·A. 赖希，翟小波．新财产权［J］．私法，2006，12（2）：193-244．

［60］［美］大卫·哈维．新帝国主义［M］．北京：中国人民大学出版社，2009．

［61］［美］道格拉斯·C. 诺斯．经济史中的结构与变迁［M］．上海：上海三联书店，1991．

［62］［美］道格拉斯·C 诺斯．制度、制度变迁与经济绩效［M］．上海：格致出版社，2014．

［63］［美］哈里·布雷弗曼．劳动与垄断资本——二十世纪中劳动的退化［M］．北京：商务印书馆，1979．

［64］［美］杰弗瑞·帕克，马歇尔·范艾尔史泰恩，桑吉·乔德利．平台经济模式——从启动、获利到成长的全方位攻略［M］．台北：天下杂志出版社，2016．

［65］［美］凯西·奥尼尔．算法霸权：数学杀伤性武器的威胁与不公［M］．北京：中信出版社，2018．

［66］［美］康芒斯．制度经济学（上册）［M］．北京：商务印书馆，2017．

［67］［美］理查德·A. 波斯纳．法律的经济分析［M］．北京：中国大百

科全书出版社，1997.

［68］［美］罗纳德·H. 科斯. 财产权利与制度变迁——产权学派与新制度学派译文集［C］. 上海：格致出版社，2014.

［69］［美］罗斯科·庞德. 通过法律的社会控制［M］. 北京：商务印书馆，2010.

［70］［美］托马斯·达文波特，约翰·贝克. 注意力经济［M］. 北京：中信出版社，2004.

［71］［美］亚历克斯·莫塞德，尼古拉斯·L. 约翰逊. 平台垄断——主导21世纪经济的力量［M］. 北京：机械工业出版社，2018.

［72］［美］伊曼纽尔·沃勒斯坦. 沃勒斯坦精粹［M］. 南京：南京大学出版社，2003.

［73］［美］约翰·罗尔斯. 正义论［M］. 北京：中国社会科学出版社，2001.

［74］聂辉华. 交易费用经济学：过去、现在和未来——兼评威廉姆森《资本主义经济制度》［J］. 管理世界，2004（12）：146-153.

［75］逄锦聚. 马克思劳动价值论的继承与发展［M］. 北京：经济科学出版社，2005.

［76］裴小革. 论建立在劳动价值论基础上的产权理论——兼评放弃劳动价值论的产权理论观点［J］. 求是学刊，2004（3）：53-58.

［77］戚聿东，刘欢欢. 数字经济下数据的生产要素属性及其市场化配置机制研究［J］. 经济纵横，2020（11）：63-76.

［78］乔晓楠，郗艳萍. 数字经济与资本主义生产方式的重塑——一个政治经济学的视角［J］. 当代经济研究，2019（5）：5-15+113.

［79］曲佳宝. 数据商品与平台经济中的资本积累［J］. 财经科学，2020（9）：40-49.

［80］冉从敬. 数据主权视野下我国跨境数据流动治理与对策研究［J］. 图书与情报，2021（4）：1-14.

［81］任泽平，马家进，连一席. 新基建［M］. 北京：中信出版社，2020.

［82］［日］繁人都重. 制度经济学回顾与反思［M］. 成都：西南财经大学出版社，2004.

［83］［日］青木昌彦. 比较制度分析［M］. 上海：上海远东出版社，2001.

［84］申卫星. 论数据用益权［J］. 中国社会科学，2020（11）：110-131+207.

［85］史晋川. 法经济学［M］. 北京：北京大学出版社，2007.

［86］司亚清，苏静．数据流通及其治理［M］．北京：北京邮电大学出版社，2021.

［87］宋冬林，孙尚斌，范欣．数据成为现代生产要素的政治经济学分析［J］．经济学家，2021（7）：35-44.

［88］孙晋．数字平台的反垄断监管［J］．中国社会科学，2021（5）：101-127+206-207.

［89］锁利铭．府际数据共享的双重困境：生成逻辑与政策启示［J］．探索，2020（5）：126-140+193.

［90］唐林垚．隐私计算的法律规制［J］．社会科学，2021（12）：117-125.

［91］陶卓，黄卫东，闻超群．数据要素市场化配置典型模式的经验启示与未来展望［J］．经济体制改革，2021（4）：37-42.

［92］田杰棠，刘露瑶．交易模式、权利界定与数据要素市场培育［J］．改革，2020（7）：17-26.

［93］王建冬．东数西算：我国数据跨域流通的总体框架和实施路径研究［J］．电子政务，2020（3）：13-21.

［94］王金照，李广乾．跨境数据流动——战略与政策［M］．北京：中国发展出版社，2020.

［95］王开科，吴国兵，章贵军．数字经济发展改善了生产效率吗［J］．经济学家，2020（10）：24-34.

［96］王磊．推进数据要素市场化配置：瓶颈制约与思路对策［J］．中国经贸导刊，2019（24）：34-37.

［97］王琦．平台企业劳动用工性质研究：基于P网约车平台的案例［J］．中国人力资源开发，2018，35（8）：96-104.

［98］王姝楠，张开．马克思劳动价值论视域中的数字商品二因素［J］．河北经贸大学学报，2020（3）：1-8.

［99］王颂吉，李怡璇，高伊凡．数据要素的产权界定与收入分配机制［J］．福建论坛（人文社会科学版），2020（12）：138-145.

［100］王伟玲，吴志刚，徐靖．加快数据要素市场培育的关键点与路径［J］．经济纵横，2021（3）：39-47.

［101］王文胜．资产的"他专用性"和"自专用性"——一个交易成本经济学与企业能力理论整合的视角［J］．中南财经政法大学学报，2010（5）：23-27+43.

［102］王忠．隐私经济［M］．北京：海洋出版社，2019.

［103］卫兴华．关于价值创造与价值分配问题不同见解的评析［J］．经济

学动态，2003（1）：29-32.

[104] 卫兴华. 马克思的财富论及其当代意义 [J]. 经济问题，2019（2）：1-4+75.

[105] 魏鲁彬. 数据资源的产权分析 [D]. 济南：山东大学，2018.

[106] 吴宣恭. 产权理论比较——马克思主义与西方现代产权学派 [M]. 北京：经济科学出版社，2000.

[107] 吴易风. 产权理论与实践 [M]. 北京：中国人民大学出版社，2010.

[108] 武建奇. 马克思的产权思想 [M]. 北京：中国社会科学出版社，2008.

[109] 肖冬梅，文禹衡. 数据权谱系论纲 [J]. 湘潭大学学报（哲学社会科学版），2015，39（6）：69-75.

[110] 谢富胜. 资本主义劳动过程与马克思主义经济学 [J]. 教学与研究，2007（5）：16-23.

[111] 熊巧琴，汤珂. 数据要素的界权、交易和定价研究进展 [J]. 经济学动态，2021（2）：143-158.

[112] 徐汉明，孙逸啸，吴云民. 数据财产权的法律保护研究 [J]. 经济社会体制比较，2020（4）：183-191.

[113] 徐晋. 大数据经济学 [M]. 上海：上海交通大学出版社，2014.

[114] 徐晋. 平台经济学——平台竞争的理论与实践 [M]. 上海：上海交通大学出版社，2007.

[115] 徐翔，厉克奥博，田晓轩. 数据生产要素研究进展 [J]. 经济学动态，2021（4）：142-158.

[116] 许鹿，黄未. 资产专用性：政府跨部门数据共享困境的形成缘由 [J]. 东岳论丛，2021，42（8）：126-135.

[117] 许宪春，张钟文，胡亚茹. 数据资产统计与核算问题研究 [J]. 管理世界，2022，39（2）：16-30.

[118] 杨虎涛. 国家治理与基本经济制度协同演化的历史唯物主义分析 [J]. 学习与实践，2020（2）：5-17.

[119] 杨蕾. 数据安全治理研究 [M]. 北京：知识产权出版社，2020.

[120] 杨汝岱. 大数据与经济增长 [J]. 财经问题研究，2018（2）：10-13.

[121] 杨云霞. 资本主义知识产权垄断的新表现及其实质 [J]. 马克思主义研究，2019（3）：57-66+159-160.

[122] 姚旭. 欧盟跨境数据流动治理 [M]. 上海：上海人民出版

社，2019.

［123］叶秀敏．平台经济理论与实践［M］．北京：中国社会科学出版社，2018.

［124］［以］约拉姆·巴泽尔．产权的经济分析（第二版）［M］．上海：格致出版社，2017.

［125］易继明，李辉凤．财产权及其哲学基础［J］．政法论坛，2000（3）：11-22+30+160.

［126］尹丽波．数字基建［M］．北京：中信出版社，2020.

［127］［英］洛伦佐·费尔拉蒙蒂．数据之巅［M］．北京：中华工商联合出版社，2019.

［128］［英］休谟．人性论［M］．北京：商务印书馆，2016.

［129］余斌．新结构经济学批判［J］．当代经济研究，2021（1）：67-75+112.

［130］袁文全，程海玲．企业数据财产权益规则研究［J］．社会科学，2021（10）：96-106.

［131］张滨等．《大数据安全与隐私保护 实现指南》国际标准提案研究［J］．信息技术与标准化，2018（5）：50-55.

［132］张雷．注意力经济学［M］．杭州：浙江大学出版社，2002.

［133］张莉．数据治理与数据安全［M］．北京：人民邮电出版社，2019.

［134］张勤．论知识产权之财产权的经济学基础［J］．知识产权，2010，20（4）：3-20.

［135］赵刚．数据要素——全球经济社会发展的新动力［M］．北京：人民邮电出版社，2021.

［136］赵海怡，李斌．"产权"概念的法学辨析——兼大陆法系与英美法系财产法律制度之比较［J］．制度经济学研究，2003（2）：65-81.

［137］赵惟，刘权．数字资产［M］．北京：人民邮电出版社，2020.

［138］周其仁．市场里的企业：一个人力资本与非人力资本的特别合约［J］．经济研究，1996（6）：71-80.

［139］周文，韩文龙．平台经济发展再审视：垄断与数字税新挑战［J］．中国社会科学，2021（3）：103-118+206.

［140］周延云，闫秀荣．数字劳动和卡尔·马克思——数字化时代国外马克思劳动价值论研究［M］．北京：中国社会科学出版社，2016.

［141］朱宝丽．数据产权界定：多维视角与体系建构［J］．法学论坛，2019，34（5）：78-86.

［142］朱巧玲，闫境华，石先梅．数字经济时代价值创造与转移的政治经济学分析［J］．当代经济研究，2021（9）：17-27.

［143］祝守宇，蔡春久．数据治理［M］．北京：电子工业出版社，2020.

［144］庄子银．数据的经济价值及其合理参与分配的建议［J］．国家治理，2020（16）：41-45.

［145］左大培，杨春学．经济增长理论的模型的内生化历程［M］．北京：中国经济出版社，2007.

后　记

本书笔耕的动力源于政策文件中的"研究根据数据性质完善产权性质"，这在实际上就提出了"数据要素产权"的研究命题，本书的研究正是对该命题的一种"回应"。这里主要谈谈本书写作过程中的一些感受。

之所以选择数据要素作为本书的研究对象，出于两个方面的考虑：一是数字经济发展的现实性和重要性。当前世界各国竞先发展数字经济，主要国家或地区在近些年数字产业战略频出，随着第四次工业革命的到来，数字经济在各国综合国力竞争中地位凸显，数据作为数字经济的关键要素，其资源性、战略性地位凸显，构成了数字生产关系的重要纽带。二是自身专业的契合性。数据要素化进程掣肘于数据产权制度的不完善，个人、企业和政府作为数据产权的重要主体，权属利益分配失衡，引发一系列问题，因此，需要对数据产权制度进行分析和研究，而笔者的专业就是产权相关方面。在数字经济时代，传统的产权理论与数据产权发生"碰撞"，原有的逻辑框架可能不适用于数据产权的分析，通过比较综合可能会有不一样的地方，这对笔者来说是一种研究上的激励。另外，笔者平时积极关注国内外数字经济发展的动态，及时做好摘录、备注与总结，正文中的一些主题便是由平时汇总的一些"小问题"汇集而成的。

在具体问题的分析中，深感写实的重要性。数据要素是一个新的问题，涉及的议题多样，不结合相关的案例实践很难把问题说清楚。同时，还认识到，对既有理论的准确把握也是破题的关键，因为每一次的分析都是一种比较与综合，拿捏不准很可能造成逻辑混乱与不知所云的结果。正文中涉及的问题既有理论方面的，如"数据价值论"，也有实践方面的，如数据跨境流动问题，理论与实践相结合的重要性由此凸显。马克思主义唯物史观与唯物辩证法的基本观点是分析问题的方法论来源，以防止"焦点旁逸"。另外，写作时的一些零星思考也将其备注于文下，希望能够引起更多学者的共鸣。